돌계집이 애를 낳는구나

제불조사의 선시, 깨달음의 노래

돌계집이
애를
낳는구나

和政居士 李啓黙(화정거사 이계묵) 지음

비움과소통

禪詩는 깨달음의 언어이다. 高峻 淡白하고 격조가 높다. 상식의 범주를 뛰어넘는 격 밖의 소리를 담고 있다. 수행이라는 용광로에서 녹여낸 眞金이 禪詩이다.

깨달음이 전제된 悟者의 소리를 담고 있는 것이 悟道頌이다. 그 형식은 五言 七言의 절구 偈頌으로 되어있다.

臨終偈 涅槃頌은 禪師가 죽을 때 읊은 노래이다. 生과 死를 達觀한 眼目으로 生死一如의 境地를 읊고 있다.

스승과 제자가 心法을 주고받는 것이 傳法偈이다. 깨친 안목으로 스승과 제자가 하나가 될 때 마음과 마음으로 주고받는 것이 전법게이다.

悟道頌 涅槃頌 傳法偈 修行頌 모두가 다 禪詩에 속한다. 禪詩는 悟者의 소리이며 그 소리는 言語 文字 밖의 소리다. 그래서 보통 우리 범부의 所見으로 보면 알 수가 없다.

부처님 이후 수많은 수행자가 수행의 결과로 얻어진 그 세계를 言語 文字를 빌어 노래하는 것이 禪詩이다. 格外 消息을 言語 文字에 의존하 는 것이 또한 禪詩이다. 어쩔 수 없는 일이다.

禪家에서 마음, 마음 하지만 마음이란 實體가 있는 것인가?

또한 깨달음, 깨달음 하지만 깨달음의 實體는 정말 있는가?

어쩔 수 없이 마음이라, 깨달음이라, 이름(名)할 뿐이다.

이렇게 禪詩는 禪師들의 精神世界가 言語文字로 凝集 濃縮된 것들이 다. 그래서 어렵다고 한다. 그렇다고 손 놓고 있을 수만은 없는 일이라 범부의 識見으로 諸佛祖師의 境地를 엿보고자 평소에 보아왔던 禪詩들 을 쉽게 풀어 읽는 독자에게 소개할까 한다.

이 책은 제1부 과거칠불과 선종의 역대 조사, 제2부 고승 · 대덕의 오 도송과 수행송, 열반송을 모아 옮기고 자세히 해설한 내용을 담았다. 그 리고 제3부에는 저자의 自作 禪詩들로서 그동안 수행을 하면서 그때 그때 느끼고 깨달은 바를 노래한 것이다.

제불조사의 안목에 혹여 누가 될까 염려 되며, 눈 밝은 납자의 叱責이 있기를 바랄 뿐이다.

옛말에 眞金은 不怕火라 했다. 두들겨 맞아야 단단한 쇠가 되듯이 눈 푸른 납자의 꾸지람이 있었으면 한다.

辛卯年 봄 老姑山房에서

李啓黙 和政居士 謹塗

古佛未生前 凝然一相圓
釋迦猶未解 迦葉豈有傳

옛 부처 나기 전에 이미 한 둥근 모양이 있었으니,

석가도 오히려 몰랐거니 어찌 가섭이 전했다 할 수 있으리요?

염송 첫 구절에 나오는 게송이다. 이러하듯 본시 高俊한 道理는 言語 文字나 形像으로 表現할 수 없는 것이다.

그러나 平等智로선 一法도 세움이 용납되지 않지만, 허나 差別智로선 萬法을 建立하여 慈悲로써 뭇 衆生을 위해 八萬法藏이 있듯이 이번 和政堂께서는 저자거리 隱居修行하던 중 틈틈이 作意따라 지어 吟諷 하여 두었던 禪詩集을 출간하게 되어 本僧에게 序文을 부탁한 바 道伴의 정리로써 몇 자 올리게 되었다.

和政堂과의 因緣은 海印寺 佛學院 시절 그러니까 참으로 어린 시절부터의 道伴的 因緣이 있다. 本僧에게 비친 和政堂은 천성적으로 性情이 곧고 感性이 뛰어났다. 능히 宗徒에 큰 재목으로 認識 되었으며 배움의 열정이 남달랐다.

그런 그가 아니나 다를까, 지금의 中央僧伽大를 發起하여 東奔西走하며 애썼다. 中央僧伽大가 오늘에 이르는데 그의 功積이 一益至大 하다 하겠다.

또한 몇년 전 〈看話禪的 話頭參禪과 禪의 뜰에서 거닐다〉란 책을 내놓아 參究學者 등이 도움이 되게 하더니, 이어 禪詩를 發刊하려한다 하니 참으로 반가운 消息이라 하지 아니할 수 없다.

지금도 整理가 다된 禪 佛書 原稿가 몇 권 더 있는 줄 아는데, 衆生의 목마름에 眞正 甘露水가 될 것임을 믿어 疑心치 않는 바이다. 尊敬하는 옛 道伴의 禪詩 序文을 쓰게 되어 나로선 기쁨이 滿感하다.

온 누리에 감사드린다.

辛卯晚春에 方丈山 多率寺 鳳逸庵에서

曉空東初 和南

1부. 과거7불과 33조사편

1장. 過去七佛(과거칠불)의 傳法偈(전법게)

2장. 33祖師(조사)의 傳法偈(전법게)

2부. 고승·대덕편

1장. 禪詩(선시), 깨달음의 노래

3부. 생활선편

1장. 게송으로 깨닫기

2장. 차 마시며 깨닫기

3장. 생활 속에서 깨닫기

4장. 자연을 보며 깨닫기

5장. 교리 외우며 깨닫기

과거7불과 33조사편

過去七佛(과거칠불)의
傳法偈(전법게)

毘婆尸佛(비바시불) 전법게

身從無相中受生 喻如幻出諸形像
幻人心識本來空 罪福皆空無所住
(過去七佛中 毘婆尸佛)

형상이 없는데서 몸은 태어나고
모든 모양은 환과 같이 나온 것이다
심식은 환과 같아 본래 공하니
죄도 복도 다 공하여 머물 곳 없다.

过去七佛之一：毗婆尸佛

비바시불

이 게송은 過去七佛 중에서 첫 번째 부처님인 비바시불 전법게입니다.

옛 부터 부처님이 세상에 나오신 것은 셀 수도 없을 정도이지만 가까이 現劫만 말한다고 해도 千부처님이 계시니 석가모니 부처님까지는 七佛만 기록하고 있습니다.

장아함경에 보면 七佛께서 정진하신 힘으로 光明을 놓으시어 어둠을 멸하고 제각기 나무 밑 에서 正覺을 이루신다고 했습니다.

또 曼殊室利가 七佛의 祖師가 되고 金華善慧大師가 松山 마루턱에 올라 道를 행하는데, 七佛이 앞을 인도 하시고 維摩가 뒤를 따르는 일을 보았다고 했습니다.

비바시불은 장아함경에 보면 인간 수명이 팔만사천 세 때 이 부처님이 세상에 나오신다고 합니다. 불교에서는 부처님을 석가모니 부처님이 처음 정각을 이룬 걸로 보지만 부처님 말씀에 의한다면 賢劫만 말한다고 해도 千佛이 있다고 했습니다. 그러니 久遠劫前까지 말한다면 한량없는 부처님이 계셨다는 겁니다. 이런 말씀은 석가모니 부처님 입을 통해서 알 수가 있습니다. 過去七佛說도 석가모니 부처님 말씀입니다.

장아함경 말씀을 근거로 傳法相承의 偈頌을 차례차례로 엮어 보겠습니다.

게송을 보면 몸은 형상이 없는데서 태어났다고 했습니다. 모든 형상은 환과 같이 나온다고 했습니다. 그러니 心識도 환같이 본래가 空하며,

空하기 때문에 머물 곳이 없다고 했습니다.

맞는 말이 아닙니까? 맞지 않으면 부처님 말씀이 아닙니다. 이치에 맞고 법에 맞아야 합니다. 맞아야 正法입니다. 맞지 않으면 正法이 아닙니다.

불교는 實我 實法을 인정하지 않습니다. 自我의 存在는 無我입니다. 個體로서 實體가 없다는 겁니다. 그런데 다른 종교에서는 我도 神도 있다고 합니다. 그건 잘못된 見解입니다. 緣起法을 모르는 無智에서 나온 見解입니다. 연기법으로 보면 모든 것이 실체가 없는 연기의 현상이란 겁니다. 그러니 연기법이 우주 실상입니다.

그래서 幻과 같다고 했습니다. 잠간 인연으로 있다가 없어지니까 물거품 같은 겁니다. 固定不變으로 있는 것이 아니란 말입니다. 몸만 그런 것이 아니라 心識도 그렇다는 겁니다.

마음도 생했다 멸했다 하지 않습니까? 늘 변합니다. 고정되어 있지를 못합니다. 변화무상한 것이 몸과 마음입니다. 인연 따라 왔다가 인연 따라 가기 때문입니다. 그 연기성을 본 것이 이 전법게입니다. 깊이 새겨 보십시오.

尸棄佛(시기불) 전법게

起諸善法本是幻 造諸惡業亦是幻
身如聚沫心如風 幻出無根無實性
(過去七佛 尸棄佛 傳法偈)

착한 법 짓는 것도 본래 환이요
악한 법 짓는 것도 역시 환이라
몸뚱이는 물거품 마음 또한 바람이라
환이 나온 곳 근거나 실성이 없다.

过去七佛之二：尸弃佛

시기불

이 게송은 과거 칠불 중에 두 번째 시기불 부처님의 전법게입니다. 전법게는 법을 전할 때에 일러준 게송입니다.

장아함경에 보면 인간 수명이 칠만 세일 때 이 부처님이 세상에 나오신다고 했습니다. 전법게 내용을 보면 善法이나 惡法을 짓는 것이 다 환이라고 했습니다.

幻이란 착각을 말합니다. 없는데 있는 것 같이 보는 겁니다. 환이란 것은 허깨비입니다. 아무것도 없는데 있는 것 같이 보는 것이 환입니다. 정신이 착란을 일으켜 없는데 있는 것 같이 보는 현상입니다.

幻이 幻인 줄 모르는 것이 衆生見입니다. 선이다 악이다 하는 것이 다 마음의 착란 아닙니까? 그 마음의 착란에 속지 말라는 말입니다.

그래서 몸은 물거품 같고 마음은 바람 같다고 했습니다. 실체 뿌리가 없다는 말입니다. 無自性이란 말입니다. 幻이란 말을 쓴 것은 實我實體가 없다는 말입니다. 존재가 아니라는 말입니다. 우주만법이 다 그렇다는 겁니다.

불교는 존재를 존재라고 하지 않습니다. 존재를 法이라고 합니다. 존재와 법의 차이입니다. 그래서 환과 같고 바람 같고 물거품 같다고 한 겁니다.

제3조

毘舍浮佛(비사부불) 전법게

假借四大以爲身 心本無生因境相
前境若無心亦無 罪福如幻起亦滅
(過去七佛 毘舍浮佛 傳法偈)

사대를 빌려서 몸이라 하고
마음은 본래 없어 경계 따라 생긴다.
경계가 없으면 마음도 없어지니
죄와 복이 요술 같아 일어나자 멸한다.

过去七佛之三： 毗舍浮佛

비사부불

| 해설 |

이 게송은 과거 세 번째 부처인 비사부불의 전법게입니다. 장아함경에 보면 인간 수명이 육만 세 때 이 부처님이 세상에 나신다고 했습니다.

이 전법게도 몸과 마음을 다룬 게송입니다. 몸은 四大로 되었다고 했습니다. 四大는 地水火風 아닙니까? 네 가지 要素가 모였다가 흩어지는 것이 우리 몸입니다.

因緣聚合이 生이고, 因緣聚散이 死입니다. 生은 모인(聚)것이고, 死는 흩어(散)진 겁니다. 生死는 이렇게 無常한 겁니다. 恒常하면 無常이 아닙니다. 그런데 세상 모든 것이 恒常하지를 않고 無常합니다. 그것이 우리 몸입니다.

마음도 마찬 가지입니다. 마음, 마음 하지만 마음은 실체가 없습니다. 불교에서 마음에 대한 이론서로는 俱舍論과 唯識學이 있습니다. 예부터 俱舍七年 唯識三年 十年을 공부해야 한다고 했습니다. 俱舍論은 小乘佛敎이론이고, 唯識學은 大乘佛敎이론입니다. 마음의 실체가 공한 것을 이론적으로 논리적으로 정립한 것이 구사 유식론입니다.

불교는 연기론 아닙니까? 연기론적 입장에서 본 마음은 본래가 공하다고 한 겁니다. 이것이 있으므로 저것이 있고, 이것이 일어남으로 저것이 일어난다. 이것이 연기법입니다.

우리 인식 세계도 연기론적으로 설명할 수가 있습니다. 眼根이 色境을 상대해서 眼識이 나옵니다. 눈이 밖의 색을 반연해서 눈의 인식이 나옵니다. 귀도 마찬가지입니다.

경계가 없으면 마음도 없다고 했습니다. 그러니 죄다 복이다 선이다 악이다 하는 것도 환이라는 겁니다. 환은 실체가 없는 것을 말합니다. 연기법으로 이루어졌기 때문입니다. 그것을 이 전법게에서는 말한 겁니다.

拘留孫佛(구류손불) 전법게

見身無實是見佛 了心如幻是了佛
了得身心本性空 斯人與佛何殊別
(過去七佛 拘留孫佛 傳法偈)

몸이 실답지 않다고 보면 부처를 보는 것이고
마음이 환인줄 알면 부처를 바로 안 것이다.
몸과 마음 성품이 공한 줄 알면
이런 사람은 부처와 다르지 않네.

过去七佛之四：拘留孙佛

구류손불

네 번째 부처님인 구류손불 전법게입니다. 장아함경에 보면 인간 수명이 사만 세 때 이 부처님이 세상에 나오신다고 했습니다.

이 전법게도 다른 것이 없습니다. 몸과 마음을 주제로 하여 전법게를 전한 겁니다. 몸을 볼 때 실체가 없는 줄로 보면 부처를 본다고 했습니다. 마음도 환과 같이 보라고 했습니다. 그러니 몸과 마음이 空性임을 알라는 말입니다.

空性이 불교의 核心思想입니다. 말로 아는 것이 아니고, 생각으로 아는 것이 아닙니다. 體驗으로 體得을 해야 합니다. 몸소 깨달아야 합니다. 말로만 空하다 하는 것이 아니라 空의 實體를 體得하고 깨달아야 합니다.

그것이 信解行證의 證입니다. 證은 몸소 체험을 말합니다. 자기 살림살이가 된 겁니다. 이것을 自內證이라고 합니다. 자기 내면의 본질 실체를 깨친 것을 말합니다. 그것을 見性成佛이라고도 합니다. 자기의 空性 自性을 보아서 부처가 됐다는 겁니다.

게송의 글은 쉽지만 이해한다고 해서 되는 것은 아닙니다. 뼈를 깎는 수행이 따라야 합니다. 불교는 다른 종교와는 다릅니다. 다른 종교는 믿기만 하면 되지만 불교는 믿음만으로는 안 됩니다. 믿고 알고 실천하고 깨달아야 합니다. 깨달치 못하면 완전한 신행이 아닙니다. 깨달아 부처가 되는 것이 불교입니다. 그래서 自力 宗敎라고 합니다. 他力 宗敎가 아닙니다. 자기가 자기를 구제해야 합니다. 남이 나를 구제할 수가 없습니다.

이 게송은 空性을 말한 게송입니다. 자기 자신의 空性을 깊이 返照하십시오.

拘那含牟尼佛(구나함모니불) 전법게

佛不見身知是佛 若實有知別無佛
知者能知罪性空 坦然不懼於生死
(拘那含牟尼佛 傳法偈)

부처는 몸을 보지 않아도 부처를 알고
진실로 아는 것이 있다면 따로 부처가 없다
아는 자는 죄의 성품이 공한 줄 알아서
태연하게 생사를 두려워하지 않는다.

过去七佛之五：拘那含牟尼佛

구나함모니불

이 게송은 다섯 번째 부처님인 구나함모니불의 전법게입니다. 장아함경에 보면 인간 수명 삼만 세일 때 이 부처님이 세상에 나신다고 했습니다.

이 전법게 내용은 부처는 몸을 보지 않아도 부처를 안다고 했습니다. 아는 것이 진실을 알기 때문입니다. 보고 안 보고는 肉眼의 문제입니다. 肉眼은 눈앞에 보여야 봅니다. 그러나 보아도 본 것이 아닙니다. 진리를 보는 눈이 없기 때문입니다. 肉眼은 業見입니다. 業으로 보기 때문에 진실을 보지 못합니다. 보지 않고도 보는 것이 佛眼입니다.

여기서 안다는 것은 깨친 앎입니다. 業識의 앎이 아닙니다. 佛眼으로 보는 앎입니다. 그래서 三句에 智慧로운 이는 罪의 性品이 空하다고 했습니다. 죄의 성품만 空한 것이 아닙니다. 萬法이 다 空한 겁니다. 空한 이치로 보면 生도 空하고 死도 空한 겁니다. 그러니 두려울 것이 무엇이 있겠습니까? 생사가 없는데 말입니다.

생사가 없는 것을 모르는 것이 衆生입니다. 要點은 깨쳐야 합니다. 깨친 눈으로 보아야 알지 깨치지 못하면 보아도 본 것이 아닙니다. 공한 이치를 깨쳐야지 깨치지 못하면 그림의 떡입니다. 그림의 떡 아무리 쳐다보아도 배부르지 않습니다. 그림의 떡이라서 그렇습니다. 그래서 說食飢夫라 했습니다. "아무리 입으로 밥 밥해도 배부르지 않는다" 이겁니다. 말은 밥이 아니기 때문입니다. 배고프면 밥을 떠먹는 것이 상책입니다. 밥 밥해도 배는 부르지 않습니다. 몸소 먹어보라는 말 아닙니까? 말은 말이니까요. 말이 밥은 아닙니다.

그래서 自內證이라고 합니다. 불교는 철두철미하게 自內證 宗教입니다. 이점을 꼭 기억해야 합니다. 게송을 보는 것도 마찬가지입니다. 게송 속에 깃든 말의 뜻을 찾아야 합니다. 글 속 뜻을 내 살림살이로 만들어야 합니다. 그림의 떡이 되어서는 안 됩니다. 마음에 새겨서 반조하십시오.

迦葉佛(가섭불) 전법게

一切衆生性淸淨 從本無生無可滅
卽此身心是幻生 幻化之中無罪福
(過去七佛 迦葉佛 傳法偈)

일체 중생의 성품은 청정하여

본래부터 나거나 멸함이 없다

그러한 몸과 마음 환과 같다 하니

환화 가운데 죄와 복 원래 없다.

过去七佛之六： 迦叶佛

가섭불

| 해설 |

이 게송은 여섯 번째 부처님인 가섭불 전법게입니다. 장아함경에 보면 인간 수명 이만 세일 때 이 부처님이 세상에 나오신다고 했습니다.

전법게 내용을 보면 일체 중생의 마음자리가 본래 청정을 말하고 있습니다.

본래 청정이라면 왜? 중생이 되었을까?

이것이 문제입니다. 그것을 알아내는 것이 修行입니다. 본래부터 생하거나 멸한 적이 없는데 왜? 생멸이 있느냐? 이겁니다.

生滅心은 分別心입니다.

分別心은 差別心입니다.

差別心은 쪼개는 마음입니다.

이것이다 저것이다 나누고 쪼개는 마음이 差別 分別心입니다. 나누고 쪼개는 것이 衆生의 業입니다. 그래서 生滅心은 衆生心입니다. 본래 無生滅인데, 자꾸 나누고 쪼개기를 좋아합니다. 그렇게 쪼개고 나누지 말라는 것이 전법게 뜻입니다.

本來淸淨하니까 本來淸淨자리로 되돌리면 됩니다. 몸이다 마음이다 죄다 복이다 나누지 말라는 말입니다. 쪼개고 나누면 허공 같은 본래 마음자리로 돌아 갈수가 없기 때문입니다.

본래청정은 능엄경에 나온 말입니다.

"本來淸淨인데 云何忽生山河大地냐?"

이겁니다. 본래가 청정하다면 어째서 산하대지가 있느냐? 이 말입니다.

본래청정이고 본래 無一物이라면 왜? 이렇게 산하대지가 있느냐? 이겁니다.

말속에 말을 찾아야 합니다. 말 속에 참말을 찾는 것이 修行입니다.

부처님 경전에 보면 本來成佛이라고 했습니다. 본래청정이나 본래성불이나 같은 말입니다. 표현한 말만 다르지 뜻은 똑같습니다.

疑心이 가지 않습니까? 確信을 하기 위해서는 疑心이 가야 합니다. 그래서 話頭를 든 겁니다. 話頭는 모르니까 話頭죠? 알면 話頭가 아닙니다. 修行은 모르는 데서 出發합니다.

과거 가섭불께서 本來淸淨을 말했습니다. 본래청정을 모르면 본래청정이 話頭입니다.

어째서 본래청정이라고 했는고?

자나 깨나 앉으나 서나 한번 찾아보십시오. 찾다보면 아~ 하는 때가 옵니다. 그때는 각자 노력 정진 여하에 달렸습니다. 한번 찾아보십시오.

제7조

釋迦牟尼佛(석가모니불) 전법게

法本法無法 無法法亦法
今付無法時 法法何曾法
(釋迦牟尼佛 傳法偈)

법이라는 본래 법은 없는 법이며
법이 없다 한 그 법도 또한 법이다
이제 법 없음을 전해주노니
법이라는 법 무슨 법인가.

过去七佛之七：释迦牟尼佛

석가모니불

돌계집이 애를 낳는구나

| 해설 |

이 게송은 석가모니 부처님의 전법게입니다. 석가모니 부처님은 누구나 다 아는 聖人 中에 聖人입니다.

부처님에 처음 태어나실 때는 금 연꽃이 솟아 발을 받들었다고 합니다. 동서남북으로 각각 일곱 걸음을 걸으시고 사자후를 하시되 하늘 위나 하늘 아래 나보다 높은 이가 없다고 하셨습니다. 그날이 四月 八일 부처님이 오신 날입니다. 부처님은 불교의 教主가 됩니다. 부처님의 입을 통해서 과거불도 알게 된 겁니다.

부처님께서는 태어난 지 7일 만에 母親을 잃게 됩니다. 그래서 幼年부터 죽음에 대한 고민을 많이 하게 됩니다. 태자로 태어났지만 호화로운 궁중생활이 삶에 의미를 주지는 못했던 모양입니다. 그래서 늘 사색적 유년 생활을 보내게 됩니다. 오직 生死問題를 해결하기 위해서 出家를 결심하고 야밤에 越城出家를 하여 6년간 고행 끝에 正覺을 이루어서 부처님이 됩니다.

부처님의 전법게를 보면 "법이라는 본래 법은 없다"고 했습니다. 無有定法이란 말입니다. 이렇다 할 법이 없다는 말입니다. 이렇다고 단정을 하면 벌써 단정한 그 법이 그 법이 아니기 때문입니다. 法은 늘 變하니까 그렇습니다. 變하는 法을 단정하는 것이 문제라는 겁니다. 그래서 법이라고 하는 본래 법은 없다고 한 겁니다.

그러니 없는 법도 법이라는 겁니다. 無法도 法입니다. 定法이 없는 法이라는 겁니다. 方便上 이름 붙여서 法이다 無法이다 한 겁니다. 定法이 아니기 때문에 그렇습니다. 定法은 法이 아닙니다. 道無方所란 말과 같습니다. 도의 근본 자리에서 보면 方所가 없습니다. 方所를 논하는 것은 도를 모르기 때문입니다. 虛空이 어디 東西南北이 있습니까? 모르니까 동서남북을 따집니다. 東이 어디 東입니까? 南이 어디 南입니까? 南北도 마찬가지입니다. 보는 위치에 따라 달라집니다. 딱 이렇다 할 것이 없다는 말입니다.

본래 無法인데 法, 法하지 말라 이겁니다. 萬法이 다 固定不變하는 것이 아니라는 말씀입니다. 인연 따라 왔다가 인연 따라 가는 法이라 그렇습니다. 부처님께서 깨달은 것은 緣起法이라 그렇습니다. 그것을 다른 말로 하자니 無法이라고 한 겁니다.

33祖師(조사)의
傳法偈(전법게)

摩訶迦葉尊者(마하가섭존자) 전법게

法法本來法 無法無非法
何於一法中 有法有非法
(迦葉尊者 傳法偈)

법이라는 본래 법은
법도 없고 법 아닌 것도 없으니
어찌 한 법 가운데
법과 법 아닌 것이 있으랴?

마하가섭존자

| 해설 |

이 게송은 第一祖 摩訶迦葉尊者의 傳法偈입니다.

마하가섭은 마갈타 사람입니다. 성은 바라문이고, 아버지는 음택이고, 어머니는 향지였습니다. 그는 옛적에 鍛金師였다고 합니다. 옛날 비바시불이 열반에 든 뒤에 탑을 세웠는데 탑 안에 모신 佛像 얼굴에 금빛이 조금 파괴가 되었는데, 어떤 가난한 여자가 금 구슬을 가지고 와서 단금사에게 불상의 얼굴을 도금해 달라고 했습니다. 그리고 서원을 같이 세워 부부가 되고자 하였습니다. 그 인연으로 91겁 동안 몸에서 금빛이 났다고 합니다. 그 뒤에 천상에 태어났다가 복이 다해서 중천축국 마갈타국에 바라문 집에 태어났습니다. 이름이 飮光勝尊인데 금빛에 의한 이름이다.

가섭존자는 부처님 정법안장을 물려받는 初祖이십니다. 부처님 10대 제자 중에 頭陀第一이십니다. 頭陀는 淸貧한 생활을 잘했다는 뜻입니다. 옷도 늘 糞掃衣를 입었습니다. 분소의는 똥 닦고 버린 헝겊을 말합니다. 그것을 주어서 누더기 옷을 만들어 입었다는 겁니다.

열반경에 보면 세존이 열반에 드실 때에 가섭존자는 그곳에 없었습니다. 가섭존자가 기사굴산 빈발라굴에 있다가 수승한 광명을 보고 三昧에 들어 天眼으로 부처님을 뵈니 부처님이 열반에 들고 계신 것을 보고 부처님 열반처로 오게 됩니다.

가섭존자가 도착하자 부처님이 관에서 두 발을 내보이셨습니다. 이것이 三處傳心中 槨示雙趺입니다. 곽시쌍부는 生死一如를 전한 겁니다. 以心傳心으로 말입니다. 부처님과 가섭존자는 마음이 통했습니다. 가섭존자가 울고불고 하니까 부처님이 발을 쑥 내민 겁니다.

'봐라! 生이 死고, 死가 生이다. 나고 죽은 것이 하나다.' 이겁니다.

부처님 전법게 내용이나 가섭존자 전법게 내용이나 같은 내용입니다. 법이라는 본래 법은 법도 없고 법 아닌 것도 없다고 했습니다. 부처님 법과 다른 것이 없지 않습니까?

왜? 그렇습니까? 부처님 법이나 가섭존자 법이 한 법이기 때문입니다. 깨달음이 같기 때문입니다. 그래서 "어찌 한 법으로 법과 법 아닌 것이 있겠는가?" 한 겁니다. 正法이라 그렇습니다. 無有定法이라 그렇습니다. 無有定法이 正法입니다. 바른 법은 이렇다 하지 않는 법입니다. 이렇다 하면 正法이 아닙니다. 그 점을 불자님들이 깨달아야 합니다.

왜, 그런가? 는 뼈를 깎는 수행이 있어야 압니다. 그것이 수행의 結果라서 그렇습니다. 역대 제불조사님들의 말씀은 달라도 그 뜻은 그물코마냥 한 코로 따라옵니다. 인드라망처럼 말입니다. 우주만상이 연기의 현상 아닙니까? 다 연관되어 있습니다. 그래서 非法도 法이라고 한 겁니다.

게송은 눈으로 읽지 말고 마음으로 읽어야 합니다.

阿難尊者(아난존자) 전법게

本來付有法 付了言無法
各各須自悟 悟了無無法
(阿難尊者 傳法偈)

본래 있는 법을 전했는데
전한 뒤에는 없는 법이라고 하네,
각각 스스로 깨달아야 하네
깨달으면 법 없음도 없다.

아난존자

| 해설 |

이 게송은 第二祖인 阿難尊者의 傳法偈입니다.

아난존자는 왕사성 사람이고 성은 찰제리고 아버지는 斛飯王이고 부처님의 사촌동생입니다. 아난은 부처님이 成道하신 날 밤에 태어났으므로 慶喜 歡喜라는 이름을 가지고 있습니다. 아는 것이 많고 지혜가 막힘이 없음으로 부처님이 出家시켜서 侍者로 두었습니다. 가장 부처님의 법문을 많이 듣는 제자라고 해서 多聞第一 阿難尊者가 된 것입니다. 늘 부처님 곁에서 시봉을 함으로써 부처님을 만난 사람들의 사소한 이야기도 많이 들었기 때문에 경전 結集時에 아난존자가 부처님 말씀을 하나하나 빠짐없이 誦出함으로서 오늘날 부처님 경전이 있게 된 것입니다.

그 많은 경전을 외웠다는 것은 그 만큼 머리가 뛰어났다는 증거입니다. 아난존자는 不忘念智를 얻었다고 합니다. 한번 들으면 잊어 먹지 않는 智慧를 말합니다. 아난존자의 불망념지의 지혜 덕으로 오늘날 우리가 부처님 경전을 볼 수가 있는 겁니다. 근래 善知識中에 朴漢永스님도 不忘念智를 얻었다고 합니다. 水月禪師님도 한번 들은 것은 다 외웠다고 합니다. 그런 분이 스님 중에는 많습니다.

아난존자의 전법게를 보면 본래 있는 법을 전했다고 했습니다. 본래 있는 법은 무슨 법입니까?

緣起法입니다. 緣起法은 常住法 아닙니까? 그래서 있다고 한 겁니다. 그렇지만 그 연기법도 있는 게 아닙니다. 있다고 하면 常見에 떨어집니다. 없다고 하면 斷見에 떨어집니다. 단견 상견을 떠난 것이 불교의 中

道입니다. 있다고 하던지, 없다고 하던지, 그런 말에 속으면 안됩니다. 그래서 각자 스스로 깨달으라고 했습니다.

깨닫고 나면 법 없음도 없다고 했습니다.

왜? 이런 전법게를 전했겠습니까?

아난존자가 깨달은데 무척 고생을 했습니다. 多聞第一 아난존자지만 많이 들었다고 깨친 것은 아닙니다. 많이 듣는 것과 깨달은 것과는 별개입니다. 그래서 최초 결집할 때 資格 未達로 쫓겨났습니다. 阿羅漢果를 證得해야 結集大衆이 될 수가 있었습니다. 가섭존자의 불호령에 쫓겨난 겁니다. 그래서 아난존자 鷄足山 바위 위에서 鷄足 精進을 일주일간 밤낮없이 수행합니다. 다리 하나 들고 서서 밤낮없이 勇猛精進을 합니다. 바위 위에서 잘못하면 떨어져 죽습니다. 목숨을 걸고 죽기 아니면 살기로 수행을 해서 깨닫고 나서 결집에 참석을 하여 나는 이렇게 들었다 하고 부처님 말씀을 하나하나 다 외워서 결집을 마치게 됩니다.

그리고 나서 부처님 법을 가섭존자로부터 물려받게 되어서 三祖가 된 겁니다. 그리고 이렇게 전법 게를 전하게 된 겁니다.

부처님 전법게나 가섭존자 전법게나 아난존자 전법게나 그 법이 그 법입니다.

商那和修尊者(상나화수존자) 전법게

非法亦非心 無心亦無法
說是心法時 是法非心法
(商那和修尊者 傳法偈)

법도 아니고 마음도 아니며
마음도 없고 또한 법도 없나니
마음과 법을 말 할 때
그 법은 마음의 법이 아니다.

상나화수존자

| 해설 |

이 게송은 第三祖 상나화수 존자의 전법게입니다.

그는 마돌라국 사람이니, 아버지는 林勝이고, 어머니는 교사였습니다. 옛날 부처님이 교화를 다니시다가 마돌라국에 이르러 숲과 가지와 잎이 무성한 걸 보시고 아난에게 말씀하시기를 이 지역에 내가 열반에 든 지 100년 뒤에 상나화수라는 비구가 법 수레를 굴리리라 하셨는데, 백년 뒤에 상나화수가 태어났습니다. 존자는 정법으로 교화를 편지 오래되어 타리국에서 우바국다를 만나 侍者로 삼았습니다.

존자가 국다에게 물었습니다.

"그대는 나이가 몇인가?"

"제 나이 열일곱입니다."

존자가 다시 물었습니다.

"몸이 열일곱인가? 성품이 열일곱인가?"

국다가 도리어 존자에게 물었습니다.

"스님께서는 머리가 하얀데 머리가 흽니까? 마음이 흽니까?"

존자가 대답했습니다.

"나는 머리만 희다. 마음은 희지 않다."

국다도 대답했습니다.

"저도 몸이 열일곱입니다. 성품은 열일곱이 아닙니다."

상나화수가 그가 法器임을 아시고 삼년 만에 머리를 깎아 구족계를 주고 전법게를 주었습니다.

전법게 내용은 법도 아니고 마음도 아니고, 마음도 없고, 법도 없다고 했습니다. 向上一句에서 보면 뭐라고 해도 틀립니다. 理자리에서는 徹底하게 否定합니다. 그래서 實際理地에서는 不受一塵이라고 했습니다. 한 티끌도 용납을 하지 않습니다. 雙遮라서 그렇습니다. 그 자리는 부처님도 입을 열 수가 없습니다. 眞理當處라 그렇습니다.

그러니 그 法이 마음의 法도 아니라고 했습니다. 철저하게 雙으로 否定을 한 겁니다. 이 점을 아셔야 합니다. 그렇지 않으면 諸佛祖師의 偈頌을 볼 때마다 難處해집니다. 이랬다. 저랬다 하니 말입니다. 그 점을 마음에 두고 보면 됩니다.

상나화수존자는 母胎에서 六年이라고 했습니다. 글쎄요? 老子는 胎中 八十年이라고 하지 않습니까? 그래서 늙은 아들이라 해서 老子라고 했다 합니다. 옛날부터 전하는 말이니 그저 그러려니 하십시오. 그런 것 따지면 머리만 아픕니다.

向上一句에서는 입을 열어도 틀리고 입을 닫아도 틀리는 겁니다. 殺佛 殺祖하는 자리라서 그렇습니다. 그래서 입을 열어도 三十棒이고 입을 닫아도 三十棒이라고 한 겁니다. 말로 말할 곳이 아니라서 그런 겁니다. 깨친 자리가 그렇다는 겁니다.

優婆毱多尊者(우바국다존자) 전법게

心自本來心 本心非有法

有法有本心 非心非本法

(優婆毱多尊者 傳法偈)

마음은 본래부터 마음이니

본래의 마음은 법이 있는 것이 아니다.

법이 있고 본래 마음이 있다면

마음도 아니고 본래 법도 아니다.

우바국다존자

| 해설 |

이 게송은 第四祖 優婆毱多尊者의 傳法偈입니다.

존자는 타리국 사람이고, 우바국다라고 합니다. 성은 首陀요, 아버지는 善意입니다. 17세에 출가하여 20세에 道를 證得하여 四方으로 教化를 다녔습니다. 마돌라국에서 가장 많은 사람을 제도했습니다. 이런 까닭으로 魔王 波旬이 근심 걱정을 했는데 궁전이 진동을 하였습니다. 尊者가 三昧에 들어 그 까닭을 觀察해 보니 波旬이 瓔珞을 가지고 와서 존자의 목에 걸어 두고 갔습니다. 존자가 선정에서 나와 사람과 개와 뱀의 송장을 족두리로 변화시켜 파순을 위로했습니다.

"네가 나에게 진귀한 영락을 주었으니 내가 가진 족두리로 보답하겠다."

파순이 매우 기뻐하면서 목을 빼어 봤으나 세 가지 시체 썩은 냄새가 나고 구더기가 우글거렸습니다. 파순이 신통을 다 부려 보았으나 꼼짝도 못했습니다. 그리하여 欲界六天에 올라가 梵王에게 풀어주기를 바랬으나 그들은 이렇게 말했습니다.

"十力의 제자들이 부린 神通을 우리 凡俗들이 어찌 풀겠는가? 그렇다면 어찌해야 좋겠는가? 네가 존자께 마음을 바쳐 歸依하면 除去할 수가 있을 것이다."

파순이 그 말을 듣고 天宮에서 내려와 존자의 발에 예배하고 울면서 참회하였습니다.

존자가 물었습니다.

"너는 지금부터 如來의 正法을 妨害하지 않겠는가?"

파순이 말했습니다.

"저는 맹세코 佛道에 歸依하여 영원히 惡을 끊겠습니다."

"만일 그렇다면 네 입으로 歸依三寶를 외쳐라."

파순이 합장하고 세 차례 외치니 족두리가 모두 없어졌습니다. 존자는 마왕 파순도 제도 하였습니다. 마왕 파순은 惡의 대명사입니다. 존자의 教化를 받고 道果를 證得한 사람이 많습니다. 사람을 제도 할 때마다 산가지를 석실에 넣었다고 합니다. 나중에 그 산가지로 존자가 스스로 火葬을 했습니다.

마지막으로 香衆이라는 長者가 존자께 와서 출가를 했습니다.

존자가 물었습니다.

"그대는 마음이 출가 하는가? 몸이 출가 하는가?"

향중이 대답했습니다.

"저의 출가는 몸과 마음으로 하는 것이 아닙니다. 몸과 마음으로 출가 하는 것이 아니라면 무엇이 출가 하는가? 출가라 함은 너와 내가 없기 때문에 나와 내 것이 없으므로 마음이 생멸하지 않고 마음이 생멸하지 않으면 그것이 곧 항상 하는 道이며, 부처님도 또한 항상 하십니다. 마음이 형체가 없듯이 그 본체도 그러합니다."

존자가 말했습니다.

"그대는 장차 크게 깨달아 마음을 통달 하리니, 삼보께 귀의하라."

머리를 깎아주고 구족계를 주었습니다. 그리고 전법게를 주었습니다.

"마음은 본래부터 마음이니, 본래부터 마음은 법이 있는 것이 아니다" 하셨습니다.

본래부터의 마음은 무슨 마음입니까?

淸淨心입니다. 淸淨心은 佛心을 말합니다.

그 청정심도 불심도 무엇 때문에 있습니까?

衆生心 때문에 있는 겁니다. 衆生心이 있기 때문에 淸淨心이 있는 겁니다. 그래서 본래 마음은 法이 있는 것이 아니라고 했습니다. 법이 있고 마음이 있다고 하면 마음도 아니고 본래 법도 아니라고 한 겁니다. 마음 마음 하지만 마음이 형상이 있는 것이 아닙니다.

그런데 우리는 마음이 무슨 모양이 있는 줄로 알지 않습니까?

그것이 幻華 아닙니까?

幻華는 妄識입니다. 마음이 본래부터 마음이라고 하니까 마음이 있는 줄로 알면 안됩니다. 淸淨心도 어쩔 수 없이 淸淨心이라 한 겁니다.

본래부터 마음이라고 한 것은 雙照입니다. 雙照는 肯定입니다. 雙照는 妙有를 말한 겁니다.

雙遮는 眞空을 말한 겁니다. 있다는데 빠지면 雙遮로 때립니다. 없다는 데 빠지면 雙照로 때립니다. 그것이 執着을 부수는 쇠몽둥이입니다. 佛祖가 衆生을 濟度하는 方法입니다.

중생은 그렇지 않습니까? 있다 하면 있다는데 빠지고, 없다 하면 없다는데 빠집니다. 그래서 이런 경책 도구를 사용한 겁니다.

提多迦尊者(제다가존자) 전법게

通達本心法　無法無非法
悟了同未悟　無心亦無法
(提多迦尊者 傳法偈)

본래의 법과 마음을 통달하면
법도 없고 법 아님도 없다.
깨닫고 나면 깨닫기 전과 같나니
마음도 없고 법도 없다.

제다가존자

돌계집이 애를 낳는구나

| 해설 |

이 게송은 第五祖 提多迦尊者의 傳法偈입니다.

존자는 마가타국 사람입니다. 낳을 때 아버지 꿈에 황금해가 집에 솟아 천지를 비치는데, 앞 쪽에 큰 산이 있어 온갖 보배로 장식되어 있고, 산마루에는 샘이 솟아 사방으로 철철 흐르는 것을 보았다고 합니다. 존자는 본래 이름은 香衆인데, 스승 국다 존자가 제다가라고 바꾸어 주었습니다. 범어로 제다가는 通眞量이라고 합니다. 참(眞)의 한량을 통했다는 뜻입니다.

전법게를 보면 본래 법과 마음을 통달하면 법도 없고 법 아님도 없다고 했습니다. 깨닫고 나면 깨닫기 전과 같고, 마음도 법도 없다고 했습니다.

깨닫고 나면 없는 법이 생기는 것이 아닙니다. 깨쳤다고 마음이 생긴 것도 아닙니다. 本來無一物입니다. 本來가 無心입니다. 그래서 마음도 없고 법도 없다고 했습니다.

옛날 南泉스님 제자인 大珠스님은 悟無所得이라고 했습니다. 얻는 것이 없는 것이 깨달음이라고 했습니다. 얻는 게 있으면 깨달음이 아닙니다. 本來 無一物이라고 했습니다. 깨쳤다고 無心이 有心이 됩니까? 그 자리가 그 자리입니다. 그래서 옛 조사님이 "산은 산이고 물은 물"이라고 한 겁니다. 깨닫고 보니 산은 산 그대로 산이고, 물은 그대로 물이라는 겁니다. 깨닫기 전에도 산은 산이고, 물은 물이었다는 겁니다. 그런데 똑같은 산은 산이고 물은 물도 보는 관점이 다릅니다. 깨치기 전에 산은 執着의 山입니다. 깨치고 난 후 산은 無執着의 山입니다. 그 점이 다릅니다. 말은 똑 같은데 뜻은 하늘과 땅 차이입니다.

通達은 깨달았다는 말입니다. 깨닫고 나니까 깨닫기 전과 같다고 했습니다. 무엇이 같으냐? 東쪽은 東쪽이란 말입니다. 깨닫기 전에도 동쪽은 동쪽입니다. 깨닫고 나서도 동쪽은 동쪽이란 말입니다. 깨달았다고 동쪽이 서쪽입니까? 동쪽은 동쪽입니다. 그런데 차이점은 迷悟의 差異입니다. 迷悟의 差異점이 무엇일까요? 그것을 알아내는 것이 修行입니다.

깨닫기 전과 깨달은 후 법과 마음이 같다고 했는데, 왜? 같은가?

같다면 무엇이 같고, 틀리다면 무엇이 틀리는가?

그것을 알아내는 것이 修行입니다. 똑같은 論題입니다. 그 점을 제다가 존자가 전법게에 提示한 겁니다. 여기에 蛇足을 붙이면 안됩니다. 또 蛇足에 빠지니까요. 각자 수행정진으로 깨쳐서 알아내야 합니다.

彌遮迦尊者(미차가존자) 전법게

無心無可得 說得不名法
若了心非心 始了心心法
(彌遮迦尊者 傳法偈)

마음이 없음으로 얻을 수 없고
말할 수 있다면 법이라 할 수 없다
마음이 마음 아닌 줄 알면
비로소 마음과 마음 법을 알 것이다.

미차가존자

돌계집이 애를 낳는구나

| 해설 |

이 게송은 第六祖 彌遮迦尊者의 傳法偈입니다. 그는 중인도 사람입니다. 법을 받은 뒤에 교화의 길을 떠나 북 천축까지 왔다가 망루 위에 금빛 나는 상서로운 구름이 뜬것을 보고 찬탄했습니다.

'이는 道人의 瑞氣이다. 반드시 나의 법을 받을 道士가 있을 것이다.'

그리하여 성으로 들어가니 어떤 사람이 술그릇을 들고 다가오면서 물었습니다.

"스승은 어디서 오시며, 어디로 가시렵니까?"

존자가 대답했습니다.

"마음에서 와서 없는 곳으로 가려 한다."

"내 손에 있는 것이 무슨 물건인지 알겠습니까?"

존자가 말했습니다.

"그것은 더러운 그릇의 청정함을 등진 것이다."

"나를 아시겠습니까?"

존자가 말했습니다.

"나라 하면 알지 못할 것이오, 안다고 하면 내가 아닐 것이다. 그대의 성을 말하라. 그 다음에 나도 本來의 因緣을 말하겠다."

"나는 한량없는 겁부터 姓은 바라타라 하고, 이름은 婆須密이라 합니다."

존자가 말했다.

"나의 스승 제타가께서 말씀하시기를 '세존께서 내가 열반에 든 뒤 삼백년경에 성은 바라타요, 이름은 바수밀이라 하는 聖人이 태어나서

禪脈으로 일곱 번 祖師가 되리라' 예언하셨는데, 그대는 出家하라 했다."

그는 술그릇을 땅에 놓고 말했습니다.

"내가 지난 겁의 일을 기억하니 어떤 여래의 보배좌석을 바쳤습니다. 그 부처님이 수기 주기시를 '너는 현겁이 되면 석가의 법이 퍼지는 시기에 불법을 전법하리라' 하였는데 지금이 존자의 말씀과 부합합니다. 바라옵건데 저를 제도 하소서."

미차가 존자가 머리를 깎아주어 출가 시켰습니다. 그리고 "정법안장을 너에게 전하노니 끊기지 않게 하라" 하고 전법게를 주었습니다.

바수밀 존자는 너무 쉽게 전법을 받는 것 같지 않습니까?

그럴까요?

거리에서 술에 취해서 횡설수설하는 술주정꾼에게 전법을 했으니 말입니다. 모양새로 보면 틀림없는 술주정꾼입니다. 그런데 말하는 걸 보면 술주정꾼이 아닌 멀쩡한 사람 아닙니까? 왜냐하면 前生을 기억하고 있지 않습니까? 옛날 부처님께 보배 자리를 보시하고 수기를 받았는데 그것을 다 기억하고 있으니 술 취한 주정꾼은 아닙니다. 안으로는 惺惺寂寂한 本來 面目을 면밀하게 보고 있지 않습니까?

때를 기다린 겁니다. 몇 겁을 때를 기다린 겁니다. 그때가 와서 削髮出家 한 겁니다. 그리고 以心傳心으로 法을 주고 받는 겁니다.

신라 때 慧空禪師도 그런 분입니다. 태어나기는 종으로 태어났는데 生而知之한 분입니다. 모르는 것이 없었다고 합니다. 무엇을 물어도 척

척 다 아셨기 때문입니다. 그래서 主人이 알아보고 出家을 시켜서 스님이 되게 했습니다. 절에 와서도 불교 공부를 한 적이 없는데 經律論 三藏을 모르는 게 없었다는 겁니다. 그래서 元曉大師가 막힌 것이 있으면 혜공선사에게 물었다는 겁니다. 前生에 다 닦아서 그렇습니다. 다 알고 다 닦았는데 무엇을 더 닦겠습니까? 혜공선사는 전생에 僧肇大師였다는 겁니다. 승조대사가 지은 조론을 내가 전생에 지은 것이라고 했다합니다.

이렇게 宿命通이 열리면 전생의 일을 다 압니다. 바수밀 존자도 전생부터 닦아왔기 때문에 보자마자 전법게를 받는 겁니다.

전법게 내용은 앞의 존자들과 大同小異합니다.

"마음이 없으므로 얻을 수 없고, 말할 수 있다면 법이라고 할 수 없다. 그러니 마음이 마음 아닌 줄 알면 비로소 마음과 마음의 법을 알 것이다."

문제는 마음입니다. 그 마음 마음 하는 그 마음 말입니다. 그 마음이 무슨 마음 입니까?

말로는 마음이라고 하는데, 없다고 하니 없다는 그 마음은 어떤 놈입니까?

"없다는 그 마음, 그놈은 무엇이냐?"

그것을 찾아야 합니다. 모르니까 찾는다고 했습니다. 알면 찾을 필요가 없습니다. 그 찾는 방법이 參禪아닙니까?

參禪은 自己와의 싸움입니다. 왜? 싸운다고 했느냐 면요? 앉아보면 알게 됩니다. 앉자마자 千생각 萬생각 아닙니까?

마음이 없다 했는데 이 생각은 뭡니까?

마음입니까? 마음이 아닙니까?

생각도 마음이라 했습니다. 唯識學에서는 通八識을 心意識으로 말하지 않습니까? 心意識이 마음작용 아닙니까?

그 작용을 떠나서 별도로 마음이 있습니까?

文字로 따지면 끝도 갓도 없습니다.

그래서 內面을 洞察하는 겁니다. 자기 마음에서 일어나는 것을 꿰뚫어 보는 겁니다. 그것이 參禪입니다. 수행의 방법은 여러 가지가 있으나 話頭參禪法이 沒入集中하는 데는 最高입니다. 집중이 되어야 내면을 볼 수가 있습니다.

마음은 波濤치는 바다와 같습니다. 그 마음의 파도를 잠재우는 것이 話頭입니다. 話頭를 들고 있으면 千思量 萬思量이 가라앉습니다.

생각이 쉬어야 마음 바닥이 보일 것 아닙니까?

그 마음 바닥에서 출렁이는 것이 생각입니다. 그 생각이 없어지면 그 자리가 無心입니다. 虛虛蕩蕩합니다. 그래서 無心 無心이라 한 겁니다.

그렇다고 無心에 執着하면 안됩니다. 無心이 함정이 됩니다. 그것을 벗어나야 합니다. 벗어나면 그곳이 무엇이겠습니까?

다 말하면 蛇足(사족)이 됩니다. 그러니 各自 體驗을 통해서 스스로 알아내야 합니다.

婆須密尊者(바수밀존자) 전법게

心同虛空界 示等虛空法

證得虛空時 無是無非法

(婆須密尊者 傳法偈)

허공과 같은 마음으로

허공과 같은 법을 보니

허공을 증득 할 때에

옳은 법도 없고 그른 법도 없다.

바수밀존자

이 게송은 第七祖 婆須密尊者의 傳法偈입니다. 존자는 북천축국 사람이고 姓은 婆羅墮(바라타)였습니다. 항상 깨끗한 옷을 입고 손에는 술병을 들고 마을을 다니면서 읊조리기도 하고 휘파람을 불기도 하여 사람들은 그가 미쳤다고 하였습니다. 미차가 존자를 만나 여래의 예언을 전해 듣고 전생의 인연을 깨달아 술그릇을 버리고 출가하였습니다.

法을 받는 뒤에 敎化를 하면서 마가다국까지 가서 廣大한 佛事를 했습니다. 法座 앞에 있던 사람이 외치기를, "나는 佛陀難提(불타난제)인데 스님과 理致를 토론하고자 합니다."

존자가 말했습니다.

"그대가 토론한다면 理致가 아니요, 理致라면 討論이 아니다. 만약 이치를 토론하려 하면 끝내 이치의 토론은 아니다."

불타난제가 존자의 법이 수승함을 알고 "저는 道를 구해 甘露(감로)의 이슬을 젖고 싶습니다."

존자가 그의 머리를 깎아주고 具足戒(구족계)를 주었습니다.

그리고 말하기를 "如來의 正法眼藏(정법안장)을 나는 지금 그대에게 傳하니 그대는 잘 지니라" 하고 전법게를 주었습니다.

"허공과 같은 마음으로 허공과 같은 법을 보니, 허공을 증득할 때에 옳은 법도 그른 법도 없다"고 했습니다.

허공은 不可得입니다. 또한 不可量(불가량)입니다.

無邊虛空(무변허공)이라고 하지 않습니까?

끝도 갓도 없는 것이 허공입니다. 우리 마음도 허공과 같습니다. 그래서 마음을 늘 허공에 비유합니다. 허공이 색깔이 있습니까? 마음이 색깔이 있습니까? 똑같습니다. 無色 無臭 無形이 虛空 아닙니까? 마음도 마찬가지입니다. 본래가 無色 無形인데 是是非非할 것이 없다는 말입니다.

이렇다 저렇다 하는 것은 분별심입니다. 본래 심은 無心입니다. 無心인 본래심을 자꾸 이렇다 저렇다 하는 것이 문제입니다. 옳고 그름을 분별하고 따지는 마음은 중생심입니다. 그래서 옳은 법도 그른 법도 없다고 한 겁니다.

허공을 증득하면 마음을 증득한 것과 같습니다. 빈 것이 허공이듯이 마음도 빈 무심이 본래 마음입니다.

佛陀難提尊者(불타난제존자) 전법게

虛空無內外 心法亦如此
若了虛空故 是達眞如理
(佛陀難提 傳法偈)

허공은 안과 밖이 없나니
마음의 법칙도 그러하다
만일 허공을 알 것 같으면
이것이 진여를 아는 것이다

불타난제존자

父母非我親 誰是最親者
諸佛非我道 誰是最道者
(伏馱密多 偈)

부모도 나와 친한 이가 아니요
누가 가장 친한 인가요?
부처님도 나의 도가 아니니
누가 가장 거룩한 도인가요?

汝言與心親 父母非可比
汝行與道合 諸佛心卽是
(佛陀難提 偈)

네 말이 마음과 친하다면
부모에 견줄 바 아니요
네 행이 도와 합하면
부처란 바로 네 마음이다.

外求有相佛 與汝不相似
欲識汝本心 非合亦非離

（佛陀難提 偈）

밖으로 형상이 있는 부처를 구하면
너와는 비슷하지도 않으리니
너의 근본 마음을 알고자 하면
합하지도 않고 여의지도 않았다.

| 해설 |

이 게송은 第八祖 佛陀難提(불타난제)의 傳法偈입니다. 존자는 迦摩
羅國 사람으로서 姓은 瞿曇(구담)입니다. 존자는 정수리에 肉髻(육계)
가 있고 말재주가 막힘이 없었다고 합니다. 처음에 바수밀 존자를 만나
출가하여 교법을 받았는데, 오래지 않아 무리를 거느리고 교화를 떠나
提伽國의 서울에 있는 毘舍羅라는 이의 집에 이르니, 지붕에 흰 광명이
솟는 것을 보았습니다.

존자가 제자에게 말했습니다.

"이 집에는 반드시 聖人이 있을 것이다. 입으로 말은 못하나 참으로
大乘의 그릇이요, 사방으로 다니지는 못하나 더러운 것을 안다."

말을 마치자 장자가 나와서 인사를 드리고 무엇을 요구하느냐 물었
습니다.

존자가 대답했습니다.

"나는 시자를 구한다."

장자가 말했습니다.

"나에게 복타밀다라는 외아들이 있는데, 나이가 이미 50이 되었건만 아직도 말을 못하고 걷지도 못합니다."

존자가 말했습니다.

"그대의 말이 옳다. 그가 참으로 나의 제자이다."

존자가 그를 보니 복타밀다가 벌떡 일어나 절을 하고 게송을 읊었습니다.

읊은 게송은 위의 게송입니다.

"부모와 내가 친한 것이 아니다"라고 했습니다.

나이가 50이 되도록 말도 못하고 걷지도 못한 사람이 불타난제를 보자마자 벌떡 일어나서 말을 했습니다. 기적이 일어난 겁니다. 기적도 어디 보통 기적입니까? 이런 걸 두고 宿世의 因緣이라고 한 겁니다.

복타밀다는 왜? 벙어리에다 앉은뱅이가 되었을까요?

그것은 복타밀다 존자가 옛적에 부처님을 만나 悲願이 廣大했는데, 부모의 애정을 버리기 어려울까 염려가 되어서 벙어리 앉은뱅이 노릇을 한 겁니다.

50년 동안 똥 오줌 받아냈으니, 그 부모도 지겹지 않겠습니까? 정 끊기 위해서 일부러 그런 겁니다.

이런 걸 두고 禪家에서는 啐啄同時(줄탁동시)라고 한 겁니다. 닭이 알을 깰 때 어미는 밖에서 쪼고, 새끼는 안에서 쪼은 겁니다. 時節因緣이 到來한 겁니다. 그래서 불타난타 존자가 복타밀다 존자에게 傳法을 준 겁니다.

"허공은 안과 밖이 없다. 마음도 그러하다. 그런 허공의 이치를 깨달
으면 이것이 진여를 안 것이다."

이렇게 명료하게 전법을 한 겁니다. 要는 虛空性을 깨치는 겁니다. 허
공을 깨치면 마음도 깨친다고 했습니다.

빈 것이 허공 아닙니까?

마음도 허공같이 빈 마음이어야 한다는 겁니다. 빈 마음이 無心입니
다. 즉 無心을 깨치라는 말입니다.

전법게는 깨친 자가 깨친 제자에게 전하는 게송입니다. 깨치지 못한
제자에게는 傳法을 할 수가 없습니다. 깨쳤으니까 傳法을 한 겁니다. 오
십년 동안 앉은뱅이 벙어리가 八祖의 법을 받아 九祖가 되는 순간입니
다.

伏馱密多尊者(복다밀다존자) 전법게

眞理本無名　因名顯眞理
受得眞實法　非眞亦非僞
(伏馱密多尊者　傳法偈)

진리는 본래 이름이 없으니
이름으로 인하여 진리가 나타난다.
진실한 법을 받아 얻으면
참도 아니요 또한 거짓도 아니다.

복다밀다존자

이 게송은 第九祖 伏馱密多(복다밀다) 尊者의 傳法偈입니다. 존자는 提伽國 사람이니 姓은 毘舍羅입니다. 불타난제의 법을 받는 뒤 중인도에 가서 교화 할 때에 香蓋라는 장자가 외아들의 손을 잡고 와서 존자께 예배 하고 말했습니다.

"이 아이가 태속에 60년을 있어서 難生이라고 부릅니다. 그리고 어떤 仙人이 말하기를 이 아이가 凡常치 않으니 반드시 法器가 되리라 하였습니다. 이제 존자를 만나니 出家케 하고자 합니다."

존자가 바로 머리를 깎아주고 戒를 주었는데 갈마 할 때에 舍利가 30개가 나왔습니다. 이로부터 피로함을 잊고 부지런히 정진 하였는데, 존자가 말했습니다.

"거룩한 정법안장을 너에게 전하노니 잘 간직 하라."

"진리는 본래 이름이 없다."

진리는 원래 이름이 없다고 했습니다. 본래가 無名인데 이름이 있겠습니까? 이름은 사람이 붙인 겁니다. 萬法이 다 그렇습니다.

장미꽃이 원래 장미꽃입니까?

아닙니다. 사람이 붙인 겁니다. 이렇게 이름을 붙인 것은 사람이 붙인 겁니다. 사람이 이름을 붙여 놓고 이름에 빠진 겁니다. 이름에 집착한 겁니다.

그러니 眞理라고 이름 한 것도 이름 하여 진리지, 眞理가 어디 眞理이겠습니까? 이름이 眞理죠?

그렇다고 이름을 붙이지 않으면 事物을 分別할 수가 없으니까 어쩔 수 없이 붙인 겁니다. 그래서 "이름에 의해서 진리가 나타난다"고 한 겁니다. 依法眞如라는 겁니다. 법에 의지해서 眞如法을 나타낸 겁니다. 方便上 그런 겁니다.

方便은 方便입니다. 方便이 眞理는 아닙니다. 方便에 의지하여 진리를 깨달았으면 方便은 버리라는 겁니다.

방편의 이름을 버리고 나면 "참도 아니요, 거짓도 아니다" 라는 겁니다. 그렇습니다. 방편은 손가락입니다. 달을 가리키는 손가락입니다. 달을 봤으면 손가락은 잊어야 합니다.

그래서 眞僞는 方便上의 이름이란 겁니다. "참이다. 거짓이다"는 相對的 槪念아닙니까? 眞理는 상대적 개념이 아닙니다. 절대적 개념입니다. 그래서 참도 아니요, 거짓도 아니라고 한 겁니다.

앞에서 말한 전법게와 똑같습니다. 말만 다르지 내용은 다르지 않습니다. 그 점을 착안하여 보면 됩니다. 그것이 전법게나 禪詩를 보는 眼目이 됩니다.

脇尊者(협존자) 전법게

眞體自然體 因眞說有理
領得眞眞法 無行亦無止
(脇尊者 傳法偈)

참의 본체는 자연히 참되니
참됨에 의지하여 진리를 말한다.
참이 참된 법임을 깨달으면
행할 것도 그칠 것도 없다.

협존자

이 게송은 第十祖 脇(협)尊者의 傳法偈입니다.

존자는 중인도 사람으로서 본래 이름은 難生이었습니다. 존자가 탄생할 때 아버지 꿈에 흰 코끼리 한 마리 등 위에 보배 좌석이 있고 좌석 위에 밝은 구슬 하나가 있었는데, 문으로 들어와 광채가 사방으로 비치는 것을 보았습니다. 이런 꿈을 꾸고 존자를 낳았습니다.

뒤에 복타밀다 존자를 만나 시봉을 하는데 잠시도 자지 않았습니다. 즉 겨드랑이를 자리에 댄 일이 없었습니다. 그래서 협존자라고 부르게 되었습니다.

처음 華氏國에 이르러 어느 나무에 쉬다가 오른손으로 땅을 가리키면서 말했습니다.

"여기가 금빛으로 변하면 성인이 이 모임에 오리라."

말을 마치자 땅이 금빛으로 변하면서 富那夜奢(부나야사)라는 장자의 아들이 합장하고 그의 앞에 섰습니다.

존자가 물었습니다.

"너는 어디서 왔는가?"

夜奢(야사)가 대답했습니다.

"내 마음은 가지 않았습니다."

"너는 어디서 사느냐?"

"내 마음은 그치지 않습니다."

"너는 일정하지 않는가?"

"부처님도 그러합니다."

"너는 부처가 아니다."

"부처라 해도 아닙니다."

존자가 그의 뜻을 알고 바로 제자로 삼고 具足戒를 주었습니다. 그리고 다시 분부했습니다.

"여래의 正法眼藏을 그대에게 전하노니 그대는 잘 지키라" 하고 전법게를 주었습니다.

협 존자는 難生이라 했습니다. 어렵게 났다는 겁니다. 어머니 태속에서 60년 동안 있었다고 합니다. 옆구리를 땅에 대지 않았다고 해서 협 존자라고 했다는 겁니다. 눕지도 잠도 자지 않았다고 합니다.

우리나라에도 눕지 않는 스님이 지금도 있습니다. 長座不臥(장좌불와)입니다. 잠이 오면 行禪을 합니다. 밖에 나가서 걷습니다. 매일 그렇게 정진을 합니다. 그것이 자기와의 약속입니다. 修行의 規則입니다. 그렇게 해야 공부를 좀 할 것 아닙니까? 잘 것 다 자고 언제 공부 합니까? 어찌 하루뿐이겠습니까? 깨닫기 전에는 그 規則이 平生 갑니다. 그래야 뭣이 이루어 질 것이 아닙니까? 脇尊者도 그런 분입니다.

게송을 볼까요?

"참의 본체는 참이다" 라고 했습니다.

왜?

협 존자가 이런 전법게를 정했느냐? 이겁니다. 제자의 그릇 따라 그런 겁니다.

앞에서 문답을 보셨죠?

"너는 어디서 왔느냐?" "내 마음은 가지 않습니다."

"너는 어디서 사느냐?" "내 마음은 그치지 않습니다."

본래 마음자리를 꿰뚫어 보고 있지 않습니까?

그래서 다시 묻습니다. "너는 一定하지 않구나?" 하니,

"부처님도 그러 합니다." 했잖습니까?

부처님 마음이나 자기 마음이나 다를 바가 없다는 겁니다.

존자가 다시 점검을 합니다. "너는 부처가 아니다" 하니,

"부처라 해도 아닙니다." 했잖습니까?

이 정도 안목이면 확철대오 한 겁니다. 그러니 거기다가 참이니 거짓이니, 수행이니 닦느니 할 것이 없는 겁니다. 그래서 참된 법임을 깨달으면 행할 것도 그칠 것도 없다고 한 겁니다. 이때만 해도 근기들이 최상근기 시대였나 봅니다. 스승과 제자가 만나자 마자 전법게를 주고받았잖습니까? 正法時代라 그렇습니다. 그만큼 순수했다는 겁니다.

수행은 본래 마음자리로 갑니다. 본래 마음자리는 淸淨心입니다.

게송은 머리로 보는 것이 아닙니다. 마음으로 보아야 합니다.

富那夜奢尊者(부나야사존자) 전법게

迷悟如隱顯 明闇不相離
今付隱顯法 非一亦非二
(富那夜奢 尊者 傳法偈)

미혹과 깨달음은 숨음과 드러남 같고
밝음과 어두움은 서로 여의지 않나니
이제 숨음과 드러남의 법을 전하니
하나도 아니요 둘도 아니다.

부나야사존자

| 해설 |

이 게송은 第十一祖 富那夜奢(부나야사) 尊者의 傳法偈입니다.

존자는 華氏國 사람이니, 姓은 瞿曇(구담)이요, 아버지는 寶身입니다. 협 존자의 법을 전해받은 뒤 波羅奈國에 가니 馬鳴大士라는 이가 마중 나와 禮拜하고 물었습니다.

"저는 어떤 것이 부처인지 알고자 하는데, 어떤 것입니까?"

존자가 대답했습니다.

"네가 부처를 알고자 하는데, 알지 못하는 것이 그것이다."

"부처도 모르는데 어찌 그것임을 알겠습니까?"

"부처도 알지 못하거늘 어찌 그것 아닌 줄은 아는가?"

"이는 톱의 이치입니다."

"너는 나무의 이치이다."

"톱의 이치라는 것은 어떤 것입니까?"

"그대를 평평하게 벗어나게 해준다."

"나무의 이치란 무엇입니까?"

"네가 나의 쪼갬을 당한 것이다."

馬鳴은 이 말에 확연히 깨달고 제자 되기를 바랐습니다. 마명은 옛날에 毘舍利國의 王이었습니다. "여래께서 授記를 하시되 '내가 열반에 든 뒤 600년에 馬鳴이라는 어진 이가 나타나서 外道들을 굴복시키고 한량없는 사람을 제도하여 나의 법을 계승할 것이다' 하였는데, 지금이 바로 그때다" 하고 전법게를 주었습니다.

전법게 내용은 "미혹과 깨달음은 숨는 것과 드러난 것과 같다. 밝음과 어둠은 서로 여의지 않았다"고 했습니다.

미혹은 중생을 말한 겁니다. 깨달음은 부처를 말한 겁니다. 중생은 숨은 부처입니다. 부처는 깨달은 중생입니다. 중생 따로 부처 따로 있는 것이 아닙니다.

파도가 물이고 물이 파도 아닙니까? 파도 떠나서 물을 찾지 말아야 합니다. 파도가 그대로 물입니다. 중생이 그대로 부처입니다. 迷悟의 차이만 있습니다. 그것을 게송으로 말 한 겁니다.

밝음은 부처를 상징한 겁니다. 어둠은 중생을 말한 겁니다. 그러니 깨닫고 보면 중생 그대로가 부처라는 겁니다. 그래서 둘이 아닙니다. 그렇다고 하나도 아닙니다. 부처는 부처이고, 중생은 중생이니까, 그래서 하나도 아니라고 한 겁니다.

왜? 이런 전법게를 전했느냐 하면, 마명대사가 부처를 알고자 한다고 했습니다. 그러자 야사존자가 "네가 알고자 하는데 알지 못하는 것, 그것이 부처라"고 했습니다.

그러자 마명대사가 또 물었습니다.

"부처를 모르는데, 그것임을 알겠습니까?"

그러자 존자가 말했습니다.

"부처도 알지 못하거늘 어찌 그것이 아닌 줄을 아는가?" 하니, 그러자 마명대사가 그 말에 확실하게 깨달았다는 겁니다.

부처를 찾으니까 미혹과 깨달음의 논법을 쓴 겁니다. 미혹은 모르는 것이고, 깨달음은 아는 겁니다. 밝음은 어둠의 반대 개념입니다. 어둠은 밝음의 반대 개념이죠. 이렇게 상대 개념으로 수행을 하면 깨닫기 힘듭니다. 쪼개지 말라고 했는데 자꾸 쪼개고 나누니까, 톱니니 나무니 한 겁니다. 쪼개지 말라는 말입니다. 쪼개는 것은 分別心입니다.

分別業識이 없어야 無分別智가 됩니다. 無分別心이 無念입니다. 無念이 淸淨心입니다. 淸淨心이 本來 佛性입니다.

馬鳴尊者(마명존자) 전법게

隱顯卽本法 明闇元不二
今付悟了法 非取亦非離
(馬鳴尊者 傳法偈)

숨거나 드러남이 본래의 법이요
밝음과 어둠이 둘이 아니다
깨달음 법을 오늘에 전하노니
취함도 아니요 여윔도 아니다.

마명존자

| 해설 |

이 전법게는 十二祖 馬鳴尊者의 전법게입니다.

존자는 波羅奈國 사람입니다. 이름은 功勝이라고 합니다. 야사존자에게서 법을 받고 화씨국에서 법륜을 굴릴 때, 어떤 노인이 앞에 와서 엎드렸습니다.

존자가 말했습니다.

"이는 예사 무리가 아니다. 반드시 특이한 祥瑞(상서)가 있을 것이다."

잠간 뒤에 땅에서 금빛 나는 사람이 솟다가 女子로 변하여 오른손으로 존자를 가리키며 게송을 읊었습니다.

"거룩한 어른께 경례합니다. 여래의 수기를 받으시고 지금 땅에 왕림하여 第一義를 선전 하시네."

게송을 마치고 그는 홀연히 사라졌습니다.

존자가 말했습니다.

"곧 魔가 와서 나와 힘을 겨루리라."

조금 있으니 비바람이 갑자기 닥쳐와서 天地가 아득했습니다.

존자가 말했습니다.

"이는 魔가 온 것이 사실이다. 내가 제어하리라."

그리고 허공을 가리키니 하나의 큰 金龍이 나타나서 위력을 분발하니, 山川이 振動을 했습니다. 존자가 태연히 앉아있으니 魔의 장난이 사라졌습니다. 그러기를 7일이 자나자 메뚜기만한 작은 벌레가 자리 밑으로 숨어들었습니다. 존자가 잡아서 대중에게 보이면서 말했습니다.

"이것은 魔가 변한 것인데, 나의 법을 몰래 들으려고 왔다."

존자가 놓아주었으나 움직이지 못하였습니다. 존자가 말했습니다.

"네가 삼보에 귀의하면 신통을 얻게 되리라."

마가 형태를 회복하고 절을 하고 참회 하였습니다.

"네 이름이 무엇이냐?"

"저는 迦毘摩羅요 권속은 三千입니다."

"네가 신통을 부리면 어떤 변화를 일으키느냐?"

"저는 큰 바다를 아주 작은 바다로 變하게 합니다."

"너는 性品의 바다도 變化시킬수가 있겠느냐?"

"무엇을 性品의 바다라고 합니까? 저는 처음 듣는 말입니다."

존자가 말했습니다.

"山河大地가 그에 의하여 건립되고 三昧와 六神通이 이로 말미암아 난다."

가비마라가 이 말을 듣고 신심을 내어 그 권속 삼천을 데리고 出家를 원했습니다.

존자가 오백 명의 아라한을 불러 구족계를 주게 하고 여래의 정법안장을 전했습니다. 전법게는 이렇습니다.

"숨거나 들어남이 본래 법이라"고 했습니다.

"밝음과 어둠이 둘이 아니라"고 했습니다.

숨은 것은 부처를 말한 겁니다. 드러남은 중생을 말한 겁니다. 밝음은 부처를 말한 것입니다. 어둠은 중생을 말한 겁니다. 중생과 부처가 둘이 아닙니다. 중생은 감춰진 부처입니다. 부처는 드러난 중생입니다. 동전 양면과 같습니다. 이쪽도 500원이라면 저쪽도 500원입니다. 이리 봐도 저리 봐도 앞뒤만 다르지 같은 동전입니다. 그래서 둘이 아닌 법을 깨닫고 나면 취할 것도 여읠 것도 없다고 했습니다.

迦毘摩羅尊者(가비마라존자) 전법게

非隱非顯法 説是眞實際
悟此隱顯法 非愚亦非智
(迦毘摩羅尊者 傳法偈)

숨지도 않고 드러나지도 않는 법은
진실의 실제를 말한 것이니
숨음과 드러난 법을 깨달으면
어리석지도 않고 지혜롭지도 않다.

가비마라존자

이 게송은 第十三祖 迦毘摩羅(가비마라)尊者의 전법게입니다.

존자는 화씨국 사람이니 처음에 외도가 되어서 삼천 명의 제자를 거느리고 온갖 외도의 이론을 통달하였습니다. 뒤에 마명존자를 만나 법을 받고 무리를 거느리고서 인도로 갔습니다. 거기에는 雲自在라는 태자가 있었는데 존자의 소문을 듣고 추앙하는 마음으로 宮中에 청하여 供養을 대접하려 하였습니다.

존자가 그에게 말했습니다.

"如來의 가르침에 沙門은 國王大臣이나 勢道 있는 집에 가지 말라 하셨소."

태자가 말하였습니다.

"지금 저의 나라 서울 북쪽에 큰 산이 있는데 산속에 石窟 하나가 있으니 스님이 거기에 머무를 수 없겠습니까?"

존자가 "좋소!" 하고 곧 산으로 들어가 몇 리를 가다가 큰 뱀을 만났는데, 존자가 돌아보지 않고 바로 가니 드디어 존자의 몸을 칭칭 감았습니다. 존자가 삼귀의를 일러주니 뱀이 듣고는 풀고 나갔습니다. 존자가 석굴에 다다르니 어떤 노인이 素服을 입고 나와서 합장하고 문안하니, 존자가 물었습니다.

"그대는 어디서 사는가?"

노인이 대답했습니다.

"저는 옛적에 비구였는데 조용함을 몹시 좋아하였습니다. 그때 어떤 비구가 자주 와서 물었으나 그에게 대답하기를 귀찮게 여겨 성을 내었더니 목숨이 다한 뒤에 뱀이 되어 이 굴 속에서 산지가 벌써 이미 천년입니다. 이제 존자를 만나 게를 듣게 되었으니 사례하러 왔습니다."

존자가 물었습니다.

"이 산에 다른 사람이 사는가?"

그가 대답하였습니다.

"북쪽으로 10리를 가면 龍樹라는 이가 있습니다."

존자가 그곳에 가니 龍樹尊者가 맞이하였습니다.

"이곳은 산이 깊고 뱀과 용이 사는 곳인데 대덕께서 어찌 오셨습니까?"

"나는 그대를 보러 왔다."

용수가 마음속으로 이렇게 생각했습니다.

'이 사람이 결정된 성품을 얻었을까? 도의 눈이 밝아 졌을까? 大聖의 참법을 이어 받았을까?'

존자가 말했습니다.

"네가 마음으로 생각하는 것을 나는 안다. 出家할 결심이나 하라. 어찌 내가 성인 아닐 것을 근심하고 있는가?"

용수가 뉘우치고 사과를 하니, 존자가 출가 시키고 전법게를 주었습니다.

"여래의 정법안장을 그대에게 전한다. 나의 게송을 들으라."

게송은 위의 것과 같습니다. 숨기고 드러나고 논제가 똑같습니다. 앞 게송에서 말한 것이니 각자 음미를 하면 됩니다.

龍樹尊者(용수존자) 전법게

爲明隱顯法 方說解脫理

於法心不證 無瞋亦無喜

(龍樹尊者 傳法偈)

숨음과 드러난 법을 밝히기 위해서

해탈의 이치를 말하거니와

법을 증득하려는 마음이 없으면

성냄도 기쁨도 모두 없나니라.

용수존자

이 게송은 第十四祖 龍樹尊者의 傳法偈입니다.

존자는 서천국 사람이니 龍勝이라고 합니다. 가비마라존자의 법을 받고 남인도로 갔습니다. 그 나라 사람들은 福業만 믿었는데 존자의 설법을 듣고 서로

수근 거렸습니다.

"사람에게 복만 있으면 제일이다. 헛되이 佛性을 말하나 누가 그 불성을 보았는가?"

존자가 그들에게 말했습니다.

"너희들이 불성을 보고자 하면 먼저 我慢을 버려라."

그들이 말했습니다.

"佛性은 큰 것인가? 작은 것인가?"

존자가 대답했습니다.

"크지도 않고 작지도 않고 좁지도 않으며 복도 없고 갚음도 없으며 죽지도 나지도 않는다."

그들은 수승한 이치를 듣고 모두가 마음을 돌이켰습니다. 존자가 자재한 몸으로 법문을 하니 소리만 들리고 존자의 얼굴은 볼 수가 없었습니다. 그 대중 가운데 迦那提婆(가나제바)라는 이가 있다가 대중에게 말했습니다.

"이 형상을 알겠는가?"

대중이 말했습니다.

"눈으로 보이지 않거늘 어찌 알겠는가?"

제바가 말했습니다.

"이것이 존자께서 佛性의 本體와 형상을 나타내어 우리에게 보이신 것이다. 어찌 그런 줄을 알겠는가? 無相三昧는 형체가 보름달 같은데 불성의 이치가 확연히 비고 밝다."

말을 마치자 형상이 사라지고, 용수존자가 제자리로 돌아와서 게송으로 말하였습니다. 그 무리들이 게송을 듣고 無生法忍을 깨달고 모두 출가하여 해탈을 얻고자 하니, 모두에게 구족계를 주었습니다. 그 나라에는 5천 명의 外道가 있었는데 존자께서 그들도 교화하여 삼보께 귀의하게 하였습니다. 존자는 大智度論, 中論, 十二門論을 지어 후세에 전했습니다.

龍樹尊者는 大乘佛敎의 聖父라고 합니다. 그만큼 대승불교에 끼친 영향이 큽니다. 龍樹尊者는 龍樹菩薩로 많이 指稱합니다. 그 유명한 中論을 지어서 中觀思想을 전한 尊者입니다. 부파불교 시대에 교리가 너무 思辨的으로 흘러 "있다, 없다" 문제로 치우치는 것을 中道思想으로 체계화 한 것이 中論입니다.

전법게 내용을 보면 "숨음과 드러난 법을 밝히기 위해 해탈의 이치를 말한다"고 했습니다.

해탈이 뭡니까? 벗어남입니다. 번뇌로부터 벗어남입니다. 번뇌는 중생입니다. 중생의 굴레를 벗어나는 것이 해탈입니다. 번뇌에 묶여있는 것이 중생입니다.

"숨는다, 드러난다" 하는 것은 相對世界입니다. 드러나는 것은 중생 세계입니다. 숨은 것은 부처 세계입니다. 상대를 떠난 것이 해탈입니다.

상대적 논리에 묶여 있으면 해탈이 아닙니다. 그것을 벗어나야 합니다. 아니 벗어나야 한다는 생각도 없어야 해탈입니다. 마음이 어디에도 묶여있지 않는 것이 해탈입니다. 그 해탈의 이치를 알고 나면 법을 증득하려는 마음도 없어야 한다는 겁니다. 철저하게 空으로 돌아간 겁니다.

텅텅 비어 있는 마음자리에 무슨 喜悲가 있겠습니까? 성낼 것도 기뻐할 것도 없습니다. 그것을 존자께서 전법게로 전한 겁니다.

要點은 無心無住입니다.

迦那提婆尊者(가나제바존자) 전법게

本對傳法人 爲說解脫理
於法實無證 無終亦無始
(迦那提婆尊者 傳法偈)

본을 대하여 법을 전하는 사람
해탈의 이치를 말하기는 하지만
법에는 실제로 증득할 것이 없나니
시작도 끝도 또한 없더라.

가나제바존자

| 해설 |

이 게송은 十五祖 迦那提婆(가나제바) 尊者의 傳法偈입니다.

존자는 남 천축국 사람이니, 성은 毘舍羅였습니다. 처음에 복만 닦다가 나중에 용수 존자를 뵈려고 할 때, 용수존자가 그가 지혜로운 사람임을 알고 시자를 시켜 바루에 물을 가득 떠다 놓게 하였습니다. 제바 존자가 그것을 보고 바늘 하나를 던졌습니다.

용수 존자가 설법을 해주려고 자리에서 일어나지 않고 둥근 달 모양을 나타내니, 소리만 들리고 형체는 볼 수가 없었습니다.

가나제바 존자가 말했습니다.

"지금 이 祥瑞(상서)는 존자께서 佛性을 나타내어 소리와 빛에 관계치 않음을 보이신 것이다."

가나제바 존자가 용수 존자의 법을 받고 비라라국에 갔습니다. 그 나라에는 梵摩淨德이라는 장자가 살고 있었습니다. 그 장자가 사는 후원의 나무에 큰 버섯이 돋았는데 매우 맛이 좋았으나, 장자의 둘째 아들인 羅候羅多만 따다가 먹을 수 있었습니다. 버섯은 따다 먹는대로 자라고 또 자랐습니다. 그런데 다른 친족은 아무도 버섯을 보지 못했습니다. 이때 가나제바 존자가 그의 전생인연을 알고 그의 집에 갔습니다.

장자가 그 까닭을 물으니 존자가 대답하였습니다.

"너희들은 전생에 어떤 비구를 공양하였다. 그러나 그 비구는 도의 눈이 열리지도 않으면서 헛되이 남의 시주를 받았다. 그러므로 버섯이 되어서 전생의 빚을 갚은 것인데, 너와 네 아들만이 정성껏 공양을 하였으므로 받을 수 있으나 다른 이들은 받지 못한다."

장자의 나이를 물으니 79세라고 했습니다.

존자가 게송으로 말했습니다.

"도에 들었으나 진리를 통달하지 못하므로 몸을 바꿔서 시주의 은혜를 물건이 되어 갚는 것이니, 그대의 나이 81살이면 이 나무에 버섯이 나지 않는다."

장자가 게송을 듣고 더욱 탄복하였습니다.

"제자는 나이가 이미 늙어 스승을 섬길 수 없으나 둘째 아들을 출가케 하고자 합니다."

존자가 말했습니다.

"옛날 여래께서 이 아들에 대하여 예언을 하셨다. 지금 만나게 되니 옛 인연에 부합하게 된다."

그리고 머리를 깎아 주고 시중을 들게 하고, 전법게를 주었습니다.

"본래 자리인 근본 자리의 법을 전한다는 것, 그것이 해탈이라고 하지만 실지로는 증득할 것이 없다."

본래 無一物이라 얻을 것이 없다는 겁니다. 얻을 것이 있다고 하면 存在論에 빠집니다. 불교는 존재론이 아닙니다. 불교는 연기론입니다. 연기론 입장에서 보면 고정 불변하는 존재는 없다는 겁니다.

"있다, 없다"는 상대적 개념 아닙니까?

연기론은 있다, 없다의 상대적 개념이 아닙니다. 그런 상대적 세계가 아닌 절대적 세계가 해탈입니다. 그러니 그 자리는 시작도 끝도 없는 겁니다. 無始無終입니다. 始終은 時間的 槪念입니다. 眞理의 절대적 세계는 시간적 개념이 아닙니다. 그 점을 가나제바 존자가 전법게로 전한 겁니다.

羅睺羅多尊者(나후라다존자) 전법게

於法實無證 不取亦不離
法非有無相 內外云何起
(羅睺羅多尊者 傳法偈)

법은 실제로 증득할 게 없고
취하거나 여의지도 않았다
법은 있음과 없음의 형상이 아니니
어찌 안과 밖에서 일어나리요.

나후라다존자

이 게송은 第十六祖 羅睺羅多(나후라다) 尊者의 傳法게입니다.

존자는 迦毘羅國 사람입니다. 존자가 교화를 하면서 실라벌 성에 이르렀을 때 金水라는 강이 있는데, 그 물 맛이 달고 강 한 복판에는 다섯 부처님 그림자가 나타났습니다.

존자가 대중에게 말했습니다.

"이 강 근원 쪽에 오백리쯤 가면 僧伽難提(승가난제)라는 이가 살고 있다. 부처님께서 예언하시기를 일천년 후에는 거룩한 지위를 계승하리라 하셨다."

말을 마치고 물을 거슬러 올라가서 이르니, 승가난제가 단정히 앉아서 禪定에 들어 있었습니다. 존자가 대중과 함께 기다리니 三七(21)일을 지나서야 선정에서 일어났습니다.

존자가 물었습니다.

"그대는 몸이 안정 하는가? 마음이 안정하는가?"

그가 대답했습니다.

"몸과 마음이 모두 안정 합니다."

"몸과 마음이 모두 안정 한다면 어찌 들고 남이 있는가?"

"들고 남이 있지만 선정의 형상을 잃지는 않습니다. 마치 금이 우물 안에 있는데 금의 본체가 항상 고요한 것과 같습니다."

"금이 우물 안에 있거나 금이 우물에서 나왔거나 금에는 동요와 고요함이 없다고 한다면 어떤 물건이 들고 나는가?"

"금이 움직이거나 고요하다 하나 어떤 물건이 들고 나겠습니까? 금이 들고 난다고 해도 금은 요동하거나 고요한 것이 아닙니다."

"금이 우물에 있다면 나온 금이 어떤 금인가?"

"금이 우물에 있다면 나온 금이 어떤 금이겠습니까? 금이 우물에서 나왔다면 안에 있는 것이 어떤 물건이겠습니까? 금이 우물에서 나왔다면 안에 있는 것은 금이 아니요, 금이 우물에 있다면 나온 것은 물건이 아닙니다."

"이 이치가 옳지 않다. 그대의 주장이 분명치 않다. 이 이치는 져야 한다. 그대의 주장이 이루어지지 않는다. 그대의 주장이 이루어지지 않을지언정 나의 주장은 이루어진다. 나의 주장이라고 하지만 법은 '나'가 아니기 때문이다. 나의 이치는 이미 이루어 졌으나 나는 곧 나 없음이기 때문이다."

"나는 나 없음이라 한다면 다시 어떤 이치가 이루어집니까?"

"나는 나 없음으로 그대의 이치를 이룬다."

"당신은 누구를 스승으로 섬기기에 이 같은 나 없음을 얻었습니까?"

"나는 가나제바 존자를 스승으로 하여 이 같은 나 없음의 진리를 얻었다."

"당신보다 뛰어난 가나제바 존자께 경례합니다. 그러나 당신도 나 없음을 얻었으므로 나는 당신을 스승으로 삼고자 합니다."

"나는 이미 나 없음을 얻었으므로 나의 나를 보아야 한다. 그대가 만일 나를 스승으로 섬긴다면 나는 나의 나가 아님을 알 것이다."

승가난제가 마음과 뜻이 활짝 열려 즉석에서 출가하기를 원했습니다.

존자가 말했습니다.

"그대의 마음은 자재하다. 나에게 매인 것이 아니다."

나후라 존자가 승가난제를 불러 법을 전해주고 게송을 읊었습니다.

"법은 실제로는 증득할 것이 없다. 취하거나 여의지도 않는다. 법은 있음과 없음의 모양이 아니다. 그러니 어찌 안과 밖이 있어서 일어나겠느냐?"

그렇습니다. 道無方所라 했습니다. 道의 자리는 方所가 없습니다. 方所는 東西南北 方向을 말합니다. 동쪽이라고 하지만 동쪽이 어디 동쪽입니까? 남쪽이라고 하지만 남쪽이 어디 남쪽입니까? 우리가 보는 위치 따라 동쪽 남쪽이라 한 겁니다. 그래서 楞嚴經(능엄경)에 空無方圓이나 器有方圓이라고 한 겁니다. 허공에는 네모도 원도 없다는 겁니다. 네모나 원은 그릇에 있다는 겁니다. 허공은 네모난 것도 둥근 것도 아니라는 겁니다.

허공 자체는 虛虛蕩蕩(허허탕탕) 아닙니까?

모양도 없고 형체도 없고 아무것도 없습니다. 그것이 虛空입니다. 우리 마음도 허공과 같다는 말입니다. 心體나 空體나 道體나 같은 것을 상징한 겁니다.

그런데 있다 없다, 좌다 우다 자꾸 쪼개고 나눕니다. 그것이 病입니다. 허공은 네모도 세모도 둥근 것도 아닌데 자꾸 세모다 네모다 보니까 그것이 문제입니다. 그래서 그릇 따라 네모도 세모도 둥근 것도 있다고 한 겁니다. 세모 그릇은 허공도 세모입니다. 네모 그릇은 허공도 네모입니다. 그릇은 우리 業識 業身을 말한 겁니다. 그릇이 業識입니다.
그 虛空性을 우리 마음에 비유하여 전법게를 전한 겁니다.

僧伽難提尊者(승가난제존자) 전법게

心地本無生 因地從緣起
緣種不相妨 華果亦復爾
(僧伽難提尊者 傳法偈)

마음의 땅에는 나는 것 본래 없으니
인의 경지는 연기에 의해 나나니
연과 종자가 서로 방해치 않듯이
꽃과 열매도 그러하니라.

승가난제존자

이 게송은 第十七祖 僧伽難提 尊者의 傳法偈입니다.

존자는 실라벌성의 보장엄 왕의 아들 이었는데 갓 낳자마자 말을 하여 항상 불법을 칭찬하였고, 일곱 살에 세상을 싫어하여 게송으로 그의 부왕께 사뢰었습니다.

"인자하신 아버님께 경례하오며 낳아주신 어머님께 합장합니다. 저는 이제 출가하기를 원하오니 저의 뜻을 들어 주소서."

부모가 말렸으나 종일 먹지 않으므로 출가를 허락하였습니다. 禪利多라는 사문을 스승으로 삼았는데, 19년 동안 잠시도 게으르지 않았습니다. 하루 저녁에 하늘에서 광채가 내려 비치니 존자가 십리쯤 길을 가니 큰 바위 앞에 석굴이 보여 그 안에서 조용히 살았습니다. 부왕은 아들을 잃었다고 선다리를 나라 밖으로 쫓아냈습니다. 그 후 십년이 지나 존자가 법을 깨달았습니다.

존자가 교화를 위해 마제국에 이르렀을 때, 도덕의 바람이 불었습니다.

"이 징조는 거룩한 이가 나타나서 祖師의 등불을 잇게 될 것이다."

말을 마치고 자주 빛 구름이 서려있는 초막에 이르자, 어떤 동자가 둥근 거울을 가지고 존자 앞으로 왔습니다.

존자가 물었습니다.

"너는 몇 살이냐?"

동자가 대답했습니다.

"백 살입니다."

"네 나이 아직 어린데, 어찌 백 살이라고 하느냐?"

"나는 정당한 나이의 이치를 모릅니다."

"네가 좋은 근기냐?"

"부처님 말씀에 백 살을 살아도 부처님들의 근기를 모르면 하루를 살면서 분명히 아는 것만 못한다고 하였습니다."

"네가 가진 것은 무엇을 표시하느냐?"

"부처님의 크고 둥근 거울은 안팎으로 티와 가려움이 없음을 표시합니다."

존자가 구족계를 주고 伽倻舍多라 이름하였습니다.

다른 날 바람이 불어 풍경이 울리는 소리가 났습니다.

존자가 물었습니다.

"바람이 우는가? 풍경이 우는가?"

가야사다가 대답하였습니다.

"바람도 아니요. 풍경도 아닙니다. 오직 제 마음이 울뿐입니다."

"마음이란 무엇이냐?"

"모두가 고요하기 때문입니다."

"맞은 말이다. 나의 법을 이을 자 그대가 아니면 누구이겠느냐?"

하고 전법게를 주었습니다.

"마음의 땅에는 본래 나는 것이 없다. 인도 연기에 의해서 난다. 연과 종자가 방해하지 않듯이 꽃과 열매도 그러하다."

이 전법게는 마음의 실체를 드러낸 게송입니다. 마음도 본래 있는 것이 아닙니다. 마음의 본래 바탕에는 생도 없고 사도 없다는 말입니다.

모든 것이 다 인연화합으로 이루어진 것입니다. 씨앗(因)도 연을 만나지 못하면 열매(果)를 맺을 수가 없습니다. 緣은 뭇 조건들입니다. 씨앗도 돌 위에 떨어지면 죽고 맙니다. 돌은 조건(緣)입니다. 돌의 조건에서는 뿌리를 내릴 수가 없습니다. 그러니 싹을 틔울 수가 없으니 종자로서 끝입니다. 땅에 떨어져야 뿌리도 내리고 싹도 틔우고 꽃도 피우고 열매도 맺습니다. 이렇게 세상 만법이 다 因緣 所生法으로 이루어졌습니다. 그래서 因도 연기에 의해서 난다고 했습니다. 그러니 연과 종자는 방해하지 않는다고 한 겁니다.

꽃과 열매도 마찬가지로 그렇다고 했습니다. 우주 만법이 인연소생법임을 설파한 전법게입니다. 불교는 有神主義도 唯物主義도 아닙니다. 中道 實相인 緣起法을 부처님께서 말씀하셨습니다.

伽倻舍多尊者(가야사다존자) 전법게

有種有心地 因緣能發萌
於緣不相礙 當生生不生
(伽倻舍多尊者 傳法偈)

종자도 있고 마음의 땅도 있으면
인연에 따라 싹이 솟나니
인연이 서로 걸리지 않으면
나는 때에 나지만 그 남이, 남이 아니다.

가야사다존자

돌계집이 애를 낳는구나

이 게송은 第十八祖 伽倻舍多 尊者의 傳法偈입니다.

존자는 摩提國 사람이니 성은 鬱頭藍이요, 아버지는 天介요, 어머니는 方聖입니다. 어머님 꿈에 큰 神將이 거울을 들고 있는 것을 보고 태기가 있어 존자를 낳았습니다. 살과 몸이 유리같이 비치어 한 번도 씻지 않아도 향기롭고 깨끗했습니다. 조용한 곳을 좋아하고 말하는 것이 예사롭지 않았습니다.

거울을 가지고 놀다가 승가난제 존자를 만나 출가하게 되었습니다. 존자가 제자들을 거느리고 대월씨국에 갔다가 한 바라문 집에 서기가 있는 것을 보고 그 집에 들어가니, 집 주인인 鳩摩羅多가 물었습니다.

"웬 무리인가?"

존자가 대답했습니다.

"부처님 제자들이다."

그는 부처님 명호를 듣고 정신이 아찔하여 이내 문을 닫고 들어갔습니다.

존자가 조금 있다가 다시 문을 두드리니 구마라다가 대답했습니다.

"이 집엔 아무도 없소."

존자가 물었습니다.

"아무도 없다고 대답하는 이는 누구인가?"

구마라다가 이 말을 듣고 존자를 맞이하였습니다.

존자가 옛날 세존께서 예언하신 말씀을 말하였습니다.

"'내가 열반에든지 천년 뒤에는 월씨국에 구마라다가 나타나서 나의 법을 이어 발전시킬 것이다' 하였는데, 이제 그대가 지금 나를 만난 것은 그런 인연 때문이다."

이때 구마라다가 숙명통이 열려 출가하여 구족계를 받고 전법 게를 받았습니다. 전법게 내용은 이렇습니다.

"종자가 있고 마음의 땅도 있으면 인연 따라 싹이 솟아난다. 인연이 서로 방해하지 않으면 나는 때에 나지만 그 남이, 남이 아니다."

이 전법게도 인연소생법을 말한 겁니다. 종자가 있고 땅이 있으면 인연 따라 싹이 솟아난다고 했습니다. 당연한 이치 아닙니까? 씨앗이 땅에 떨어지면 싹이 나는 것은 당연한 겁니다. 싹이 틀 조건이 갖춰진 겁니다. 인연법은 이렇게 콩 심은데 콩 나고, 팥 심은데 팥 납니다. 콩을 심었는데 팥이 날 수가 없습니다. 팥을 심었는데 콩이 날 수가 없습니다. 이것이 인과법칙입니다. 법칙은 法입니다. 틀림없는 법입니다. 因果法이 이렇습니다. 그래서 眞理입니다. 틀림이 없는 법칙이라 眞理입니다.

주먹을 쥐는 것과 같습니다. 쥐려는 한 생각이 因이고 주먹이 結果입니다.

그러면 주먹은 어디서 왔습니까? 누가 創造한 겁니까? 아니죠?

그럼 偶然이 만들어진 겁니까? 그것도 아닙니다.

주먹을 쥐려는 한 생각(一念)이 그렇게 만든 겁니다. 한 생각이 모양이 된 겁니다. 이것이 因果法則 아닙니까? 한 생각이 因이고 주먹이 結果입니다. 이렇게 인과법칙은 속일 수가 없습니다. 바로 눈앞에서 인과

법을 볼 수가 있지 않습니까? 부처님이 깨달은 것이 이 因果法則입니다. 세상만법이 이렇게 다 인연법칙으로 이루어졌다는 겁니다.

세상은 한 생각에 달려있습니다. 천당 지옥도 한 생각에 달렸습니다. 한 생각 잘못하면 지옥이 바로 눈앞에 나타납니다. 세상 돌아가는 꼴 좀 보십시오, 가관 아닙니까? 종교라는 가치관 때문에 사람을 죽이지 않습니까? 역사가 그랬고, 지금도 그렇습니다. 그것이 한 생각 잘못 때문에 그렇습니다.

종교가 뭡니까? 사람의 영적 가치를 찾는 것이 종교 아닙니까? 그런데 사랑도 자비심도 없습니다. 종교의 탈을 쓴 인간의 욕망 때문에 그렇습니다. 진리의 잣대가 자기 종교만 있습니까? 그런 獨善은 人類를 滅亡시킬 겁니다. 역사가 교훈을 줬잖습니까? 오늘날 인류는 다 종교사회입니다. 타 종교도 구원이 있고 진리가 있음을 인정하는 종교인이 되어야 합니다. 한 생각 잘못하면 인류는 共滅하고 맙니다.

인과법으로 보면 한 생각이 원인이고 결과입니다. 그러니 어찌 한 생각이 소중하지 않겠습니까? 여러분 마음에 쓴 썬글라스를 깨 버리십시오. 그 색깔이 세상은 아닙니다. 벗고 보십시오.

세상은 온통 만화방창(萬化方暢)입니다.

鳩摩羅多尊者(구마라다존자) 전법게

性上本無生 爲對求人說
於法旣無碍 何懷決不決
(鳩摩羅多尊者 傳法偈)

성품에는 본래 남이 없지만
구하는 사람을 대하여 말해준다
법은 이미 얻는 바가 없거늘
어찌 깨침 깨치지 못함을 걱정하랴?

구마라다존자

이 게송은 第十九祖 鳩摩羅多 尊者의 傳法偈입니다.

존자는 대월지국에 사는 바라문의 아들이었습니다. 前生에 自在天에 태어났다가 보살의 영락을 보고 문득 사랑하는 마음을 낸 까닭에 도리천에 떨어졌고, 거기서 교시가가 반야바라밀다를 설하는 것을 듣고 수승한 법의 힘 때문에 범천에 태어났습니다. 그는 근기가 영리하여 법문을 잘 하였으므로 하늘에서도 도사로 추앙을 받았고 대월지국에 태어나 조사의 법을 계승하게 된 것입니다.

뒤에 중천축국에 가니, 사야다라가 있다가 물었습니다.

"우리 부모는 본래 삼보를 믿고 섬기나 항상 병을 앓고 일마다 모두 뜻대로 되지 않으니 무슨 죄이겠습니까?"

존자가 대답하였습니다.

"그것을 어찌 의심할 바가 있겠는가?"

"선과 악의 과보는 세 때에 나타나는데, 보통 사람들은 어진 이가 항상 단명하고 포악한 이가 장수하고 악한 이가 길하고 의로운 이가 흉한 것만 보고 인과가 없고 죄 복도 없다고 하나니, 그림자와 메아리가 따르는데 터럭 끝만치도 어긋나지 않는 것을 알지 못하기 때문이다. 지어 놓은 업은 百千萬劫을 지나도 없어지지 않는다."

사야다라가 이 말을 듣고 의심이 모두 풀렸습니다.

사야다라가 출가의 뜻을 간곡히 청하니, 존자가 구족계를 준 뒤에 전법게를 주었다.

전법게는 이렇습니다.

"성품에는 본래 생사가 없다"고 했습니다. 남(生)이 없으니 사(死)도 없습니다. 구하는 사람을 상대하여 말해준 것이 생사법입니다. 본래 성품인 본각자리에는 구할 것도 없고 깨달을 것도 없습니다.

깨닫지 못한 중생을 상대하니 깨달은 부처와 깨닫지 못한 중생을 말한 겁니다.

언어는 方便 아닙니까? 방편은 손가락입니다. 달을 가리키는 손가락 말입니다. 허공에 뜬 달을 "저것이 달이다" 하고 가리키는 손가락이 방편이라는 말입니다. 그런데 달은 보지 않고 손가락만 보고 있으니 잘못된 것 아닙니까?

본래 부처임을 확신하면 覺, 不覺이 필요 없습니다. 不覺에 헤매니까 覺을 말한 겁니다.

그래서 이 전법게에 "얻을 것이 본래 없는 본래 법은 얻었다 얻지 못했다, 깨쳤다 깨치지 못했다 할 것이 없다"는 겁니다. 本來成佛이니까요. 經에서는 이런 것을 久遠成佛이라고 합니다. 久遠劫前에 이미 成佛했다는 겁니다. 이미 성불해 있는 부처를 보지 못하는 것이 중생입니다. 부처를 부처로 보면 되는데 부처를 중생으로 본 겁니다. 그것이 無明입니다. 無明은 衆生의 異名입니다.

무엇이 무명이냐?

"本覺不知故無明"이라 했습니다. 본각을 알지 못하는 까닭에 무명이

라고 했습니다. 부처를 부처로 보지 못한 겁니다. 그것은 業障때문입니
다. 눈에 티가 낀 겁니다. 눈병으로 말하면 백내장 녹내장 같은 겁니다.
즉 業病이 난 겁니다. 밝은 지혜가 없는 것이 무명 아닙니까? 무명은 허
공에 구름 같은 겁니다. 구름 위에는 태양이 쨍쨍하지 않습니까? 그런
데 구름 밑에는 어두 캄캄합니다. 그 캄캄한 어둠이 無明입니다. 그것
때문에 부처를 부처로 보지 못하는 겁니다.

闍夜多尊者(사야다존자) 전법게

言下合無生 同於法界性
若能如是解 通達事理竟
(闍夜多尊者 傳法偈)

말이 떨어지자 무생에 합하면
법계의 성품과 같게 되나니
만일 이와 같이 깨달으면
현실과 진리를 통달해 마치리라.

사야다존자

돌계집이 애를 낳는구나

이 게송은 第二十祖 闍夜多 尊者의 傳法偈입니다.

존자는 북천축국 사람입니다. 지혜가 깊어서 교화한 사람이 한량이 없었습니다. 뒤에 羅閱城에 이르러 頓敎를 드날렸는데, 그곳에 있는 수행하는 무리들은 오직 변론만 숭상하였습니다. 그곳 우두머리가 반수반두였습니다. 항상 한 끼만 먹고 눕지도 않고 하루 여섯 번씩 예불을 하고 청정하고 욕심이 없으므로 대중의 추앙을 받았습니다.

존자가 그를 제도하고자 우선 그 무리에게 물었습니다.

"이 변행 두타가 범행을 닦는들 불도를 얻을 수가 있겠는가?"

그 무리가 대답하였습니다.

"우리 스승의 정진이 어찌 옳지 않다고 합니까?"

"그대 스승은 道와는 멀다. 설사 고행을 하기를 티끌 수 같은 겁을 지내도 모두가 허망한 근본이다."

"그러면 존자께서는 무슨 덕행을 쌓았기에 우리 스승을 비웃습니까?"

"나는 도를 구하지 않으나 뒤바뀌지 않고, 부처에게 절을 하지 않으나 교만하지 않고, 오래 앉아 있지는 않지만 게으르지는 않는다. 또 만족함을 알지는 못하나 탐착하지는 않고, 한 끼만 먹지는 않으나 잡되게 먹지는 않는다. 마음에 구하는 바가 없는 것을 道라고 한다."

이때에 이 변행 두타가 이 말을 듣고 無漏智慧를 일으켜 찬탄 하였습니다.

존자는 다시 그 무리에게 물었습니다.

"나의 말을 알겠는가? 내가 그렇게 하는 까닭은 道 구하는 마음이 간절하기 때문이다. 마치 활시위가 너무 팽팽하면 끊어진 것 같이, 내가 그래서 찬성하지 않는다."

그리고 변행 두타에게 말했습니다.

"내가 아까 그대를 억누르는 말을 했는데 괴롭지 않는가?"

변행 두타가 말했습니다.

"내가 일곱 전생에 일을 기억합니다. 항상 안락국에 태어났는데 내게 스님께서 수기하기를 오래지 않아 사다함을 증득하리라 하였습니다. 그 무렵 대광명 보살이 세상에 나셨는데 내가 너무 늙어 지팡이를 짚고 가서 뵈니, 스님이 나를 꾸짖으시기를 '자식을 소중히 여기고 아비를 가볍게 여기니 어쩌면 그렇게 못됐는가?' 나는 그때 나에게는 허물이 없다고 생각했는데, 스님이 말씀하시길 '네가 대광명 보살에게 예배할 때에 벽에 그린 부처님 얼굴에 지팡이를 기대었다. 이 교만으로 二果를 잃었다.' 나는 스스로 경책하고 잘못을 뉘우쳐 그때부터 온갖 나쁜 말을 들어도 메아리 같이 여길 뿐입니다. 하물며 이제 감로법문을 들었거늘 어찌 성을 내겠습니까? 바라옵건데 묘한 도를 보여 주소서."

존자가 말했습니다.

"오랫동안 온갖 공덕을 심었으니 나의 법을 계승하라."

"말이 떨어지자 남이 없는 무생법을 깨달으면 그 깨침이 법계의 성품과 같다. 만일 이와 같이만 된다면 현실과 진리를 통달해 마칠 것이다."

上根機는 한 마디에 깨칩니다. 言下 大覺을 합니다. 닦을 것이 없습니다. 目擊(목격)이 傳道가 됩니다. 보자마자 바로 깨쳐 버립니다. 눈빛만 보아도 통해 버립니다.

사야다 존자와 바수반두 존자는 時節因緣이 到來한 겁니다. 과일로 말하면 푹 익은 과일입니다. 그래서 말이 떨어지자 마자 깨쳐버린 겁니다. 그 자리가 그 자리입니다. 이렇게 깨치고 보면 事가 理이고, 理가 事인 겁니다. 논할 것이 없다는 겁니다.

중생 마음자리가 바로 부처마음이라는 겁니다. 중생 떠나 따로 부처가 있는 것이 아니라는 겁니다. 현실과 진리가 통해 마친다는 말이 그 말입니다. 無生法忍을 깨닫고 보면 그렇다는 겁니다.

婆修盤頭尊者(비수반두존자) 전법게

泡幻同無礙 如何不了悟

達法在其中 非今亦非古

(婆修盤頭尊者 傳法偈)

거품과 환이 모두가 걸림이 없거늘

어째서 깨닫지 못하는가?

깨달을 법은 그 가운데(泡) 있으니

지금도 옛날도 아니다.

바수반두존자

이 게송은 第二十一祖 婆修盤頭(바수반두) 尊者의 傳法偈입니다.

존자는 羅閱城 사람이니, 성은 비사카요, 아버지는 光蓋요, 어머니는
嚴一이었습니다. 집이 부유하지만 아들이 없어 불탑에 빌어서 자손을
구했는데 어머니 꿈에 밝고 어두운 구슬을 두 개 삼켰습니다. 꿈을 깬
뒤 태기가 있었는데 賢衆이라는 阿羅漢이 집에 왔습니다. 광개가 예를
올리니 현중이 절을 받았습니다. 엄일이 와서 예를 올리니 현중이 자리
를 피했습니다.

피하면서 하는 말이, "도리어 法身大士에게 禮拜합니다."

광개가 물었습니다.

"나는 남자인데 절을 받고서 나의 아내는 무슨 공덕이 있기에 존자께
서 피하십니까?"

현중이 말했습니다.

"내가 절을 받는 것은 그대를 복되게 하기 위함이다. 그대의 아내는
거룩한 이를 잉태하였는데 출생하면 반드시 세상의 지혜와 등불이 될
것이므로 내가 피하고 절을 받지 않는 까닭이다. 그리고 그대의 아내가
두 아들을 낳을 것이다. 첫째는 바수반두이니, 지금은 내가 존경한 바
요, 둘째는 추니라 하리라.

옛날 부처님이 설산에서 도를 닦을 실 때에 까치가 정수리에 둥지를
지었다. 부처님께서도 도를 이루신 뒤에 까치가 과보를 받아 나제국의
왕이 되었는데, 부처님이 그에게 수기를 주셨다. '네가 둘째 오백년에

나열지성의 바사카 가문에 태어나되 聖人과 같은 胎에 들리라' 하셨는데 지금이 어김이 없다."

그 뒤에 광개는 아들을 낳았습니다. 바수반두 존자는 열다섯이 되니 光度 阿羅漢에 의해 출가 하였습니다. 교화 차 나제국에 갔는데, 그 나라 왕 常自在에게 두 아들이 있었으니, 한 아들은 摩訶羅요 한 아들은 摩拏羅였습니다.

그 왕이 존자에게 물었습니다.

"나열지성의 풍토가 어떠한가?"

존자가 말했습니다.

"그 국토는 일찍이 세 부처님이 나셨고 지금은 대왕의 국토에 두 스승이 교화를 합니다."

"두 스승이란 누구인가?"

"부처님이 예언하시기를 둘째 오백년에 신통이 있는 대사가 출가하여 성인의 법을 이을 것이라 하셨으니, 왕의 둘째 아들인 마라노가 하나이요, 제가 비록 덕은 없으나 그 하나에 해당합니다."

"존자의 말이 사실이라면 아들을 출가 시키겠소."

"장하십니다. 대왕이시여! 부처님 유훈을 따르셨습니다."

하고 바로 구족계와 전법게를 주었습니다.

"거품과 요술 환이 모두가 걸림이 없거늘 어째서 깨닫지 못 하는가? 법이 거기에 있음을 깨달으면 지금도 옛도 아니다."

전법게 내용입니다. 중생 그대로가 부처라는 말입니다. 부처가 따로 있는 것이 아니고 중생이 부처라는 겁니다.

왜냐 하면 물거품이 물이란 겁니다. 그렇지 않습니까? 거품 따로 물 따로 가 아닙니다. 거품이 물이고 물이 거품입니다. 둘이 아닙니다. 識 으로 보면 둘입니다. 그러나 慧로 보면 둘이 아닙니다. 거품이 물이고 물이 거품인 겁니다. 이 말은 중생이 그대로 부처라는 말입니다. 물은 부처에 비유한 겁니다. 중생은 거품에 비유한 겁니다. 그 말이 그 말 입니다.

그런데 중생은 자꾸 쪼개니까 문제입니다. 꼭 둘로 쪼게 봅니다. 물이 다, 거품이다. 나눕니다. 그것이 중생의 習性입니다. 習性은 業識 덩어 리입니다. 業識으로 절대 成佛 못합니다. 나누고 쪼개면 道와는 거리가 멉니다.

永嘉(영가) 大師가 證道歌에 말했습니다.

"無明實性卽佛聖이고 幻華空身卽法身이라"고 했습니다.

무명의 실성이 즉 불성이요, 환화 공신이 즉 법신이라고 했습니다. 무 명 따로 실성 따로가 아니라, 무명실성이 그대로 불성이라는 겁니다. 여 기서 무명은 거품을 말합니다. 불성은 물입니다. 똑같은 내용 아닙니 까? 거품이 물 떠난 적 없습니다. 모양만 거품이지 거품 그대로 물 아닙 니까? 거품이다 물이다 둘로 쪼개 보지 말라는 말입니다.

환화공신도 마찬가지입니다. 환화공신은 허깨비 아닙니까? 잠간 있 다가 사라지니까 덧없고 무상한 겁니다. 무상 그대로가 법이라는 겁니다. 법의 실상이 법신입니다. 그러니 환화 그대로 무상이고 무상 그대로 법이라는 겁니다. 識으로 보면 환화 법신이 둘입니다. 그러나 지혜로 보면 둘이 아닙니다. 그 점을 영가 대사께서 깨닫고 나서 읊은 것이 증도가입니다. 바수반두 존자가 깨친 안목이나 영가 대사가 깨친 안목이 똑같지 않습니까?

　悟者의 깨친 眼目은 이렇습니다. 이렇게 本體 眼目으로 보게 하는 것은 無分別智입니다. 分別識이 아닌 無分別智를 얻게 하기 위함입니다.

제22조

摩拏羅尊者(마나라존자) 전법게

心隨萬境轉 轉處實能幽
隨流認得性 無喜亦無憂
(摩拏羅尊者 傳法偈)

마음이 만 경계를 따라 움직이나
움직이는 곳 마다 모두가 그윽하니
흐름 따라 성품을 깨달으면
기뻐할 것도 걱정할 것도 없을 것이다.

마나라존자

I 해설 I

이 게송은 第二十二祖 摩拏羅(마나라) 尊者의 傳法偈입니다.

존자는 나제국의 常自在王의 아들이었습니다. 나이 三十歲가 되었을 때 바수 존자를 만나 출가하여 법을 전해 받고 서인도로 갔습니다. 그 나라 王은 得度라 하였는데 瞿曇 종족이며 불법에 귀의하여 부지런히 수행을 하였습니다. 하루는 길을 가는데 탑이 나타났습니다. 왕은 梵行 禪觀 呪術 세 무리에게 의심나는 바를 물었습니다. 그때 존자가 이 모임에 갔습니다. 세 무리가 탑의 원인에 대하여 변론치 못 하므로 존자가 왕의 복력으로 이루어진 것을 자세히 말하였습니다.

왕이 존자의 말을 듣고 "성인을 만나기 어렵고 쾌락은 오래가지 못한다" 하고는 곧 태자에게 왕위를 전하고, 존자께 출가하여 7일만에 果位를 證得하였습니다.

존자가 말하였습니다.

"그대는 이 나라에 있으면서 사람들을 제도하라. 나는 다른 지역에 큰 법기가 있으니 내가 가서 제도할 것이다."

존자가 월지국에 있는 鶴勒那(학륵나) 比丘에게 말하였습니다.

"그대는 그 나라에서 鶴의 무리를 제도할 것이고 道果를 얻게 될 것이다."

그때 학륵나가 국왕에게 설법을 해주다가 홀연히 기이한 향 이삭이 이루어진 것을 보았습니다.

왕이 물었습니다.

"이것이 무슨 상서인가?"

학륵나가 말했습니다.

"이는 부처님의 心印을 전해 받는 마노라 존자가 오시려는데 먼저 강림하는 믿음의 좀입니다. 그 스승은 부처님의 수기를 받아 이 땅에서 교화를 하고 계십니다."

이때 왕과 학륵나가 함께 멀리서 절을 하니 존자가 이를 알고 월지국에 가서 왕과 학륵나의 공양을 받았습니다.

학륵나 존자가 물었습니다.

"제가 숲에 머문 지 아홉 해가 되었으나 龍子라는 제자가 있는데 나이는 어리지만 매우 총명합니다. 제가 삼생을 통해 추궁해 보아도 그 근본을 알 수가 없습니다."

존자가 대답하였습니다.

"이 아이는 다섯째 겁에 묘희국 바라문 집에 태어났는데 전단향을 절에 보시하여 망치를 만들어 종을 쳤었습니다. 그 과보로 총명해서 대중의 존경을 받습니다."

"저는 무슨 인연으로 학의 무리를 만났습니까?"

"그대가 넷째 겁에 비구가 되어 용궁에 공양을 받으러 가려 하는데 그대의 제자들이 모두 따라 가려고 했습니다. 그때 그대가 관찰하니 오백명 제자에게는 한 사람도 공양을 받을 만한 제자가 없었습니다. 그러나 그대의 제자들은 항의를 하였습니다. '스님께서 늘 설법하시기를 음식에 평등하며 법에도 평등하다 하시더니 이제 그렇지 않은데 무슨 성인이겠습니까?' 하였습니다. 그래서 그대는 그들을 데리고 공양 청에 갔었는데 그 까닭으로 죽어서 새의 과보를 받아 복력이 얇아서 지금도 그 은혜에 감동하여 학의 무리가 되어 그대를 따른 것입니다."

"어떤 방편을 써야 저들이 해탈하겠습니까?"

"나에게 위없는 법보가 있으니, 그대는 잘 들었다가 중생을 제도하라. 나의 게송을 들으라, 마음이 만 경계에 따라 움직이나 움직이는 곳 마다 그윽하다

그 그윽한 흐름을 따라 성품을 깨달으면 기뻐할 것도 걱정 할 것도 없다."

이 전법게는 마노라 존자가 학륵나 존자에게 준 전법게입니다.

마음은 경계에 따라 움직인다고 했습니다. 눈으로 보고 귀로 듣고 혀로 맛보고 몸으로 느끼지 않습니까? 보고 듣고 맛보는 것이 마음 작용입니다. 경계 따라 움직이는 마음 작용입니다. 그것 외에 따로 마음이 있는 것이 아닙니다.

그윽하다고 하는 것은 마음의 본성을 말한 겁니다. 마음의 본성은 眞如 아닙니까? 眞如는 순금 덩어리입니다. 그 순금 덩어리로 팔찌를 만들면 팔찌가 됩니다. 금가락지를 만들면 금가락지가 됩니다. 모양은 팔찌고 금가락지여도 금의 성품은 변한 것이 없습니다. 그것을 말한 겁니다.

움직이는 것은 인연을 말한 겁니다. 인연 따라 천차만별로 변해도 그 성품을 보고 깨달으면 그 자리가 그 자리란 겁니다. 즉 중생이 그대로 부처라는 겁니다. 그러니 기쁠 것도 걱정할 것도 없다는 겁니다.

학의 무리도 전생에 학륵나 존자의 제자들입니다. 그런데 공양 자격

도 없으면서 공양청에 간 겁니다. 그 과보로 학이 되어서 학륵나 존자를 따라 다닌 겁니다. 학륵나 존자가 이 전법게를 설해서 학의 무리를 다 제도했다는 겁니다.

平等은 平等인데 事의 平等이 아닙니다. 事는 分數입니다. 중생이 그대로 부처지만 깨닫기 전에는 중생입니다. 깨쳐야 평등한 부처입니다. 그래서 修證 果位가 있습니다. 조사어록에 보면 諸聖은 分證이고 諸佛은 圓證이라고 했습니다. 깨달음으로 보면 모든 성인들은 부분만 깨달았다는 겁니다.

완전히 다 깨달은 분은 부처님이라는 겁니다. 果位가 그래서 52位가 있습니다. 圓證은 다 깨달은 것을 말합니다. 온통 전부 몽땅 깨달았다는 겁니다. 그래서 부처님께서 一切種智를 얻었다고 한 겁니다.

학륵나 존자의 제자들이 理의 平等을 事의 平等으로 잘못 안 겁니다. 그래서 오백생을 鶴이 된 겁니다. 因果法이 이렇습니다. 그러니 身口意 三業이 얼마나 重합니까? 마음에 새겨볼 일입니다.

鶴勒那尊者(학륵나존자) 전법게

認得心性時 可說不思議
了了無可得 得時不說知
(鶴勒那 尊者 傳法偈)

마음의 성품을 바로 알 때에
부사의라 말할 수 있으나
깨닫고 나면 얻을 수 없나니
얻을 때는 말하지 않아도 안다.

학록나존자

一法一切法 一切一法攝
吾身非有無 何分一切塔
（遺訓舍利偈）

한 법이 온갖 법이요

온갖 법이 한 법에 포섭되니

내 몸이 있지도 없지도 않거늘

어찌 여러 탑을 세우려 하느냐?

| 해설 |

이 게송은 第二十三祖 鶴勒那 尊者 傳法偈입니다. 뒤의 게송은 유훈
게입니다.

존자는 월지국 사람이니 성은 바라문이요, 아버지는 千勝이요, 어머
니는 金光이었습니다. 그들은 아들이 없어 七佛께 빌었는데, 어머니 꿈
에 수미산 정수리에서 한 神童이 금 고리를 들고 와서 "내가 왔소!" 하
고 외치는 것을 보고 태기가 있어 존자가 태어났습니다. 존자가 일곱
살이 되었을 때 마을에 놀러갔다가 동네 사람들이 굿을 하는 것을 보고
당집으로 들어가 꾸짖었습니다.

"너희는 허망하게 복과 재화를 써서 세상 사람들을 현혹시켜 해마다
산 짐승을 희생시키니 살생의 업을 짓고 있구나."

말을 마치자 당집의 神像이 저절로 무너지니 마을 사람들이 거룩한

아이라고 불렀습니다. 나이 22세에 출가하여 30세에 마노라 존자를 만나 정법안장을 전해 받았습니다. 존자는 많은 사람들을 제도하였습니다.

존자의 맏 제자인 龍子가 일찍 죽었습니다. 그의 형 사자라는 외도 바라문을 섬겼으나 그의 스승이 죽자 동생마저 죽으니 존자께 와서 물었습니다.

"제가 도를 구하는데 어떻게 마음을 써야 합니까?"

존자가 대답했습니다.

"네가 도를 구하고자 하면 마음을 쓸 바가 없느니라."

"마음을 쓸 바가 없다면 누가 불사를 짓습니까?"

"네가 만일 작용함이 있다면 공덕이 아니요, 네가 만일 작용함이 없다면 그것이 부사의이다. 부처님 말씀에 내가 지은 공덕은 내 것이랄 것이 없다 하셨기 때문이다."

사자가 이 말을 듣고 부처님 지혜를 깨달았습니다.

이때 존자가 동쪽을 가리키면서 말했습니다.

"저 기상이 어떻게 보이느냐?"

"제가 보기에는 기상의 흰 무지개가 천지를 관통하는 것 같습니다."

다시 검은 기운이 다섯 갈래로 뻗쳐서 그 가운데 흐르니, 존자가 물었습니다.

"저 징조는 무엇인가?"

"모르겠습니다."

"내가 멸한 뒤 五十年에 북 천축에서 환란이 일어날 터인데 화가 그

에게 걸린다. 나는 곧 열반에 들겠으니, 정법안장을 그대에게 전하노니
잘 지키라."

그리고는 전법게를 설했습니다.

"마음의 성품을 바로 깨달을 때는 그 깨침이 부사의라고 할 수 있다.
깨닫고 나면 얻을 것도 없나니, 깨닫고 나면 말하지 않아도 알 수가 있
다."

이겁니다. 뒤의 게송은 존자가 열반에 든 후에 사리탑 문제를 제기하
니, 그렇게 하지 말라는 가르침입니다.

지금까지 전했던 존자들의 게송은 말은 다르게 표현했어도 그 근본
자리에서 보면 똑같은 법문입니다. 이치가 그러하니까 그럴 수밖에 없
습니다. 그 점을 알고 보면 게송을 보는데 도움이 될 것입니다.

獅子尊者(사자존자) 전법게

正說知見時 知見俱是心
當心卽知見 知見卽于今
(師子尊者 傳法偈)

바른 지견을 말할 때에
지견은 모두가 마음이다
마음이 곧 지견이요
지견이 곧 지금의 너이다.

사자존자

돌계집이 애를 낳는구나

이 게송은 第二十四祖 師子尊者의 傳法偈입니다.

존자는 중인도 사람이니 성은 바라문 종족이었습니다. 법을 전해받는 뒤에 사방으로 다니다가 계빈국에 갔는데 波利迦라는 사람이 禪觀을 닦아 선정의 지견이 생겼으나 형상에 집착하기도 하고 형상을 버리기도 하면서 다섯 무리에게 이 사실을 말하지 않았습니다. 존자가 힐난하여 교화하니 네 무리는 모두 잠자코 마음으로 복종을 하였으나 선정을 닦은 達磨達만 네 무리가 질책을 받았다는 말을 듣고 분개하면서 달려왔습니다.

존자가 물었습니다.

"그대는 선정을 닦았다면서 어찌 어기에 왔는가? 여기까지 왔다면 어찌 선정을 닦았다고 하겠는가?"

달마달이 대답하였습니다.

"제가 비록 여기까지 왔으나 마음은 어지럽지 않습니다."

"선정은 사람이 익히는데 따르거늘 선정도 여기에 왔을 것이다. 이왕 방소가 없다면 어찌 선정도 여기에 왔을 것인가?"

"선정이 사람을 길들이는 것이요, 사람이 선정을 익히는 것이 아닙니다. 내가 비록 여기에 왔으나 선정은 항상 익히고 있습니다."

"사람이 선정을 익히는 것이 아니요, 선정이 사람을 길들이는 것이라면 여기에 왔을 때엔 선정은 누가 닦는가?"

"마치 맑은 구슬은 안팎에 티가 없는 것 같이 선정을 통달하면 반드시 이와 같을 것입니다."

"선정을 통달하면 마치 맑은 구슬과 같으리라 하지만 지금 그대를 보건데 구슬의 무리는 아니다."

"그 구슬이 안팎이 환히 밝아서 모두가 안정된 것 같이 제 마음이 어지럽지 않음도 이 맑음과 같습니다."

"이 구슬은 안팎이 없지만 그대는 어찌 선정에 들었다 하랴?"

"더러운 물건(몸)이 요동치 않을 뿐이니 이 선정을 조출(청정)하다고 할 수 없다."

달마달이 존자의 깨우쳐 줌을 받고 마음이 환하게 밝았습니다.

존자가 제자를 구하는데 어느 장자가 아들을 데리고 와서 물었습니다.

"이 아이의 이름은 斯多였는데 날 적부터 왼손을 쥐고 있습니다. 이제 다 장성 하였는데 아직도 펴지 못하고 있습니다. 존자께서 전생의 인연을 보여 주십시오."

존자가 그를 보자 손으로 어루만지면서 말했습니다.

"내 구슬을 돌려다오."

동자가 갑자기 손을 펴고 구슬을 받들어 올리자, 대중이 깜짝 놀랐습니다.

존자가 말했습니다.

"내가 전생에 스님이었는데 婆舍라는 동자를 데리고 있었다. 그때 내가 서해 용왕의 공양청을 받고 갔었다가 구슬을 보시 받아서 맡겼는데 이제 도로 돌려주는 것이 옳지 않겠는가?"

이에 장자가 아들을 출가시켰습니다. 존자가 구족계를 주고 전생의 인연에 따라 婆舍斯多라고 하였습니다.

존자가 분부를 하였습니다.

"나의 스승이 예언하신 바가 있는데 오래지 않아 재난이 있을 것이다. 여래의 정법안장을 그대에게 전하노니 잘 보호하고 많은 사람들을 구제하라."

그리고는 전법게를 설하셨습니다.

"바른 지견을 말할 때에 지견이 모두 마음이다. 마음이 곧 지견이요, 지견이 곧 지금의 너이니라"

이 게송은 지견과 마음을 설하고 있습니다. 여기서 知見은 佛知之見입니다. 부처님의 지견을 말합니다. 부처님 지견이 뭡니까? 깨달은 智慧를 말합니다. 깨달은 智慧, 부처님 知見입니다. 깨달은 마음이 知見이고, 知見 그대로가 마음이란 겁니다. 둘이 아니고 하나입니다.

法華經에 보면 開示悟入이란 말이 나옵니다. 부처님이 이 세상에 오신 것은 佛知見을 열어 보이고 깨달아 들게 하기 위해서 왔다고 했습니다.

佛知見의 반대말은 衆生見입니다. 부처님 지견으로 사느냐? 중생 지견으로 사느냐는 각자에게 달렸습니다. 누구의 탓이 아니라, 오로지 자기 탓입니다.

婆舍斯多尊者(바사사다존자) 전법게

聖人說知見 當境無是非
我今悟眞性 無道亦無理
(婆舍斯多尊者 傳法偈)

성인이 지견을 말하나
그 경계는 시비가 없다
내 이제 참 성품을 깨달으니
道도 없고 이치도 없다.

바사사다존자

이 게송은 第二十五祖 婆舍斯多 尊者의 傳法偈입니다.

존자는 계빈국 사람입니다. 성은 바라문이고 아버지는 적행이요, 어머니는 상 안락입니다. 처음에 어머니가 칼을 얻는 꿈을 꾸고 태기가 있었습니다. 태어난 뒤에는 왼손을 쥐고 있었습니다. 사자 존자를 만나 옛 인연을 깨닫고 心印을 전해 받았습니다.

뒤에 남천축국으로 가는 길에 그 나라 왕은 가승이라 하였는데, 예를 갖추어 공양을 하였습니다. 그곳에 無我尊이라는 外道가 먼저 왕의 존경을 받았는데 존자가 오는 것을 보고 嫉妬(질투)를 하여 論爭을 일으켰습니다.

그는 왕 앞에서 존자에게 말했습니다.

"나는 잠자코 하는 토론을 압니다. 말을 빌리지 않습니다."

존자가 대답하였습니다.

"누가 勝負를 아는가?"

"승부는 다투는 것이 아니요, 다만 그 이치만 취합니다."

"그대는 무엇을 이치라고 하는가?"

"無心으로서 이치라고 합니다."

"그대는 이미 無心이라 하면 어찌 이치를 얻겠는가?"

"제가 無心이라고 한 것은 이름이요, 이치가 아닙니다."

"그대는 무심은 이름이요 이치가 아니라 하지만 나는 말하기를 '마음 아님이 이치요, 이름이 아니라' 하노라."

"이치요, 이름이 아니라면 누가 이치를 분별합니까?"

"네가 주장하는 이름이 이치가 아니라면 이름은 무엇을 이름하는가?"

"이치 아님을 분별하는 것을 이름 없음이라 합니다."

"이름이 이미 이름이 아니라면 이치도 이치가 아니리니 분별하는 이는 누구며? 어떤 물건을 분별하는가?"

이와 같이 59회를 따지고 논의 하니, 外道가 말이 막혀 항복했습니다.

존자는 왕을 하직하고 남천축에 이르렀습니다. 그때 그 나라의 왕은 天德이었는데 존자를 맞아 공양하였습니다. 왕에게 두 아들이 있었는데 하나는 포악하고 하나는 늘 병에 시달렸습니다. 존자가 두 아들의 인과를 설명해 주니 왕이 의심이 풀렸습니다. 그곳에 呪術師가 있다가 존자를 猜忌하여 남몰래 毒藥을 음식에 넣었습니다. 존자가 그 것을 알면서도 그 음식을 먹었으나 禍는 呪術師가 당했습니다.

그로부터 60년 뒤에 太子 得勝이 왕위에 올랐는데 다시 外道를 믿어 존자에게 患亂이 끼쳤습니다. 왕의 太子 不如密多가 諫하다가 獄에 갇히었습니다.

王이 존자에게 물었습니다.

"내 나라에 본래 요망함이 없었는데 존자가 전하는 것은 어떤 宗派인가?"

존자가 대답했습니다.

"대왕의 나라에는 예부터 요망한 법이 없었습니다. 내가 얻은 佛法은 부처님 宗派입니다."

왕이 말했습니다.

"부처님이 열반에 드신지 천이백년이 넘었는데 존자는 누구에게서 (법을) 받았는가?"

"가섭 존자가 부처님의 심인을 전해 받는 뒤 사자 존자에 이르러 나는 그에게서 받았습니다."

"내가 듣건대 사자 비구는 형육을 면치 못했다는데 어찌 그대가 법을 받았다 하는가?"

"나의 스승은 환란이 나기 전에 미리 나에게 믿음의 옷과 법의 게송을 전하여 계승의 표시를 삼았습니다."

"그 옷이 어디에 있는가?"

존자가 꺼내어 보이니, "왕이 태워 버리라"고 명하였습니다.

그러나 가사는 五色이 더욱 선명해지더니, 나무가 다 탄 뒤에도 가사는 여전하였습니다. 왕은 곧 후회하고 제자의 예로서 존자를 섬겼습니다. 그리고 태자를 출가시켰습니다.

존자가 태자에게 물었습니다.

"그대가 출가하려는 것은 무엇을 하기 위함인가?"

불여밀다가 말했습니다.

"제가 출가한다면 그 일을 하지 않겠습니다."

"어떤 일을 하지 않으려 하는가?"

"세속의 일을 하지 않겠습니다."

"그러면 어떤 일을 하려 하는가?"

"부처님 일을 하겠습니다."

태자의 지혜가 하늘까지 미칠 듯하니 出家를 허락하였습니다.

존자를 6년 시봉하니, 존자가 말했습니다.

"나는 이미 늙었다. 그대가 정법안장을 잘 지키고, 나의 게송을 들으라."

"성인의 지견을 말하나 그 경계에서는 옳고 그른 것이 없다. 내 이제 참 성품을 깨달았으니, 그 자리는 도라고 할 도도 없고, 이치라고 할 이치도 없다."

깨달은 분상에서 보면 이렇다고 할 定法이 없다는 겁니다. 역대 제불 조사가 다 똑같은 말을 한 겁니다. 법이 그러니까 그런 겁니다. 법에는 是非가 없습니다. 是非가 있다면 그것은 覺이 아닙니다. 覺은 본래 옳고 그른 것이 없는 자리입니다. 識情으로 따지니까 是非가 있는 겁니다. 앞에서 논쟁을 보셨잖습니까?

불교는 無字가 百箇 나옵니다. 論爭의 초점은 破執에 있습니다. 그래서 百不孤입니다.

不如密多尊者(불여밀다존자) 전법게

眞性心地藏 無頭亦無尾

應緣而化物 方便呼爲智

(不如密多尊者 傳法偈)

참 성품이 마음 경지에 숨으니

머리도 없고 꼬리도 없다

인연 따라 중생을 교화하기에

방편으로 지혜라고 부른다.

불여밀다존자

이 게송은 제26조 不如密多 尊者의 傳法偈입니다.

존자는 남인도 得勝王의 太子였습니다. 스님이 되어 법을 전해 받는 뒤에 동인도에 이르니, 그 나라 왕 堅固가 外道의 스승인 長爪梵志를 받들고 있었습니다. 존자가 그 나라에 갔을 때 흰 瑞氣가 위 아래로 뻗쳤습니다. 그것을 왕과 범지가 보았습니다.

"왕이 무슨 서기냐?"고 물었습니다.

범지는 존자가 올 조짐을 알았으나 왕이 불법을 믿을까 보아서 거짓으로 대답을 하였습니다.

"惡魔가 나타날 징조입니다. 무슨 상서가 있겠습니까."

그리고 자기 무리를 모아놓고 말하였습니다.

"불여밀다가 여기에 온다면 누가 그를 꺾겠는가?"

제자들이 모두 말하였습니다.

"저희들 주술이 천지를 움직이고 물과 불에도 들어가는데 무엇이 근심이 되겠습니까?"

존자가 왕성에 이르자, 검은 기운이 서린 것을 보고 말했습니다.

"조그마한 환란이 있겠구나" 하고 왕에게 가니, 왕이 말했습니다.

"존자는 무엇 하려고 왔는가?"

존자가 대답하였습니다.

"중생을 제도하려고 합니다."

"어떤 방법으로 제도 하시겠소?"

"제각기 근기에 맞는 법으로 제도 합니다."

이때 범지가 이 말을 듣고 분함을 이기지 못하여 妖術로 큰 산을 변하게 하여 존자의 정수리 위에 얹어 두었습니다. 그러자 존자가 손가락으로 가리키니, 홀연히 그의 머리 위로 옮겨갔습니다. 범지들은 모두 겁이 나서 존자에게 귀의 하였습니다. 존자는 그들의 어리석음을 가엾게 여기어 다시 가리키니 허깨비 산이 바로 사라졌습니다. 왕에게 바른 법을 말해 주어서 불법을 믿게 하였습니다.

그리고 왕에게 말했습니다.

"이 나라에 聖人이 나서 나의 법을 이을 것입니다."

그때 바라문의 아들로서 童子가 있었는데 어려서 부모를 잃었으므로 이름도 성도 몰랐습니다. 그는 스스로 영락 동자라고 하였습니다. 그는 마을로 다니면서 걸식을 했습니다. 왕과 존자가 같은 수레를 타고 오는데 영락 동자가 앞에 와서 머리를 조아렸습니다.

존자가 물었습니다.

"너는 지난 일을 기억 하느냐?"

동자가 대답하였습니다.

"제가 지난 겁에 스님과 같이 살았는데 스님은 마하반야를 설하셨고, 저는 깊은 수라를 읽었습니다. 오늘의 일이 옛 일에 契合되는가 합니다."

존자가 왕에게 말했습니다.

"이 동자는 大勢至菩薩입니다. 이 성 뒤에 다시 두 사람이 나올 것인

데 하나는 남인도를 교화하고, 하나는 支那(中國)에 인연이 있으나 4, 5
년 안에 다시 돌아옵니다."

존자는 옛 인연에 따라 般若多羅라 하고, 정법안장을 전해주고 전법
게를 설하여 주었습니다.

"참 성품이 마음 경지에 숨으니, 머리도 꼬리도 없다. 인연 따라 중생
을 교화하니 방편으로 지혜라고 부른다."

이것이 전법게 내용입니다. 참 성품은 머리도 꼬리도 없다고 했습니
다. 여기서 無頭 無尾는 形象이 없는 것을 말한 겁니다. 마음이 어디 형
상이나 모양이 있습니까? 없습니다. 인연 따라 있다가 없어집니다. 그
래서 인연 따라 중생을 교화한다고 했습니다.

교화는 근기에 맞추어서 합니다. 닭을 부르려면 쿠~ 쿠~ 구~ 합니
다. 개를 부르려면 워리~ 합니다. 닭을 부르는데 워리~ 하면 안 옵니다.
개를 부르는데 쿠~쿠~구~하면 옵니까? 안 옵니다. 隨機說法은 應病與
藥입니다. 근기에 맞는 설법은 지혜가 있어야 합니다. 智慧는 깨달음이
있어야 생깁니다. 그래서 워리~ 쿠쿠구~ 합니다. 그것이 방편이고 병
따라 약을 쓴 겁니다. 病症이 太陽症인데 太陰症 약을 쓰면 안 됩니다.
太陽症에는 太陽症 藥을 써야 합니다. 병증 따라 처방이 나와야 합니다.
그래야 名醫아닙니까?

부처님 설법은 의사 처방과 같습니다. 중생의 근기 따라 설법을 합니
다. 전법게에 인연 따라 중생을 교화 한다고 했습니다. 因緣은 時節 因
緣을 말합니다.

般若多羅尊者(반야다라존자) 전법게

心地生諸種 因事復生理
果滿菩提生 華開世界起
(般若多羅尊者 傳法偈)

마음의 땅에서 종자가 생기고
현실로 인해서 이치가 난다
결과가 원만하면 보리가 나고
꽃이 피니 세계가 일어난다.

반야다라존자

돌계집이 애를 낳는구나

이 게송은 第二十七祖 般若多羅 尊者의 傳法偈입니다.

존자는 동인도 사람입니다. 법을 받은 뒤에 교화를 떠나서 남인도에 이르니, 그 나라에 香至라는 왕이 있어 불법을 몹시 숭상하므로 존중하고 공양하여 헤매는 무리들을 건져 주었고, 또 값진 보배구슬을 보시하였습니다.

왕에게 세 아들이 있었는데 그 막내가 총명하였습니다. 존자가 그들의 지혜를 시험코자 세 왕자에게 물었습니다.

"이 구슬이 둥글고 밝은데 이에 미칠 것이 있는가?"

첫째 目淨多羅 왕자와 둘째 功德多羅 왕자는 똑같이 대답했습니다.

"이 구슬은 칠보에서도 가장 존귀하니 이것을 지닐 자가 없습니다."

그러나 셋째 菩提多羅 왕자는 이렇게 말했습니다.

"이것은 세상의 보배이니 귀히 여길 것이 못됩니다. 모든 보배 중에 법의 보배가 으뜸입니다. 또 광채에는 세간의 광채이니 귀한 것이 못됩니다. 모든 광채에는 法寶의 광채가 으뜸입니다. 또 광명은 세간의 광명이니 귀한 것이 못됩니다. 모든 광명에는 法寶의 광명이 으뜸입니다. 이 구슬의 광채는 스스로 비치지 못하고 반드시 지혜 광명을 빌려야 이 광명을 분별합니다. 이를 분별한 뒤에 구슬인 줄 알고 구슬임을 안 뒤에 보배를 압니다. 보배임을 밝혔으나 보배가 스스로 보배가 되지 못하고 구슬임을 분별하나 구슬은 스스로 구슬이 되지 못합니다. 반드시 지혜의 보배에 의하여 법의 보배가 밝혀집니다. 존자께서 도가 있어 마음의 보배가 나타나듯이 중생도 도가 있으면 마음의 보배가 나타난 것과 같습니다."

존자가 그의 변재에 탄복을 했습니다.

그리고 물었습니다.

"모든 물건 가운데에 어떤 물건이 형상이 없는가?"

"모든 물건 가운데 일어나지 않는 것이 형상이 없습니다."

"모든 물건 가운데 어떤 물건이 가장 높은가?"

"모든 물건 가운데서 나와 남의 집착이 가장 높습니다."

"모든 물건 가운데서 어떤 물건이 가장 큰가?"

"모든 물건 가운데서 법성이 가장 큽니다."

존자가 그가 법기임을 알았으나 때가 아니므로 그냥 두었습니다.

그 뒤 향지국 왕이 세상을 떠난 후 다른 왕자들은 통곡을 하는데 셋째 왕자는 선정에 들어 7일만에 깨어나서 출가하겠다고 해서 구족계를 준 뒤에 전법게를 주었습니다.

"나의 게송을 들으라. 마음 땅에서 모든 종자가 생긴다. 사(事)로 인하여 이치가 들어난다. 결과가 원만하면 보리가 나고 꽃이 피니 세계가 일어난다."

이것이 반야다라 존자가 보리달마에게 준 전법게입니다.

제28조

菩提達磨尊者(보리달마존자) 전법게

吾本來茲土 傳法救迷情
一花開五葉 結果自然成
(菩提達磨 傳法偈)

내가 본래 이 땅에 온 것은
법을 전해 어리석은 이를 제도하려는 것인데
한 송이 꽃에 다섯 꽃잎이 피어
열매는 자연히 이루어진다.

보리달마존자

이 게송은 第二十八祖 菩提達磨 尊者의 傳法偈입니다.

존자는 남천축국 향지왕의 셋째 왕자였습니다. 성은 찰제리요, 본래 이름은 보리다라입니다. 27조 반야다라 존자가 왕의 공양을 받다가 두 형과 함께 보시를 받은 보배로 변론케 함을 만나 마음자리를 깨달았습니다.

반야다라 존자가 말했습니다.

"그대는 모든 법을 다 깨달았다. 그러니 그대 이름을 달마라 하라."

달마라 함은 모든 법을 통합했다는 뜻입니다.

"제가 이미 법을 얻었으나 어디로 가서 불사를 하오리까? 바라옵건대 일러 주소서."

존자가 대답했습니다.

"그대는 법을 깨달았으나 멀리 떠나지 말라. 우선 남천축에 머물다가 내가 열반에 든 뒤에 육십년이 지나면 震旦(중국)으로 가서 큰 法藥을 준비해 놓고 上根機를 직접 濟度하라. 행여 너무 빨리 가서 햇볕에 시드는 일이 없도록 하라."

대사가 다시 여쭈었습니다.

"그 국토에 법기가 될 만한 대사들이 있습니까? 천년 뒤에는 난관이 없겠습니까?"

"그대가 교화할 지방에 보리를 얻는 이가 셀 수 없을 것이다. 내가 열 반에든지 육십년 뒤에 그 나라에 재난이 있으리니 水中文布를 잘 항복

시켜라. 그대가 간 뒤에 남쪽에는 머물지 말라, 거기에는 有爲의 功德만 좋아하는 이가 있어서 부처님 이치를 보지는 못하리라. 그대가 거기에 갔더라도 오래 머물지 말라."

대사가 공손히 분부를 받고 40년을 곁에서 잠시도 모시는 것을 소홀하지 않았습니다. 반야다라 존자가 세상을 떠나자 본국에 돌아와 교화를 폈습니다.

달마 대사가 震旦 땅에 교화의 인연이 왔음을 깨닫고 인도를 떠나 뱃길로 삼년이 걸려서 南海에 이르렀습니다. 梁武帝 普通八年 丁未 九月 二十一일이었습니다. 광주자사 소앙이 예를 갖추어 영접을 하고 양무제에게 표를 올렸습니다.

무제가 보고를 받고 金陵에 이르러 대사에게 물었습니다.

"짐이 왕위에 오른 이래 절도 짓고 경도 쓰고 중을 기른 것이 셀 수가 없는데 어떤 공덕이 있소?"

대사가 대답했습니다.

"아무 공덕도 없습니다."

"어찌 하여 공덕이 없소?"

"이는 인간과 하늘의 작은 결과를 받는 有漏의 原因일뿐이니, 마치 그림자가 형상을 따르는 것 같아서 있는 듯 하나 실제가 아닙니다."

"어떤 공덕이 진실한 공덕이오?"

"청정한 지혜는 묘하고 원만하여 본체가 본래 비고 고요하니 이러한 공덕은 세상 법으로 구하지 못합니다."

무제가 다시 물었습니다.

"어떤 것이 聖諦의 第一 가는 理致요?"

"전혀 거룩함이 없습니다."

"짐을 대하고 있는 자는 누구요?"

"모릅니다."

무제가 알아듣지 못하니 대사가 근기에 맞지 않음을 알았습니다. 그 달 19일에 가만히 강북을 돌아서 11월 23일 洛陽에 이르렀습니다. 이는 後魏 孝明帝 太和10년이었습니다.

대사가 嵩山 少林寺에 머물러 벽을 향해 선정에 들어 있었습니다. 아무도 알아보는 이가 없었습니다. 다만 벽을 바라보는 觀壁 婆羅門이라고 불렀습니다. 이때 神光이라는 중이 있었는데 활달한 사람이었습니다. 그는 공자, 노자, 장자, 주역, 안 본 책이 없었습니다. 그러나 만족하지 못하고 있던 차에 달마 대사 이야기를 듣고 소림사로 찾아갔습니다. 그러나 그날 눈이 많이 왔는데 신광은 꼼짝도 않고 새벽까지 서있었습니다. 눈이 무릎까지 쌓였습니다.

달마대사가 물었습니다.

"그대는 눈 속에 오래 서서 무엇을 구하는가?"

신광이 말했습니다.

"화상께서 감로의 법문을 설하셔서 중생들을 널리 제도해 주십시오."

"부처님 법은 위없고 묘한 道이거늘 여러 겁을 닦아도 행하기 어려운데 작은 공덕 작은 지혜와 경솔한 마음과 교만심으로 어찌 참법을 바라는가? 헛수고 하지 말라."

신광이 이 말을 듣고 칼을 뽑아 왼팔을 끊어 대사 앞에 놓으니, 대사가 그가 법기임을 알고 말했습니다.

"부처님이 처음 법을 구하실 때는 법을 위해 몸을 던지셨다. 네가 이제 내 앞에 팔을 끊어 법을 구하니, 가히 할만한 일이다. 그대 이름을 慧可라고 부르라"

신광이 말했습니다.

"부처님 心法을 들려주십시오."

"부처님 심법은 남에게서 얻는 것이 아니다."

"제 마음이 편안하지 않습니다. 스님께서 편안하게 해 주십시오."

"그대 마음을 가져 오너라, 편안케 해 주리라."

"마음을 찾아도 얻을 수가 없습니다."

"내가 이미 네 마음을 편안케 했다."

뒤에 孝明帝가 대사의 행적을 듣고 사자를 보내 세 차례나 불렀지만 대사는 끝내 소림사를 떠나지 않았습니다. 그 후로 많은 승속이 대사를 믿고 따라 귀의한 자가 많았습니다. 중국에 온지 9년 만에 대사가 천축국으로 돌아갈 생각을 하고 문인들에게 물었습니다.

"때가 되었다. 너희 들이 얻는 바를 말해 보라."

道副가 대답했습니다.

"제가 보기에는 문자에 집착하지 않고 문자를 여의지도 않는 것이 道

입니다.”

대사가 말했습니다.

“너는 나의 가죽을 얻었다.”

總持 比丘尼가 말했습니다.

“제가 알기에는 아난이 아촉불국을 보았을 때에 한번 보고는 다시 보지 않은 것 같습니다.”

“너는 나의 살을 얻었다.”

道育이 말했습니다.

“四大가 본래 空하고 五蘊이 있지 않으니 제가 보기엔 한 법도 얻을 것이 없습니다.”

“너는 나의 뼈를 얻었다.”

마지막 慧可가 절을 하고 섰으니, 대사가 말했습니다.

“너는 나의 골수를 얻었다.”

그리고 다시 혜가를 돌아보면서 말했습니다.

“옛날에 여래께서 정법안장을 가섭 존자에게 전했는데 차츰 전해져서 나에게 이르렀다. 내가 이제 그대에게 전하노니 그대는 잘 지키라.”

그리고 가사를 주어 법의 信表로 삼았습니다.

혜가가 말했습니다.

“자세하게 말씀하여 주십시오.”

대사가 말했습니다.

“안으로 법을 전해서 마음을 깨쳤음을 증명하고 겉으로 가사를 전해서 宗旨를 확정한다. 나는 인도 사람이니 후세 얄팍한 사람들이 갖가지 의심으로 다툼을 일으킬 것이니 이 옷을 받아 두었다가 그때에 환란이 생기거든 게송과 함께 증명을 삼으라. 그러면 교화에 지장이 없을 것이다. 내가 열반에든지 二百年 뒤에 옷은 그치고 전하지 않아도 될 것이다.

나의 게송을 들으라. 내가 이 땅에 온 것은 법을 전해 어리석은 이를 제도하기 위함이다. 한 송이 꽃에 다섯 잎이 펴서 열매가 자연히 이루어 질 것이다. 나에게 楞伽經 네 권이 있는데 그대에게 전하노니, 이는 곧 여래의 마음자리를 가르치신 요긴한 법이니, 중생들로 하여금 깨달음에 들게 할 것이다. 내가 여기 와서 다섯 번이나 毒을 먹었는데 항상 꺼내어 시험한 바 돌에다 놓으면 돌이 깨졌다. 내가 인도를 떠나 이곳에 왔을 때 大乘의 기상이 있음을 보고 바다를 건너 사막을 지나 법을 전할 사람을 구했는데 이제 그대를 만나 이렇게 법을 전해주노니 나의 할 일은 끝났다."

달마 대사를 다섯 번이나 독살 하려고 한 것은 光通 律師와 菩提流支 三藏이라고 합니다. 달마 대사 일화는 너무나 많습니다. 다 소개할 수 없는 것이 유감일 뿐입니다. 자세한 내용은 〈경덕 전등록〉 '달마대사 편'을 참고하면 됩니다. 부처님의 최상승법을 인도에서 중국에 전한 분이 달마 대사입니다. 달마 선법이 중국에서 꽃 피울 수 있었던 것도 달마 대사의 공이 큽니다. 달마 대사가 중국에 오지 않았다면 어떻게 되었을까? 오늘날 선불교는 없었을 것입니다. 아찔하지 않습니까? 부처님의 최상승법은 보지도 듣지도 못했을 것입니다. 우리 모두 달마대사의 은혜를 입었습니다.

"전법게에 한 송이 꽃에 다섯 잎은 중국 禪宗 五宗을 예언한 겁니다. 唐宋때 선불교는 황금기였습니다.

양무제가 늦게 달마 대사를 알아보지 못한 것을 후회하고 달마 대사 비문을 썼습니다.

見之不見 逢之不逢 古之今之 悔之恨之라.

보아도 보지 못했고, 만났으나 만나지 못했네,

예나 지금이나 후회스럽고 한스럽네.

이것이 양 무제가 달마 대사를 보고도 못 알아보았다는 통탄의 비문입니다.

慧可大師(혜가대사) 전법게

本來緣有地 因地種華生
本來無有情種 華亦不曾生
(慧可大師 傳法偈)

본래부터 마음 땅이 있기에
그 땅에 씨를 심어 꽃이 피나
본래 종자도 있는 것이 아니며
꽃도 또한 나는 것이 아니다.

혜가대사

| 해설 |

이 게송은 西天 29조 慧可 大師의 傳法偈입니다. 西土에서는 달마 대사까지 28조가 전법되고, 震土(중국)에서는 29조 혜가 대사가 달마의 법을 이어 二祖가 됩니다.

혜가 대사는 武牢 사람이니, 성은 姬氏요 아버지는 寂이었습니다. 그의 아버지는 아들을 두기 전에 항상 생각하기를 '우리 집은 착한 일을 받들어 행했는데 어찌 아들이 없겠는가?' 하였다. 그래서 오래 기도를 드렸는데 하루 저녁에는 이상한 광채가 방으로 들어오는 것을 보고 어머니가 태기가 있었습니다. 태어난 때에 방에 瑞氣가 비쳤다 하여 이름을 光이라고 하였습니다.

어릴 때부터 의지와 기상이 특이하고 詩書를 보았는데 현묘한 이치에 밝았으며, 집안 살림을 좋아하지 않고 산천에 놀기를 좋아했습니다. 뒤에 佛書를 보다가 얻는 바가 있어 낙양 용문산에 있는 香山寺에 가서 寶靜 禪師에 의해 出家하여 구족계를 받았고, 영목사 浮遊 講師에게서 大小乘의 敎法을 배우다가 32세 때 향산사로 다시 돌아와 선정을 닦았습니다. 선정 중에 神人이 달마 대사가 너의 스승이라는 가르침을 받고 소림사로 달마 대사를 찾아갔습니다. 그렇게 하여 달마대사의 법을 잇게 된 것입니다.

대사가 달마 대사의 법을 이어서 교화를 펴는데, 하루는 40이 넘은 居士 한 명이 찾아 와서 절을 하고 물었습니다.

"제자는 風恙(문둥병)이 걸렸습니다. 화상께서 罪를 참회케 하소서."

대사가 말했습니다.

"罪를 가지고 오라. 참회시켜 주겠다."

거사가 조금 있다가 말했습니다.

"罪를 찾아도 찾을 수가 없습니다."

"그대의 罪는 이미 다 참회되었다. 앞으로는 佛法僧에 의지하라."

"지금 화상을 뵈옵고 僧寶임을 알았으나 어떤 것을 佛寶 法寶라고 합니까?"

"마음이 부처요, 마음이 법이다. 법과 부처는 둘이 아니다. 승보도 그러하다."

"오늘에야 비로소 罪의 성품이 안에도 밖에도 중간에도 있지 않음을 알았습니다. 마음이 그러하듯이 불보와 법보도 둘이 아닙니다."

대사가 매우 갸륵하게 여겨 곧 머리를 깎아주고 말했습니다.

"너는 나의 보배이다. 그러니 僧璨(승찬)이라 부르라."

그해 3월 18일 福光寺에서 구족계를 받으니 病이 나아서 2년 동안 시봉을 하였습니다.

어느 날 대사가 분부를 하였습니다.

"달마 대사께서 천축에서 오셔서 正法眼藏을 나에게 전했는데 내가 이제 달마의 믿음과 옷을 함께 주노니 그대는 잘 지키어 끊이지 않게 하라. 나의 게송을 들으라.

본래부터 마음 땅에 있기에 그 땅에 씨를 심어 꽃은 피나 본래 종자가 있는 것이 아니고 꽃도 나는 것이 아니다."

대사가 옷과 법을 전한 뒤에 다시 말했습니다.

"그대가 내 법을 받고는 깊은 산속에 들어가 앉아 얼른 교화에 나서지 말라. 머지않아 國亂이 있을 것이다."

승찬이 물었습니다.

"스승께서 미리 아시니, 가르쳐 주십시오."

"내가 아는 것이 아니다. 이는 달마 대사께서 반야다라 존자의 예언을 전하시되 '마음속은 길하나 겉 모양이 흉하다' 한 것인데 내가 햇수를 따져보니 지금에 해당된다. 앞의 말을 잘 생각해서 세상 재난에 걸리지 않게 하라. 그러나 나도 전생의 허물이 있으니 지금 갚아야 한다. 잘 가고 잘 행하다가 때를 기다려서 전하라."

대사가 법을 전한 뒤에 업도에서 형편에 따라 설법을 하니, 한 마디 연설하면 네 무리가 귀의해 왔습니다. 이렇게 34년을 지내고는 드디어 자취를 감추고 겉모양을 바꾸어 술집에도 들고 고깃간도 찾고 거리의 잡담도 익혀 품팔이도 하니, 듣는 이가 숲과 같이 많았습니다.

이때 辨和 法師가 그 절에서 涅槃經을 강의 하였는데, 그 학도들이 대사의 설법을 듣고 대사에게로 오니, 변화가 그 분함을 참지 못하고 고을 재상 翟仲侃에게 무고 하였습니다. 중간이 그 삿된 말에 속아서 대사에게 그릇된 법을 가했으나 대사는 태연히 목숨을 마치니, 진실을 아는 이는 옛 빚을 갚는다 하였습니다. 그때 나이가 107세요, 隋 文帝 開皇13년 癸丑일이었습니다.

혜가 대사는 인도 불법을 처음 받는 중국 스님입니다. 달마 대사가 오기 전에는 중국불교는 三乘法은 전해졌으나 最上乘法은 전해지지 않

있습니다. 그래서 인도 異見王이 달마 대사가 중국에 간다고 하자 펑펑 울었다고 합니다. 그 나라는 참으로 복도 많은 나라입니다. 대사가 직접 목숨을 걸고 전법을 한다니 말입니다. 그래서 가지 말라고 만류를 했다는 겁니다.

오늘날 禪法을 직접 우리가 접할 수 있는 것은 달마 대사의 은혜입니다. 그리고 그 선법을 잇는 조사님들의 은혜가 큽니다. 얼마나 다행한 일입니까? 그러니 不惜身命 하고 정진하여 부처가 되십시오.

僧璨大師(승찬대사) 전법게

華種雖因地 從地種華生
若無人下種 華地盡無生
(僧璨 大師 傳法偈)

꽃과 종자는 땅에 의지하고
땅에 의하여 종자와 꽃은 나지만
종자를 뿌리는 사람이 없으면
꽃도 땅도 나지 않는다.

승찬대사

이 게송은 三十祖 僧璨 大師 傳法偈입니다.

그는 처음에는 속인의 몸으로 이조 혜가 대사를 만났습니다. 스님이
된 뒤에는 법을 전해 받고 舒州 왕공산에 숨었다가, 나중에 後周 武帝
의 破佛沙汰를 만나 대사는 태호현 司空山에 왕래하면서 일정한 장소
가 없이 십년을 지나도록 아는 사람이 없었습니다.

隋 開皇20년 壬子에 이르러 道信이라는 沙彌가 찾아왔습니다.

"화상이시여! 자비를 베푸시어 해탈의 법을 설해 주십시오."

대사가 물었습니다.

"누가 너를 속박했더냐?"

"아무도 결박하지는 않습니다."

"그렇다면 무슨 해탈을 구하느냐?"

도신이 이 말에 크게 깨달았습니다. 그리하여 9년을 힘껏 모셨습니
다. 뒤에 길주에서 戒를 받고 시봉을 계속하였습니다. 대사가 자주 현묘
한 법으로서 시험해 보았으나 막힘이 없었습니다. 그래서 옷과 전법게
를 주었습니다.

"꽃과 종자는 땅에 의지하고, 땅에 의지하여 종자와 꽃은 나지만 종
자를 뿌리는 이가 없으면 꽃도 땅도 나지 않는다."

대사가 다시 말했습니다.

"옛날에 혜가 대사가 나에게 법을 전한 뒤에 바로 업도로 30년 동안
교화하다가 입적 하셨는데, 나는 그대에게 법을 전했으니, 어찌 여기서

묵겠는가?" 하고 羅浮山으로 가셨습니다. 그곳에서 2년 동안 계시다가 옛터로 돌아오니 백성들이 모여와서 크게 공양을 베풀었습니다.

대사가 心地法門을 설하신 뒤에 큰 나무 밑에서 합장하고 열반에 드셨으니, 隋 煬帝 大業2년 10월 15일이었습니다. 唐의 玄宗이 鑑智禪師라 시호를 내리고 塔號는 覺照라 하였습니다.

三祖 승찬 대사는 부처님으로부터 30祖에 해당합니다. 중국 禪門에서 보면 3祖가 됩니다. 육신의 병을 이기고 법을 잇는 분이기도 합니다. 그리고 우리가 금과옥조로 외우는 信心銘을 지으신 분입니다. 신심명을 보면 조사의 진면목이 뚜렷합니다.

道信大師(도신대사) 전법게

華種有生性 因地華生生

大緣與信合 當生生不生

(道信大師 傳法偈)

꽃과 종자는 나는 성품이 있나니

땅에 의지하여 꽃은 나고 또 난다

큰 인연과 믿음이 어울릴 때에

나지만 이 남은 남이 없는 것이다.

도신대사

이 게송은 第三十一祖 道信 大師의 傳法偈입니다.

대사는 西天 三十一祖요, 震土 四祖가 됩니다. 대사의 성은 司馬氏입니다. 대대로 河南 지방에 살다가 기주의 廣濟縣으로 이사했습니다. 대사는 날 때부터 특이하였고 어릴 때 이미 불법(空宗)의 온갖 해탈 문을 흠모하니 전생에 익힌 것 같았습니다. 조사의 가풍을 이어 받는 뒤에 마음을 걷어잡아 졸지 않으니 겨드랑이를 자리에 대지 않는 것이 60년이 가까웠습니다.

隋의 大業13년에 무리를 이끌고 吉州로 가는 길에 도적 떼를 만났는데 성을 둘러싸고 79일을 풀지 않았습니다. 대중이 모두 겁에 질리니 대사가 가엾게 여겨 摩訶般若를 외우게 하였습니다. 이때 도적들이 누망 위를 바라보니 神兵이 서있는 것이 보이므로 서로 말하기를 "이 성안에 반드시 이상한 사람이 있으니 공격 하지 말자"고 하고 물러나갔습니다.

唐의 武德 甲申에 대사가 다시 기주로 돌아와서 破頭山에 머무니 배우는 무리가 구름같이 모였습니다. 하루는 黃梅縣으로 가는 길에 어린 아이를 만났는데 골격이 수려하여 다른 아이와는 아주 달랐습니다.

대사가 물었습니다.

"성이 무엇이냐?"

동자가 대답했습니다.

"성은 있으나 흔치 않습니다."

"어떤 성인가?"

"부처의 性品인 性입니다."

"네 성품은 없느냐?"

"성품이 空하기 때문입니다."

대사가 그가 法器임을 알고 시자를 시켜 그 집에 따라가서 그 부모에게 出家시키기를 요청했습니다. 그 부모는 전생 인연 때문에 아무런 난색도 없이 아들을 놓아 주어 스님이 되게 하니 弘忍이라 이름하였습니다. 그리하여 법을 전하고 옷을 전해준 뒤에 전법게를 설하였습니다.

"꽃과 종자는 나(生)는 성품이 있나니, 땅에 의지하여 꽃은 나고 또 난다. 큰 인연과 믿음이 어울릴 때에 나지만 이 남은 남이 나지 않는 것이다."

대사는 법을 부촉한 뒤에 무리를 맡기고 대중에게 말했습니다.

"온갖 법은 모두가 해탈법이다. 너희들은 제각기 잘 보호해 지니어 미래 유정들을 敎化하라."

말을 마치자 편안히 앉아 열반에 드니, 歲壽 72세였습니다. 탑은 본산에 세웠으나 이듬해 탑의 문이 까닭 없이 열리니, 시체가 산 것 같았습니다.

唐 太宗이 대사를 네 번이나 불렀으나 王命을 따르지 않았습니다. 태종이 "오지 않으면 목을 베어 오라"고 하였습니다. 왕의 뜻을 안 대사는 사자 앞에 목을 빼어 베어가라고 했습니다. 사자는 참아 베지 못하고 가서 왕에게 대사의 의지를 전하니, 왕은 대사를 더욱 존경했다는 기록이 전하고 있습니다.

道信 大師는 우리에게 修行者의 面貌를 잘 보여주고 있습니다. 오라고 해도 가지 않는 것은 수행자의 참 모습입니다. 오늘날 현실을 보면 그렇지 않으니 말입니다. 名利僧들을 보십시오. 부르면 잽싸게 갑니다. 부르지 않아도 줄을 대어 출랑대고 포르르 갑니다. 가는 것은 좋은데 아첨 떠는 꼴이란 정말 꼴불견 아닙니까? 감투는 왜 그리 좋아들 하는지? 정말 눈 뜨고 못 봅니다. 그래서 눈 감고 귀 막고 벙어리로 삽니다. 그러니 속은 아주 편합니다.

도신 대사 말입니다. 수행자 같지 않습니까? 이 정도는 되어야 합니다. 역사를 보면 이런 분 많습니다. 수행자는 수행의 직분을 다 해야 합니다. 그래야 불법이 삽니다. 그렇지 못한 현실이 참 딱합니다.

전법게 내용은 인연 연기 도리를 설한 겁니다.

남(生)이 남(生)이 아니라고 했습니다. 緣起라서 그렇습니다. 諸法이 無常한 것이라서 그렇습니다. 그것을 꽃과 땅을 빌려서 설한 겁니다.

弘忍大師(홍인대사) 전법게

有情來下種 因地果還生
無情旣無種 無性亦無生
(弘忍 大師 傳法偈)

유정이 와서 씨를 뿌리면
땅으로 인하여 결과가 난다
무정은 종자가 없어서
성품도 없고 남도 없다.

홍인대사

毛毛白髮下靑山 人却少年松自老
八十老來換舊顔 始知植松生人間
(弘忍 大師 還生偈)

백발이 성성할 때 청산에서 내려왔네

사람은 도리어 젊어지고 소나무는 늙었구나

팔십 나이에 옛 얼굴 바꾸니

소나무 심고 인간에 낳음을 비로소 알았네.

┃해설┃

이 게송은 第三十二祖 弘忍 大師의 傳法偈, 還生偈입니다.

대사는 기주 황매현 사람입니다. 성은 周氏였습니다. 어려서 길에서 놀다가 한 智者를 만났는데, 탄복하기를 "이 아이는 일곱 가지 상호가 모자라서 여래에 미치지 못한다"고 하였습니다. 뒤에 道信 大師를 만나서 法을 받고 파두산에서 敎化를 폈습니다.

홍인 대사는 전생에 나이가 팔십이 넘어서 道信 大師를 찾아가니, 도신대사가 손가락으로 西天의 지는 해를 가리켰습니다.

"이것은 네가 나보다 나이가 더 늙었다는 뜻이다."

홍인 대사는 산을 내려오다가 어떤 村家를 보니, 한 처녀가 빨래를 하고 있었습니다. 그래서 대사께서 처녀에게 入胎할 생각으로 그 산에다 소나무 한 그루를 기념으로 심고 그 자리에서 몸을 버리고 魂神만 處女

몸에 入胎를 하였습니다. 처녀 집에서는 야단이 났습니다. 처녀가 애를 낳았으니, 그 부모는 애를 엎친 채로 처녀를 집에서 쫓아냈습니다.

처녀는 기가 막혔습니다. '세상에 이럴 수가 있단 말입니까?' 그래서 그 처녀는 억울하고 분통이 터져서 그만 풀 숲속에다 어린애를 버렸습니다. 그리고 줄행랑을 쳤습니다. 애만 없어지면 집에 갈 요량이었습니다.

그런데 애를 버린 것을 고을 관리가 보았습니다. 관리는 처녀를 잡아 "어린 자식을 버린 매정한 여자라 감옥에 넣겠다"고 하여, 처녀는 잘못을 뉘우치고 울고불고 사정을 해서 애를 버린 현장에 가 보니 많은 鶴들이 날아와서 날개를 펴서 어린 애를 싸안고 있었습니다. 어린 애도 벙긋 벙긋 웃고 있었습니다. 그런데 옆에 있던 관리는 간 곳이 없었습니다.

처녀가 생각하니, '참 신기한 일이다' 해서 아이를 기르니 열 살이 되었습니다. 열 살 먹는 어린 애가 하는 말이 "어머니 저를 누명을 쓰면서까지 길러주신 은혜에 감사 합니다. 저는 오늘 黃梅山에 道人을 찾아 갑니다."

하직 인사를 하고 떠나서 道信 스님께 가니,

"잘 왔다. 弘忍아! 나는 너를 기다렸다."

하시고 법을 전하고 세상을 떠나셨다는 겁니다.

하루는 홍인 스님이 자기가 소나무를 심어놓고 죽은 자리를 찾아가서 전생의 백골을 화장하고 그 소나무를 두고 읊은 게송이 위의 환생게입니다.

"백발이 성성 할 때 청산을 내려와 사람은 태어나 젊어지고 소나무는 늙어구나. 팔십 나이에 옛 얼굴을 바꾸니 소나무를 심고 사람으로 태어났음을 오늘에야 확인했네."

이렇게 오고 가는 것을 자유자재로 하는 것이 意生身이라고 합니다. 마음대로 태어난다는 뜻입니다. 가고 싶으면 가고 살고 싶으면 산다는 겁니다. 뜻대로 마음대로 生을 自由自在한 것을 말합니다. 이런 것을 願力所生 또는 願力還生이라고도 합니다. 마음대로 태어날 수가 있습니다.

홍인 대사는 전생에 도를 통했는데 팔십이 넘어서 도신 대사를 찾아가니 너무 늙었다고 도신 대사가 지는 해를 가리켰다는 겁니다. 너무 늙었으니 몸을 바꾸어서 오란 말입니다. 그래서 아래 마을 빨래 하는 처녀 몸에 의탁해서 다시 돌아와서 법을 받는 겁니다.

이 내용은 전등록에는 없는 겁니다. 禪門에 전해오는 내용을 취록한 겁니다.

홍인 대사가 법을 전해 받고 파두산에서 교화를 펴는데 盧能이란 사람이 찾아왔습니다.

대사가 물었습니다.

"그대는 어디서 왔는가?"

노능이 대답했습니다.

"嶺南에서 왔습니다."

"무엇을 구하는가?"

"부처가 되고 싶습니다."

"영남 사람은 佛性이 없는데, 어찌 부처가 되겠는가?"

"사람은 南北이 있지만 佛性이 어찌 南北이 있겠습니까?"

대사가 法器임을 알고 소리를 질러 꾸짖었다.

"이놈을 방앗간에 처넣어라."

노능은 절을 하고 방앗간에 가서 밤낮 쉬지 않고 8개월 동안 방아를 찧었습니다.

대사가 법을 전해 줄 때가 된 것을 알고 대중에게 말했습니다.

"바른 법은 알기가 어려우니 나의 말이나 기억하는 것으로 할 일 다 했다 말라. 그대들은 각각 소견대로 게송 하나씩을 지으라. 만일 나의 뜻에 부합하면 법을 모두 전할 것이다."

홍인 대사의 제자 七百 大衆中에 神秀가 上足 제자였습니다. 그는 학문을 다 통달하여 대중의 존경을 받았습니다. 그래서 모두가 "신수 스님이 아니면 누가 법을 잇겠는가?" 하고 신수 스님만 바라다보았습니다.

신수 스님이 게송을 하나 지어 써 붙였습니다.

身是菩提樹 心如明鏡臺
時時勤不拭 勿使惹塵埃

몸은 보리의 나무요

마음은 맑은 거울이니

때때로 부지런히 닦아서

티끌이 끼지 않도록 하라.

대사가 경행을 하다가 이 게송을 보고 신수의 게송임을 알았습니다. "후대 사람들이 이에 의해 수행하면 훌륭한 과보를 얻으리라." 하였습니다.

원래 그 벽에는 盧珍이라는 거사가 능가 변상도를 그리려고 하였는데, 게송이 있는 것을 보자 변상도 그리는 것을 그만 두고 대중들에게 모두 외우게 하였습니다.

노능이 방앗간에서 일을 하다가 게송 외우는 소리를 듣고 同學에게 "저것이 무슨 구절이냐?"고 물었습니다.

그 동학이 대답하였습니다.

"아직도 그대는 모르는가? 화상께서 법제자를 구하기 위해 모두 깨달은 바를 게송으로 지어라 했는데, 신수 스님께서 지으신 게송을 칭찬하셨소. 아마도 그에게 법과 옷을 전할 것이요."

노능이 물었습니다.

"그 게송을 자세히 말해 주시오."

노능이 듣고 있다가 말했습니다.

"좋기는 좋으나 깨닫지는 못했소."

동학이 꾸짖었습니다.

"못난 그대가 무엇을 아는가? 미친 소리 말라."

노능이 말했습니다.

"그대는 내 말을 믿지 않는가? 내가 게송으로 화답하겠소."

동학이 비웃으면서 가버렸습니다.

노능이 밤이 되매 한 동자를 데리고 복도로 가서 신수 게송 옆에다가 다음과 같은 게송을 쓰게 했습니다.

菩提本無樹 明鏡亦無臺
本來無一物 何處惹塵埃

보리는 본래 나무가 아니요
명경도 본래 경대가 아니니
본래 한 물건도 없거늘
어찌 먼지를 털어내리요?

홍인 대사가 나중에 이 게송을 보고 물었습니다.

"이것은 누가 지었는가? 아직도 불성을 보지 못했다."

대중이 대사의 말을 듣고 아무도 관심을 갖지 않았습니다.

밤이 되자, 대사는 남몰래 사람을 방앗간에 보내서 노 행자를 불러오게 했습니다.

"부처님이 세상에 나오신 것은 하나의 큰일을 위함이다. 근기의 크고 작음에 따라 인도 하시므로 三乘과 頓漸 따위의 敎理가 생겨서 敎門을 이루거니와 위없고 비밀하고 묘하고 원명하고 진실한 정법안장은 上首 弟子인 迦葉 尊者에게 전하셨다. 그렇게 차례차례 28代를 지나 달마 대사에 이르러 중국에 오셔서 慧可에게 전한 것이 나에게까지 전해졌다.

이제 나는 전해 받은 법보와 가사를 그대에게 전하노니 잘 보호해서 끊기지 않게 하라, 나의 게송을 들으라."

노 행자가 꿇어 앉아 옷과 게송을 받고 사뢰었습니다.

"법은 받았는데, 옷은 누구에게 전하오리까?"

대사가 말했습니다.

"옛날에 달마가 처음 왔을 때에는 아무도 믿지 않으므로 옷을 전해서 법을 얻는 사실을 증명하였지만 이제는 신심이 이미 익었으니 옷은 다툼의 동기가 되므로 그대 대에서 그치고 더 전하지 말라. 또 멀리 가서 숨었다가 때를 기다려서 교화하라. 옷을 받는 사람 목숨이 실낱 같다는 예언이 이 말이다."

노 행자가 물었습니다.

"어디로 가서 숨어야 합니까?"

"懷를 만나면 그치고, 會를 만나면 숨으라."

노 행자는 절을 하고 옷을 받들어 물러나 그날 밤 남쪽을 향해 떠났으나 대중은 아무도 몰랐습니다. 홍인 대사는 다시는 법상에 오르지 않았습니다. 삼일만에 대중이 의심이 나서 물었습니다.

대사가 대답했습니다.

"나의 道는 떠났다. 물을 필요가 없다."

"법은 누구에게 전했습니까?"

"能이라는 이가 받아갔다."

찾아보았으나 그는 이미 없었습니다. 그가 법을 받은 줄 알고 모두가 뒤를 쫓아갔습니다.

홍인 대사는 법을 전한 4년 뒤에 "나는 할 일을 마쳤으니 떠나겠다"고 하고 열반에 드셨습니다. 황매현 동쪽에 탑을 세우니 代宗이 大滿禪師法雨之塔이라 시호를 내렸습니다.

노 행자는 글자를 모르는 一字無識이었다고 합니다. 그런데 홍인 대사 법을 이어서 三十三祖가 됩니다. 중국 불교에서는 直指人心 見性成佛을 표방합니다. 글자를 몰라도 마음을 깨칠 수가 있다는 겁니다.(敎外別傳) 마음을 깨치는 데는 敎가 오히려 장애가 된다는 겁니다.(捨敎入禪) 識者憂患이라는 말입니다. 아는 것이 병이 된다는 말입니다.

그런 것이 많습니다. 알면 안 만큼 따지지 않습니까? 따지는 것은 思量分別입니다. 그것이 병통이고 장애입니다. 오히려 모르는 것이 약이 됩니다. 바로 마음자리로 直觀할 수가 있으니까? 그것이 빠른 겁니다. 노 행자였던 혜능 대사를 보셨잖습니까? 글자는 몰라도 바로 깨쳤잖습니까? 쌀 방앗간에서 팔 개월 만에 깨친 겁니다. 그래서 震土 六祖가 된 겁니다. 혜능 대사 일화는 너무나도 많습니다.

慧能大師(혜능대사) 전법게

心地含諸種 普雨悉皆生
頓悟華情已 菩提果自成
(慧能大師 傳法偈)

마음 땅에 여러 종자 머금었으니
두루 내린 단비에 모두가 싹이 튼다.
꽃의 심정 모두를 깨닫고 나면
보리의 종자가 자연히 이루어진다.

혜능대사

돌계집이 애를 낳는구나

| 해설 |

이 게송은 第三十三祖 慧能大師의 전법게입니다.

대사의 속성은 盧씨요, 그의 先祖는 범양 사람이었습니다. 아버지는 행도가 武德 때에 남해의 神州로 귀양을 왔습니다. 세 살 때에 아버지를 잃고 어머니가 길렀는데 가세가 궁색하여 대사가 나무를 팔아서 살았습니다.

하루는 나무를 시장에 팔려고 나갔다가 어떤 스님이 금강경을 읽는 소리를

듣고 심각하게 생각하고 그 경 읽는 분에게 물었습니다.

"그것이 무슨 법이며 누구에게서 얻었습니까?"

"이것은 금강경이라는 경인데 黃梅의 弘忍 大師께 얻었소."

대사가 급히 어머니에게 스승을 찾아갈 뜻을 말하고 바로 소주로 가는 길에 劉志略의 고모인 無盡藏이라는 比丘尼가 있었는데, 항상 涅槃經을 읽고 있었습니다. 대사가 잠시 듣고는 그 이치를 해석해 주니, 비구니는 책을 들고 와서 물었습니다.

대사가 말했습니다.

"나는 글자는 모르니, 理致나 물으라."

비구니가 말했습니다.

"글자를 모르면서 어찌 뜻을 아십니까?"

"부처님의 묘한 이치는 문자에 구애되지 않는다."

비구니가 깜짝 놀라 마을 사람들에게 말했습니다.

"혜능은 도가 있는 사람이니, 청하여 공양 하시오."

이때 마을 사람들이 앞을 다투어 와서 절을 하고 공경하였습니다. 근처에 보림사 옛 절터가 있는데, 집을 지어서 살게 하였습니다. 사방에서 사람들이 구름 같이 모여 들었습니다.

'하루는 생각하기를 내가 큰 법을 구하고자 나왔는데 어찌 중도에서 그치겠는가?' 하고 길을 떠나 昌樂縣 石室에 이르러 智遠 禪師를 만났습니다.

대사가 법을 물으니 지원 선사가 대답을 했습니다.

"그대의 신기를 살피건대 예사 사람이 아닌 뛰어난 바가 있다. 내가 들으니 서역에서 온 菩提達磨가 黃梅에 법을 전했다고 하니 그대가 거기에 가서 의심을 풀어라."

대사가 황매의 홍인 대사를 찾아가니 첫눈에 알아보고 법과 의발을 전해주고 懷, 集이 맞닿는 곳에 숨어 살게 하였습니다.

丙子 정월 팔일 法性寺에서 印宗 法師를 만나 涅槃經을 강의 했습니다.

대사가 낭무에 있는데 밤에 바람이 불어 깃대 위에 幡旗가 나부꼈습니다. 그때 두 스님이 다투었습니다. 한 스님은 "바람이 흔들린다"고 하고, 한 스님은 "깃대가 흔들린다"고 했습니다.

서로 다투고 싸우는 것을 보고 대사가 말했습니다.

"그것은 바람도 기도 움직이는 것이 아니다. 그대들 마음이 움직일 뿐이다."

인종 법사가 이 말을 듣고 깜짝 놀랐습니다. 그리고 이튿날 대사를 방으로 불러서 바람과 기의 이치를 물었습니다.

대사가 앞뒤의 이치를 밝히니, 인종 법사가 얼른 일어나 말했습니다.

"행자는 예사 사람이 아닌데 그대 스승은 누구인가?"

대사가 숨김없이 말하였습니다.

인종 법사가 제자의 예를 갖추어 법을 묻고 대중에게 말했습니다.

"인종은 부족한 범부로서 이제 肉身菩薩을 만났다. 이 분이 바로 그 분이다"하고, 혜능 대사를 가리켰습니다.

대사는 정월 십오일 法性寺에서 智光 律師에게 具足戒를 받았습니다. 이듬해 2월 8일 대사가 보림사에 살고 싶다고 해서 그곳 절로 옮겼습니다. 소주자사 韋據가 청하여 大梵寺에서 法輪을 굴리게 하였습니다. 대사를 따르는 제자가 항상 천명이 넘었다고 합니다.

中宗 왕이 內侍 薛簡(설간)을 보내어 대사를 궁중으로 불렀으나 병을 핑계로 가지 않았습니다.

내시 설간이 물었습니다.

"서울에 있는 모든 선덕들이 도를 알고자 하면 반드시 좌선을 하라고 했습니다. 선정을 익히지 않으면 해탈을 얻을 수가 없다고 했습니다. 스님께서는 어떤 법을 말씀 하십니까?"

대사가 말했습니다.

"도는 마음으로 인해서 깨닫는다. 어찌 앉는데 있겠는가? 경에 말씀 하시기를 만일 여래가 앉거나 다닌다고 본다면 그는 삿된 도를 행하는 사람이다. 무슨 까닭인가? 오는 것도 없고 가는 것도 없기 때문이다. 만일 생멸이 없으면 그것이 여래 청정선이오, 모든 법이 공적하면 그것이 여래의 청정한 앉음이다. 끝끝내 증득할 것이 없거늘 하물며 앉을 것이 있겠는가?"

"제가(설간 내시)가 돌아가면 主上께서 물을 겁니다. 화상께서 자비로 지시해 주십시오."

대사가 말했습니다.

"도는 밝음도 어둠도 없다. 밝음과 어둠은 서로 바뀌는 뜻인데 밝음과 밝음이 끝없다 하여도 다함이 없다. 밝음은 지혜에 비유하고, 어둠은 번뇌에 비유하는데, 수도하는 사람이 지혜로서 번뇌를 비추어 깨뜨리는 것은 二乘, 염소 수레를 찾는 어린아이의 根機다. 높은 지혜의 큰 근기는 그렇지 않다."

"어떤 것이 大乘의 見解입니까?"

"밝음과 어둠은 둘이 아니다. 둘이 아닌 성품이 곧 진실한 성품이니, 진실한 성품은 범부에 있어도 줄지 않고, 성인에 있어도 늘지 않고, 번뇌에 있어도 어지럽지 않고, 선정에 있어서도 고요함이 아니다. 끊이지 않고, 항상 하지 않으며, 가지 않고 오지 않으며 중간이나 안팎에 있지도 않으며, 멸하지도 않아 성품과 형상이 如如하여 항상 머물러 변천하지 않음을 道라고 한다."

"대사께서 不生不滅을 말씀 하시니, 外道와 무엇이 다릅니까?"

"외도가 말하는 불생불멸은 멸함으로서 남을 그지고, 남으로써 멸함을 드러내니, 멸함도 멸함이 아니고 남을 남이 없다 하거니와, 내가 불생불멸을 말하는 것은 본래 남이 없고 지금도 멸하지 않는다. 그 까닭이 외도와 같지 않다. 그대가 만일 마음의 요점을 알고자 하면은 온갖 선을 도무지 생각지 않으면 자연히 청정한 마음의 본체에 깨달아 들어가 담연히 항상 고요하고 묘한 작용이 항하사 모래와 같이 많을 것이다."

설간이 가르침을 받고 확연히 크게 깨달아 절하고 물러나 대사의 말대로 황제에게 아뢰었습니다.

대사께서 國恩寺에서 대중에게 말했습니다.

"여러 선지식들이여! 그대들은 제각기 마음을 맑히어 내 말을 들으라. 그대들 마음이 곧 부처이다. 다시 망설이지 말라. 그 밖에 어떤 법도 건립할 것이 없다. 모두가 본마음에서 갖가지 법이 난다. 경에 말씀하시기를 마음이 나면 갖가지 법이 나고, 마음이 멸하면 갖가지 마음이 멸한다. 만일 종자 지혜를 이루고자 하면 一相三昧와 一行三昧를 통달하라.

만일 온갖 곳에서 형상에 머무르지 않고 그 형상에 대하여 밉다 곱다 하는 생각을 내지 않으며 취하고 버리는 생각을 내지 않으며 이로움과 이룸을 무너뜨리는 따위 일을 생각지 않고, 한가히 고요히 담박하게 하면 이것이 一行三昧요, 온갖 곳에서 다니고 멈추고 누움에 순일하고 곧은 마음으로 도량을 움직이지 않고도 참으로 정토를 이루리니, 이를 一行三昧라고 한다.

어떤 사람이 두 가지 삼매를 갖추면 땅에 있는 종자가 자라서 열매를 맺을 힘을 갈무리 한 것 같으니, 일상삼매와 일행삼매도 그러하다. 내 지금 설법은 때를 맞춘 비가 온 누리를 적시는 것 같고, 그대들의 불성은 종자에 비유할 수가 있으니, 이 비를 맞으면 모두가 싹이 틀 것이요, 나의 가르침을 받드는 이는 결정코 보리를 이룰 것이요, 나를 의지해 행하는 이는 반드시 묘한 과위를 얻을 것이다. 마음은 본래 청정하여 취하거나 버릴 것이 없으니, 제각기 노력해서 인연 따라 떠나라."

대중이 슬피 울면서 좀 더 머물 것을 청했으나 대사가 말했습니다.

"부처님이 세상에 오신 것도 열반을 나타내기 위함이니, 온 것이 간 것은 당연한 일이다."

"지금 가시면 언제 돌아오십니까?"

"잎이 떨어져 뿌리로 돌아가니 다시 올 날을 말할 수 없다."

"스님의 法印은 누구에게 전하십니까?"

"도 있는 이는 얻고, 마음 없는 이는 통달했다."

대사는 신주 國恩寺에서 목욕한 뒤에 가부좌로 앉아서 열반에 드셨습니다.

대사는 법을 받고도 16년 숨어 살았습니다. 산 속에서 사냥꾼들과 함께 동고동락 했다고 합니다.

육조 혜능대사 전까지만 해도 禪法脈이 一人一傳 했습니다. 그런데 혜능대사 이후로는 一人多衆으로 바뀌게 됩니다. 그래서 傳法 弟子만 33인이었습니다. 그렇지만 그 중에 上足弟子는 있습니다. 육조대사 밑으로 적손이 갈라집니다. 南北으로 갈라집니다. 서로 직계 적손이라고 논쟁을 합니다.

글자는 몰라도 깨달아 마음의 지혜가 열리면 되는 것이 육조 혜능 스님으로 입증이 되었습니다.

2부

고승 · 대덕편

禪詩(선시),
깨달음의 노래

원효대사 오도송

靑山疊疊彌陀窟 蒼海茫茫寂滅宮
物物拈來無罣碍 幾看松頂鶴頭紅
(元曉大師 悟道頌)

겹겹이 이는 푸른 산은 아미타불 정토요
망망한 푸른 바다 부처님 궁전일세
어느 것 잡아와도 걸릴 것 하나 없어라
몇 번이나 보았는가, 소나무 위에 학 머리 붉어진 것을.

원효대사

| 해설 |

이 게송은 원효대사 悟道頌이라고 전해지고 있습니다. 대사는 우리가 잘 아는 신라 때 스님이십니다. 스님의 행적은 역사의 한 페이지를 화려하게 장식했으니 그 유명한 요석 공주와의 일화입니다.

그건 그렇고, 스님의 오도송을 봅시다.

"삼라만상이 그대로가 아미타불이고 부처님의 궁전이라"고 했습니다.

悟者의 눈인 佛眼으로 보면 부처 아닌 것이 하나도 없습니다.(悉有佛性) 그래서 우주만상 이대로가 佛國淨土임을 이 偈頌은 說하고 있습니다. 偈頌 전체 뜻으로 보면 華嚴經을 濃縮해 놓은 것 같습니다.

三句의 物物拈來無罣碍(물물염래무가애)는 四無碍를 말하고 있습니다.

物物은 事事無碍를 뜻한 말입니다. 깨달고 보니 청산도 창해도 다 부처이고 정토입니다. 하는 일마다 걸림이 없어 자유자재 합니다.

이렇게 되기까지는 얼마나 오랜 세월을 닦았는가를 四句에서 鶴頭紅(학두홍)으로 멋지게 마무리를 짓고 있습니다.

원효대사는 三藏에 能通하신 분입니다. 千部論師라고도 합니다. 대사의 저서는 다 전해지지 못했습니다. 30여년 전에 사천 다솔사에서 한평생을 원효대사의 소실된 논소를 복원코자 애쓰셨던 효당 최범술스님이 생각납니다. 퍽이나 자상하시고 學德도 높은 後學을 아끼신 분이데,

이제 안계시니 아쉬울 뿐입니다.

그건 그렇고, 四句에 松頂을 松亭으로 쓰신 분도 있습니다. '亭子 亭' 이면 게송 전체 詩情에 어긋납니다. '정수리 頂'字로 보아야 합니다.

青松 白鶴이라! 푸르고 푸른 소나무에 하얀 학이라.

이래야 운치가 나고 살아있는 詩이지, 무슨 나무 정자이겠습니까. 죽은 소나무 정자에 무슨 학이 온단 말입니까.

"소나무 위에 앉는 학 머리 붉어짐을 몇 번이나 보았느냐?" 입니다.

부처님도 삼아승지 겁을 닦으셨다고 했습니다. 四句의 뜻은 그걸 말한 것이다. 학은 十長生 中의 하나입니다. 학은 100년에 한번씩 머리에 붉은 점이 하나씩 생긴다고 했습니다. 게송은 "그것을 보았는가?" 하고 묻고 있지 않습니까. 그래야 偈頌 全體의 詩脈이 살아납니다.

나는 禪詩 中에 이 게송을 제일 愛誦하고 白眉로 꼽습니다. 왜냐하면 새벽 誦呪를 하다보면 마음이 넉넉해져서 그대로가 華藏世界이니까, 그래서 좋습니다.

포대화상 불게(佛偈)

彌勒眞彌勒 分身千萬億
時時示市人 市人自不識
(布袋和尚 涅槃頌)

미륵 참 미륵이여!
천백억 몸으로 나투었네.
때때로 세상 사람에게 보이나
세상 사람들 누구도 알지 못하네.

포대화상

一鉢千家飯 孤身萬里遊
靑目覩人少 問路白雲頭
(布袋和尙 逍遙偈)

발우 하나로 천가의 밥을 빌고
외로운 몸은 만리를 떠도네,
푸른 눈 알아보는 이 드물고
그저 흰 구름에게 갈 길을 묻네.

我有一布袋 虛空無罣碍
展開遍宇宙 入時觀自在
(布袋和尙 受用偈)

나에게 포대가 하나 있으니
허공에도 걸림이 없네,
열어 펴보면 우주에 가득하고
오므리면 자유자재로 본다네.

夜夜抱佛眠 朝朝還共起
起坐鎭相隨 語黙動居止

纖毫不相離 如身影相似
欲識佛居處 只這語聲是
(布袋和尚 佛偈)

밤마다 부처를 보듬고 자다가
아침마다 함께 일어나네,
일어나고 앉고 머물고 같이 눕는다네,
털끝만큼도 서로 떨어지지 않으니
몸에 그림자 같구나,
부처가 어디에 있는지 알고자 하는가?
다만 말하는 이놈이니라.

| 해설 |

이 게송들은 포대화상의 게송들입니다.

포대화상은 이름 그대로 포대를 늘 지팡이에 꽂고 다닌다 해서 붙여
진 이름입니다. 後梁 때 中國 스님이십니다. 이름은 契此이고, 明珠 奉
化縣 사람입니다. 배가 볼록하고 몸은 뚱뚱하며 살이 많이 찐 좀 넉넉
하게 생긴 분입니다. 얼굴은 童顔에 항상 웃는 얼굴이라 보기만 해도
마음을 편안하게 해주는 얼굴입니다. 그래서 포대화상 곁에는 아이들
이 늘 따라 다녔다고 합니다. 포대화상 탱화를 보면 눈썹을 잡아당기는
아이도 있고, 젖꼭지를 만지작거리는 아이도 있고, 발바닥을 간지럼을

먹이는 아이도 있고, 늘어진 귀를 만지는 아이도 있습니다. 그런데 포대화상은 천진난만한 미소를 머금고 자비스런 얼굴로 있습니다.

그런 것은 무엇을 말한 겁니까?

格이 없잖습니까?

우리말로 하면 허물이 없는 겁니다.

天眞無垢한 童眞世界입니다.

사는 곳도 절이 아닌 발길 닿는대로 살고 눕고 잤다고 하니, 포대화상 가는 곳이 천지가 다 도량이고 法堂이었다는 겁니다. 天衾地席인 셈입니다.

嚴多雪寒에도 눈 위에서 포대자루 곁에 두고 앉은 채로 잤다고 하니 뭔가 다르지 않습니까? 零下 10度이면 凍死합니다. 그런데 포대화상은 얼굴이 붉그스레 생기가 넘치지 않습니까?

열반송에 보면 自稱 彌勒佛이라고 했습니다.

세상 사람들이 보고도 못 본다고 했습니다.

그렇죠? 同道方知(도가 같아야 비로소 볼 수 있다)이죠?

道眼이 있어야 볼 것 아닙니까?

곁에 둔 道人도 道眼이 열리기 전에는 보나마나 눈뜬장님입니다. 그러니 마지막 임종 때라도 일러주고 가야겠다고 당신이 미륵불임을 말한 겁니다. 전체 게송을 다 보아도 확실하게 깨친 분입니다. 佛偈도 逍遙偈도 受用偈도 깨친 안목으로 읊은 게송들입니다.

한평생을 길에서 저자 거리에서 사람들과 함께 웃고, 법을 물으면 법을 설하고 아이들과 함께 노닐며, 그저 그렇게 살다간 분이 포대화상입니다. 그래서 그런지 중국 사람들은 포대화상을 福을 주는 福스님으로 알고있습니다.

　오늘날과 같이 각박한 세상에 넉넉한 마음을 가졌으면 해서 포대화상을 소개 하였습니다. 웃는 모습이 幸福입니다. 웃는 포대화상을 닮아 갑시다.

부설거사 게송

妻子眷屬森如竹 金銀玉帛積似邱
臨終獨自孤魂逝 思量也是虛浮浮
(浮雪居士 四浮詩)

처자 권속이 삼대 같이 절려있고
금은 옥백 보물 구산 같이 쌓였어도
죽음에 다달아서 내 한 몸 홀로 가니
이것도 생각하면 허망할사 뜬 일일세.

부설거사

朝朝役役紅塵路 爵位纔高巳白頭
閻王不怕佩金魚 思量也是虛浮浮
(浮雪居士 四浮詩)

날마다 갈팡질팡 홍진로를 달리면서
벼슬이 조금 높자 머리털은 희여졌네,
명부의 염라대왕 금어관대 두려워 않으니
이것도 생각하니 허망할사 뜬 일일세.

錦心繡心風雷舌 千首詩經萬戶候
增長多生人我本 思量也是虛浮浮
(浮雪居士 四浮詩)

비단결에 수를 놓듯 미묘한 무애변재
천편 시 문장으로 만호후를 비웃어도
다생에 너다 나다 잘난 자랑 길러올뿐
이것도 생각하면 허망할사 뜬 일일세.

假使說法如雲雨 感得天花石點頭
乾慧未能免生死 思量也是虛浮浮

(浮雪居士 四浮詩)

입으로 설법하기를 구름 덮듯 비 내리듯
하늘꽃 떨어지고 돌사람이 끄덕여도
마른 지혜로는 생사고를 못 면하니
이것도 생각하면 허망할사 뜬 일일세.

此竹彼竹化去竹 風打之竹浪打竹
粥粥飯飯生此竹 是是非非看彼竹
賓客接待家勢竹 市井賣買歲月竹
萬事不如吾心竹 然然然世過然竹
(浮雪居士 八竹詩)

이런대로 저런대로
바람 부는대로 물결치는대로
죽이면 죽 밥이면 밥 생긴대로
옳고 그름은 보여주는대로
손님 접대는 집안 형편대로
시정의 팔고 사는 것은 세월대로
세상만사 내 마음 같지 않는대로
그렇고 그렇게 세상 가는대로.

悟從平等行無等 覺契無緣度有緣
圓珠握掌丹靑別 明珠當坮胡漢懸
(浮雪居士 逍遙詩)

깨친 이는 평등에서 차별을 쓰고
인연을 떠나 인연을 따른다네,
둥근 구슬이 온갖 빛을 가려내듯
밝은 거울엔 오는 것마다 다 비치네.

處世任眞心廣矣 在家成道體伴然
認得成色無罣碍 不須山谷坐長連
(浮雪居士 自受用偈)

세상에 처해도 진심으로 산다면
집에선들 어찌 공부 못하랴?
보고 듣는 온갖 것이 둘이 아닌 줄 알면
구태여 산에서만 애쓸 것 없네.

共把空寂雙去法 同棲雲鶴一間庵
已知不二歸無二 誰問前三與後三

閑看靜中花艶艶 任聆窓外鳥喃喃
能今直入如來地 何用區區久歷叅
(浮雪居士 悟道頌)

공적의 오묘한 법 함께 잡고서
구름과 학 벗삼아 한 칸 암자에 사노라
들 아닌 것 알아 들 없음에 들었는데
전삼과 후삼을 누가 내게 묻는가?
고요한 가운데 고운 꽃 보고
마음 내키면 창밖의 새소리 듣고
능히 지금 바로 여래지에 들 수 있는데
구차하게 오래 닦아 무엇 하겠는가?

目無所見無分別 耳聽無聲絶是非
分別是非都放下 但看心佛自歸依
(浮雪居士 涅槃頌)

눈으로 보는 것 없으니 나누고 쪼개는 것 없고
귀로 듣는 소리 없으니 옳고 그름이 끊겼구나.
나누고 쪼개는 것 모두 내려놓으니
마음부처 보며 스스로 귀의하도다.

覺破三生夢 身遊九品蓮

風潛清智慧 月上冷秋天

輦路盈仙藥 瑤池駕法船

般若三昧熟 極樂去怡然

(登雲 涅槃頌)

삼생의 꿈에서 깨어나고 보니

몸은 구품연화대에 노니네,

바람 잔 지혜의 바다 맑고 맑은데

밝은 달 찬 가을 밤하늘에 두둥실 떴네,

영접하는 길 신선음악 가득하고

옥 연못에 법선을 타고서

반야 삼매가 익을 대로 익으니

극락 가기가 편하고 즐겁네.

| 해설 |

이 게송들은 모두다 부설거사 게송들입니다.

앞에 네 게송은 世上事 人生事가 虛妄함을 노래한 겁니다.

팔죽시는 세상만사를 無爲法으로 사는 달관의 노래입니다.

뒤의 두 게송은 居士의 日常事를 엿볼 수 있는 무위자적한 참 좋은
게송들입니다.

게송에서 보듯이 모양은 비록 居士지만 그 마음은 修行者의 면모 아닙니까?

부설거사는 철저한 수행자였다고 합니다. 처소나 모양이 문제가 아니고 그 마음은 수행의 끈을 놓지 않고 自責精進을 했다는 겁니다. 還俗後 家事는 妙花菩薩에게 맡기고 헛소문을 내었다는 겁니다. 中風으로 四肢가 痲痺되어 꼼짝도 못하는 산송장이 되었다고 하고, 일체 杜門不出 勇猛精進을 하여 蓄妻成佛이라는 古事를 남겼습니다.

이렇게 정진하여 깨친다면 무슨 僧俗이 있겠습니까?

浮雪居士 집이 無門關 아닙니까?

그래서 나온 게송들이 앞에 소개한 게송들입니다.

거사의 게송이라고 우습게보지 마시오. 뼈를 깎는 自內證의 소리입니다. 옛말에 同道方知라 했습니다. 道의 境地가 같아야 알아본다는 말입니다.

梁武帝가 그랬지 않습니까?

達磨大師를 보고도 보지 못했잖습니까? 부처를 눈앞에 두고도 보지 못한 겁니다. 나중에 후회를 했지만 흘러간 물이 된 겁니다.

修行의 尺度는 이렇게 偈頌 속에서도 찾아야 합니다. 그게 眼目입니다. 徹底한 自內證의 眼目입니다.

지금도 부설거사의 體臭를 느껴보실려면 이 게송을 深度있게 진지한 마음으로 通察해 보십시오.

千年의 세월이 只今입니다.

부설거사 숨소리가 들립니다.

살아 있는 부설거사 숨소리가 말입니다.

원래 부설거사는 스님이었습니다. 도반 靈照스님과 靈熙스님과 함께
具氏 無寃居士 댁을 찾아가게 됩니다.

무원 거사님은 딸이 있었는데, 태어날 때부터 말을 못하는 벙어리였
습니다. 그런데 부설스님을 보자마자 입이 열려 말을 하게된 겁니다. 말
못하는 딸 묘화가 말을 하게 되니 경사가 났지만 무원 거사는 고민이
생긴 겁니다. 묘화가 부설스님과 결혼을 하겠다는 겁니다. 만약 결혼이
성사 안되면 차라리 죽겠다는 겁니다. 20년 말 못하던 묘화가 스님과
결혼을 하겠다고 하니, 어쩔 수 없이 부설스님에게 사정을 말하게 됩니
다.

그래서 부설스님은 두 도반스님들에게 환속할 뜻을 밝히고 還俗偈를
줍니다.

道不在緇素 道不在華野
諸佛方便 志在利生이라.

도는 먹물에도 흰 옷에도 있지 않고
도는 화려한데도 조잡한데도 있지 않네
모든 부처님의 방편은
중생을 이롭게 하는데 있다.

부설스님의 환속은 한 생명을 살려보겠다는 뜻이 담겼습니다. 그래서 환속 후 남매를 두었는데 아들은 登雲이고, 딸은 月明입니다. 부설 거사 오도송과 열반송 다음이 등운의 열반송입니다. 부설 거사 食率을 四佛이라고 합니다. 네 사람이 모두 도를 깨달았다는 겁니다.

전라도 부안군 중계리에 가면 月明庵이 있습니다. 월명암은 부설 거사가 창건한 절입니다. 新羅 神文王 14년에 창건했으니 千三百年된 古刹입니다.

등운과 월명 남매의 수행과정도 또한 만만치를 않습니다. 부설 거사 내외가 열반에 든 후 남매와 부목 노총각 세 명만 남습니다. 그런데 그 땔나무하는 노총각 부목이 월명이한테 반한 겁니다. 그래서 날마다 애원을 합니다. 하룻밤만 같이 자자고 졸라댑니다.

그래서 등운 오빠한테 물어봅니다. 그랬더니 "자 줘"라는 겁니다. 그래서 하룻밤 동침하게되었습니다.

아침에 등운 오빠가 월명에게 묻습니다.

"어제 밤 기분이 어떠하더냐?"

월명이 말하기를, "허공에 장대 휘젓는 격입니다."

그리고 며칠 후 부목이 또 자자는 겁니다.

오빠 등운에게 물었더니, 또 "자 주어라"는 겁니다.

또 동침했습니다. 아침에 또 묻습니다.

"어제 밤은 어떠하더냐?"

"어제 밤은 진흙탕 물에 장대 휘젓는 격입니다."

그리고 나서 부목 노총각이 또 졸라댑니다. 하룻밤만 더 자자고.

그래서 등운 오빠에게 물어보니, 원대로 또 "자 줘"라고 합니다.

월명이 또 하룻밤 같이 동침합니다.

등운이 아침에 또 묻습니다.

"어제 밤은 어떠하더냐?"

"어제 밤은 진흙에 장대를 휘젓는 것 같았습니다."

色慾이라는 것이 이렇습니다. 처음에는 허공에 장대가 휘젓는 것 같다 했습니다. 그 다음이 진흙탕물, 세 번째가 진흙입니다. 색욕이 점점 짙어진 겁니다. 그래서 등운이 월명에게 이렇게 말합니다.

"너와 나는 修行精進하는 사람입니다. 修行의 魔가 왔다. 魔는 수행에 도움이 안되고 방해만 된다."

그러니 그 魔를 除去하기로 男妹는 決心을 합니다. 부목이 월명의 수행에 魔가 된 겁니다. 그래서 등운은 부목에게 "화로 불을 담아달라"고 하고, 아궁이에 처넣어 죽게 합니다.

殺生을 하면 無間地獄에 간다고 했습니다. 그러니 무간지옥에 가지 않으려면 道를 깨는 방법밖에 없습니다. 오늘부터 죽을 각오로 공부를 하여 成佛하자 하고 두 남매는 등을 맞대고 수행 정진을 합니다.

부목은 명부에 가서 염라대왕에게 억울함을 호소합니다.

"부설거사 딸 월명과 세 번 잔 죄밖에 없습니다."

염라대왕이 사자에게 명하여 등운과 월명을 잡아오라고 명령을 내렸습니다. 저승사자가 삼천대천세계를 다 찾아보아도 등운과 월명이 보이지를 않았습니다. 그래서 할 수 없이 저승사자도 못 잡아갔다는 겁니다.

왜 못 잡아갔을까요?

禪定三昧에 들어갔기 때문입니다. 三昧에 들어가면 鬼神도 못 본다고 합니다. 그래서 등운과 월명은 7일만에 成佛을 합니다.

出家成佛은 말했어도 在家成佛은 좀 그렇죠?

그런데 천삼백년 전에 在家成佛을 말하고 있습니다. 이것이 한국불교의 저력입니다. 大乘佛教의 싹이 보입니다.

身在塵勞 心懸物外입니다.

몸은 세속 진로에 있으나 마음은 物外에 있다는 겁니다.

그러니 居塵不染 在慾行禪 處染常淨한 겁니다.

티끌 세상 속에 있으나 그 더러움에 물들지 않는 것, 그것이 법화경의 處染常淨 아닙니까? 연꽃은 진흙탕에 뿌리를 박고 있으나 항상 물들지 않는 것처럼 말입니다. 이런 수행방법이 대승불교 사상입니다.

이런 사상을 부설거사 일가에서 볼 수가 있습니다. 한국 불교의 자산입니다. 부설거사 환속으로 四佛이 나왔으니 남는 장사 아닙니까? 이렇게 佛佛이 나와야 佛教가 삽니다.

소동파 오도송

溪聲便是長廣舌 山色豈非清淨身
如來八萬四千偈 他日如何舉似人
(蘇東坡 悟道頌)

계곡 흐르는 물소리 부처님 법문이요
산 빛깔은 어찌 청정법신이 아닌가?
여래의 팔만사천 게송을
어찌 다른 날 사람에게 보일 수 있겠는가?

소동파

病骨難堪玉帶圍 鈍根闖落箭鋒機
會堂乞食歌婢院 換得雲山舊衲衣
(禪問答承服偈 東坡)

병든 몸 옥대를 감당키 어렵고
둔한 근기 날랜 기봉에 나가 떨어졌네,
마침 가비원에 걸식 할 판에
구름 덮인 절에서 승복과 바꿔 입었네.

人生到處知何事 應似飛鴻踏雪泥
泥上偶然留持爪 鴻飛那復計東西
(示弟蘇轍偈 東坡)

사람이 사는 것 무엇과 같은지 아는가?
날아가던 기러기가 눈 내린 진창을 밟는 것 같네
진흙탕 위에 우연히 발자국 남기지만
기러기 날라가면 어찌 다시 동서를 헤아리겠는가?

春宵一刻直千金 花有淸香月有陰
歌管樓臺聲寂寂 鞦韆院落夜沈沈

(春日 東坡)

봄밤의 한 순간은 천금의 값이니
맑은 향기 감도는 꽃잎에 달그림자
노래와 피리 울리던 그네 타던 정원도
밤은 깊어 조용하구나.

缺月掛疎桐 漏斷人初靜
誰見幽人獨往來 縹緲孤鴻影
(定慧院寓居詩 東坡)

성긴 오동나무에 이지러진 달
걸려 있고 물시계 소리 끊겨 인적도 고요하네
누가 보리요 이리 저리 거니는 외로운 내 모습
아득히 먼 곳엔 외기러기 그림자.

| 해설 |

이 게송들은 蘇東坡 居士의 悟道頌과 그의 禪詩들입니다.

소동파는 이름은 蘇軾이고 字는 子瞻이고 東坡는 號입니다. 그는 北
宋때 사람이며 아버지는 蘇洵이고 아우는 蘇轍입니다. 이 三父子를 三

蘇라고 한 것은 唐宋 八大 文章家에 속하기 때문입니다.

소동파는 北宋 仁宗때 眉山에서 태어났습니다. 그는 八歲때 眉山 道人 黃易簡 門下生이 되어 道家 공부를 하게 됩니다. 그는 莊子 齊物論을 접하게 됨으로써 그의 사상에 큰 영향을 받게 됩니다. 蘇洵(소순)은 동파가 22세 때 두 형제를 데리고 歐陽修에게 보여 極讚을 받게 됩니다. 그해 동파, 소철 두 형제는 進士가 됩니다. 구양수는 동파를 극찬하게 되는 데, 극찬 하는 말은 "이 늙은이는 이제 이 사람에게 자리를 내주지 않을 수가 없소" 하고 동파의 문장 실력을 인정하고 문단에 등장하게 해줍니다.

동파 거사는 파란 만장한 생을 보낸 사람입니다. 그의 정치적 역정은 귀양살이로 점철됩니다. 왕안석의 新法이 실시되자 舊法黨에 속해 있던 동파는 44세 때 神宗筆禍事件으로 御史臺에 압송되어 심한 고초를 받고 湖北省 黃州로 유배되어 6년을 살다가 哲宗이 즉위하여 舊法黨이 得勢를 하자 禮部尙書 大官에 임명됩니다. 그러나 皇太后가 죽자 新黨이 得勢를 하니 그는 또 귀양을 가게 됩니다. 중국 最南端 海南島로 7년 동안 귀양살이를 하게 됩니다. 그는 徽宗이 卽位하자 7년 귀양살이에서 풀려나 돌아오는 도중에 江蘇省 常州에서 죽게 됩니다.

唐宋 八大家 中 한 사람인 소동파의 일생은 이렇듯 정치적 정쟁에 휘말려 귀양살이로 한 평생을 보내니, 기가 막힐 노릇 아닙니까. 예나 지금이나 권력은 이렇게 사람을 황폐하게 만듭니다. 筆禍事件만 보아도 그렇습니다. 烏臺詩獄(오대시옥) 즉, 宋代의 施政을 풍자하는 詩를 지었다는 이유입니다. 烏臺(오대)는 즉 御史臺 감옥에 간힌 사건에 연루되었

다는 것입니다. 文官 官僚들이 소동파 詩에서 조정에 대한 불만과 不敬을 엿볼 수 있다고 생트집을 잡았던 사건입니다. 그때 神宗도 믿지 않았지만 끈질긴 참소로 동파 거사는 투옥, 귀양을 가게 됩니다.

동파의 赤壁賦는 黃州 귀양살이 때 나온 傑作品입니다. 그는 말년 귀양살이 7년 동안 절에 의거하여 살았다고 합니다. 그러니 동파의 정신적 세계는 道家 佛家의 영향이 크다고 보면 됩니다.

그는 萬卷의 책을 읽었다고 합니다. 그래서 그의 앞에서 누가 감히 문자를 운운 하겠습니까. 그만큼 그는 젊을 시절에는 아는 知識 때문에 오만 방자 했다고 합니다.

悟道頌이 나오게 된 것도 荊州 玉泉寺 승호선사를 참방한 후의 일입니다.

소동파가 하루는 옥천사 승호선사를 찾아갔는데, 승호선사의 생김새가 꼭 수수깡마냥 말라서 볼품이 없는지라 예를 갖추지 않았다는 것입니다.

그러니 승호선사가 묻기를,

"그대는 누구인가?" 하니,

소동파가 "나는 秤(칭)이요." 했다는 겁니다.

秤은 저울대란 뜻입니다. 즉 당신의 道가 얼마나 되는가 달아보겠다는 것입니다.

그러자 승호선사가 크게 한바탕 呵呵大笑하고 나서 묻기를,

"이 웃음의 量이 얼마나 나가는가?"

그러자 소동파가 꿀 먹은 벙어리가 되었다는 겁니다.

무게를 다는 저울이라고 했는데, 승호선사가 웃는 웃음의 무게를 달지 못했으니, 입이 있어도 말을 못하는 벙어리가 된 겁니다. 불교라는 게 이렇습니다. 선문답이라는 것이 이렇습니다. 당송 팔대 문장인 소동파의 지식(저울)이 승호선사의 웃음 한마디에서 끝나버린 겁니다.

그래서 소동파가 정중하게 예를 갖추고 法門을 청합니다.

승호선사가 말하기를,

"그대는 有情說法만 듣지 말고, 無情說法을 들으라."

했다는 겁니다.

그 말이 동파 거사의 話頭가 되어버린 겁니다.

無情이 說法을 한다고?

無情이 說法을 한다고?

無情은 山川草木 器世間을 말합니다. 山川草木이 法을 설한다는 겁니다. 돌맹이도 법을 설하고, 흐르는 물도 법을 설한다는 겁니다.

승호선사가 말한 무정설법이 동파 거사의 화두가 되어 疑心이 疑團이 되어

가슴에 꽂혀버린 겁니다. 화두는 이렇게 마음에 뭉쳐버려야 합니다. 억지로 들면 화두가 아닙니다.

그래서 소동파가 말을 타고 '無情이 說法을 한다'는 화두에 온 정신이 팔려서 눈을 지그시 감고 말 가는 대로 그냥 맡겨 두었는데, 그 말이 소동파 주인이 詩人임을 알고 말고삐를 당기지 않으니까? 산 경치가 좋은 절벽으로 올라갔다는 겁니다.

그런데 소동파 귀에 쏴악~ 하고 천둥소리가 나서 깜짝 놀라 눈을 뜨

고 보니까 천길 만길 벼랑 끝 절벽에 서 있는 것이 아닙니까?

바로 그때 소동파가 깨달았다는 겁니다.

生死가 눈앞에 있는 것을 瀑布水가 일깨워준 겁니다. 이렇게 無情說法을 듣고 깨달은 것이 소동파 悟道頌입니다.

한 발빠만 잘못 내걸으면 그냥 끝장 아닙니까? 절벽 위에서 떨어지면 그대로 죽는 겁니다. 그 폭포 소리가 生死의 法門이 된 겁니다.

그래서 "계곡의 흐르는 물소리는 부처님 법문이요, 산 빛깔은 어찌 청정 법신이 아닌가? 여래의 팔만사천 게송을 어찌 다른 날에 사람에게 보일 수 있겠는가?" 하고 깨친 경계를 남긴 겁니다.

그 다음에 나오는 게송은 金山寺 佛印了元선사와 禪問答에서 졌기 때문에 玉帶를 풀어놓고 간 逸話입니다.

소동파가 당돌하게 불인선사를 의자삼아 앉겠다는 겁니다.

그러자 불인요원선사가,

"四大가 本空하고 五蘊도 本無한데 어디에 앉겠느냐?"고 물으니까,

소동파가 또 꿀 먹는 벙어리가 된 겁니다.

그래서 玉帶를 풀어 놓았다는 겁니다.

佛印 了元禪師 僧服과 玉帶를 바꾼 겁니다. 선문답에서 졌기 때문입니다. 선문답은 知識으로 하는 것이 아닙니다. 선문답은 깨친 스님들의 언어입니다. 깨치지 못하면 소동파와 같이 한 마디도 못합니다. 그래서 玉帶를 풀어 놓았다는 일화입니다.

그리고 蘇轍에게 준 게송은 政爭 속에서 보낸 인생살이가 無常함을 노래한 것입니다.

마지막 정혜원 寓居頌은 마지막 귀양살이 7년 동안 절에 의탁하여 사는 때를 읊은 게송입니다. 귀양살이의 고적함이 그대로 묻어나는 게송입니다. 그렇게 초연할 수 있는 것도 불교의 영향이 컸던 것으로 봅니다.

소동파는 養生法과 養神 養心에 치중했다고 합니다. 똑같은 시대에 살았던 柳宗元은 養身에만 의존하다 보니 귀양살이의 心的 苦痛을 견디지 못하고젊은 나이에 죽고 맙니다. 그렇지만 소동파는 天壽를 다 누리고 66세로 생을 마감합니다. 心的 苦痛을 著述로, 後進 養成으로 돌립니다. 逆境을 順境으로 바꾸는 佛敎의 智慧 때문입니다. 그리고 自利利他의 慈悲思想에서 나온 겁니다. 불교의 마음 수행과 연관이 깊습니다.

저술로는 蘇東坡集 40권, 東坡後集 20권, 東坡 7集등 많은 저서를 남겼습니다.

순치황제 출가시

朕乃山河大地主 憂國憂民事轉煩
百年三萬六千日 不及僧家半日閑
(順治皇帝 出家詩)

이내 몸은 중원천하 주인이 되었지만
나라 걱정 백성 걱정 마음 편할 날 없었네
인간 백년 삼만육천일이
절집 스님생활 반나절도 못된다네.

순치황제

돌계집이 애를 낳는구나

悔恨當初一念差 黃袍換却紫袈裟
我本西方一衲子 緣何流落帝王家
(順治皇帝出家詩)

처음에 부질없는 한 생각 잘못으로
가사장삼 벗어던지고 곤룡포를 둘렀다네
이 몸이 알고 보면 서축의 스님인데
무엇을 반연하여 제왕가에 떨어졌나?

天下叢林飯似山 鉢盂到處任君餐
黃金白璧非爲貴 惟有袈裟被最難
(順治皇帝出家詩)

천하가 총림이요 쌓인 것이 밥이거니
대장부 어데 간들 밥 세 그릇 걱정하랴!
황금과 백옥만이 귀한 줄을 알지 마소
가사장삼 얻어 입기 무엇보다 어려워라.

未生之前誰是我 我生之後我爲誰
長大成人纔是我 合眼朦朧又是我

（順治皇帝出家詩）

이 몸이 나기 전에 무엇이 내 몸이며
세상에 태어난 뒤 내가 과연 누구인가?
자라나서 사람노릇 잠깐동안 내라더니
눈 한번 감은 뒤엔 내가 또한 누구인가?

兒孫自有兒孫福 莫爲兒孫作馬牛
古來多少英雄漢 南北東西臥土泥
（順治皇帝出家詩）

자손은 제 스스로 제 살 복을 타고났으니
자손을 위한다고 말 소 노릇 그만하소
고래로 그 많고 많은 영웅들은
동서남북 사방에 한줌 흙이 되었구나.

來時歡喜去時悲 空在人間走一回
不如不來亦不去 也無歡喜也無悲
（順治皇帝出家詩）

올적엔 기쁘다고 갈적에는 슬프다고
속절없이 인간에 와서 한 바퀴 돌다 가는가
애당초 오지 않았으면 갈 일조차 없었으리니!
기쁨이 없었는데 슬픔인들 있을손가.

每日清閑自家知　紅塵世界苦相離
口中吃的清和味　身上願被百衲衣
(順治皇帝出家詩)

날마다 한가로움 내 스스로 알 것이라
이 풍진 세상 속에 온갖 고통 여읠세라
입으로 맛들임은 시원한 선열미라
몸 위에 입는 것은 누더기 한 벌 원이로다

五湖四海爲上客　逍遙佛殿任君棲
莫道出家容易得　昔年累代重根基
(順治皇帝出家詩)

오호와 사해에서 자유로운 손님 되어
부처님 도량 안에 마음대로 노닐세라

출가하는 일 쉽다고 말하지 마소
숙세에 쌓아 놓은 선근 없이 아니되네.

十八年來不自由 山河大戰幾時休
我今撤手歸山去 那管千愁與萬愁
(順治皇帝出家詩)

십 팔년 지나간 일 자유라곤 없었으니
강산을 뺏으려고 몇 번이나 싸웠던고?
내 이제 손을 털고 산속으로 돌아가니
만 가지 근심걱정 내 아랑곳할 것 없네.

百年世事三更夢 萬里江山一局碁
禹疏九州湯伐傑 秦吞六國漢登基
(順治皇帝出家詩)

백년의 세상일은 하루 밤의 꿈속이요
만리의 이 강산은 한판 노름 바둑이네
대우씨 구주를 긋고 탕임금 걸왕을 치네
진시황 육국을 먹자 한태조가 새 터를 닦네.

이 열 편의 게송은 順治皇帝 出家詩입니다. 순치황제는 淸나라 第三
代 世祖 황제입니다. 太宗의 아들로서 二代 太宗이 急逝한 관계로 六歲
의 어린 나이로 즉위하니 世祖 順治皇帝라고 합니다. 淸나라는 만주족
이 세운 나라입니다. 만주족은 통구스족의 일파로서 女眞族이라고도
합니다. 즉위 연대는 1643~1661년 18년간 통치한 황제로 전 중국을 통
일한 황제로 전해지고 있으며, 24세 짧은 나이로 죽은 걸로 되어 있습
니다. 순치황제가 짧은 나이에 죽었다고 하는 것은 出家하기 위한 방편
으로 그랬다는 겁니다.

순치황제에게는 後宮 董貴妃가 있었는데, 그 후궁을 얼마나 사랑했는
지 동귀비가 없으면 밥도 안 먹을 정도로 늘 곁에 있어야 했다는 겁니
다. 그런데 그 귀비가 일찍 죽게 되어 인생무상을 절감하고 출가를 했
다는 겁니다. 나이 23세 때 출가를 결심하고 8세된 아들 康熙에게 왕위
를 양위하고 은밀하게 죽었다고 하여 상여를 궐문 밖으로 나가게 하여
葬地에서 出家하게 됩니다. 그래서 24세 나이로 죽었다고 선포를 하게
된 겁니다.

중국천하를 통일하다 보니 처참한 살생을 많이 했을 겁니다. 出家詩
의 전반적인 詩情이 無常을 切感한 詩들로 되어있습니다. 句句節節이
無常을 痛感한 詩들 아닙니까? 그는 청나라를 통치하는 기간에 剃頭辮
髮令과 易服剃髮令을 내리게 됩니다. 청나라 때의 머리 스타일과 복식
문화에 대한 법령을 내리게 됩니다. 사방의 머리를 빡빡 깎고 머리 꼭
대기에 동전만큼 남겨 놓은 머리입니다. 그런 머리를 金錢鼠尾라고 합

니다. 원래 漢族의 머리는 束髮別簪인 머리입니다. 머리를 묶고 비녀를 꽂는 머리인데 만주족이 청나라를 세우면서 만주족 머리 스타일로 바꾸라는 겁니다. 요새 말로 하면 文化侵奪 政策입니다.

우리나라도 그랬습니다. 日政때 斷髮令 말입니다. 똑같습니다. 그때 청나라에서는 留頭不留髮 有髮不留頭라는 强硬策을 쓴 겁니다.

"머리를 온전히 하려면 머리카락을 남기지 말라."

머리카락을 남기면 머리는 온전할 수가 없습니다. 즉 죽인다는 겁니다. 漢族의 문화풍습을 말살하려는 정책이었습니다. 그런 현실정책 속에서 무슨 삶의 보람이 있었겠습니까? 순치황제는 빨리 깨달은 겁니다. 그래서 살아서는 출가할 수가 없어서 죽음을 빙자한 장례식을 치른 후 葬地에서 五臺山으로 출가하게 됩니다.

句句節節이 마음에 꽂히는 偈頌들입니다. 황제의 자리를 박차고 출가한다는 것, 쉽지 않습니다. 그 자리가 어떤 자리입니까? 사돈 팔촌이 무슨 자리에 있으면 목에 힘을 주는 세태 아닙니까? 그런 황제자리를 팽개치고 겨우 24세 나이로 출가를 한 겁니다. 善根이 있는 皇帝입니다. 偈頌에서도 西天衲子였다고 하지 않았습니까? 宿命通이 열린 겁니다. 新羅 法興王도 王妃와 함께 출가했습니다.

僧侶라는 僧字가 그렇습니다. '사람 人'변에 '일찍曾' 字입니다. 사람 중에 좀 일찍 된 사람이란 뜻입니다. 이런 글자는 會意文字입니다. 불교가 중국에 전해진 뒤에 만들어진 글자들입니다. 사람 중에 좀 일찍 깬 사람이 스님이란 겁니다.

그런 사람들의 게송을 볼 수 있는 인연이 된 것만으로도 福입니다. 그

복으로 만족 마시고 수행의 밑거름으로 삼는다면 얼마나 다행한 일입니까? 순치황제는 백년 삼만육천일이 승가생활 반나절만도 못하다 했습니다.

요연 비구니 오도송

盡日尋春不見春 芒鞋踏破籠頭雲
歸來隅過梅花下 春在枝頭已十方
(了然 比丘尼 悟道頌)

하루 종일 봄을 찾았으나 봄은 찾지 못하고
이산 저산 헤맨다고 짚신만 다 떨어졌네,
지쳐 돌아와 뜰 모퉁이 매화나무를 보니
봄은 가지마다 이미 와있네.

이 게송은 了然 比丘尼의 悟道頌입니다.

요연 비구니에 대한 문헌은 자세하지 않습니다. 그래서 중국 人名辭典를 보니, 宋時了然이란 이름이 나옵니다. 그 요연이 이 게송 요연이 아닌가 합니다. 號는 志涌이라고 하고 台州 白蓮寺로 出家했고 二十年間 天台敎學을 講演했다고 하니, 이 게송 내용으로 보아서 틀림없는 了然이라고 봅니다.

預知終期라고 辭典에 써있습니다.

죽은 날을 미리 알았다는 말입니다. 臨終偈도 있다고 하니 틀림없는 깨친 비구니입니다.

게송 一句와 二句를 보면 了然 比丘尼의 修行像을 표현 것 같습니다.

봄을 찾아 이산 저산 헤맸으나 짚신만 다 떨어지고 봄은 찾지도 못하고 몸은 만신창이가 되었다고 했습니다.

이 수행 저 수행 다 해 보았다는 말입니다.

三句는 집에 돌아와 뜰 모퉁이 매화를 보았다고 했습니다.

매화는 自性에 비유한 것이고, 매화꽃은 見性成佛에 비유한 말입니다.

禪詩는 깨달은 자의 소리입니다.

三昧의 채로 걸러진 참말입니다.

뼈를 깎는 修行의 結晶體가 悟道頌입니다.

禪詩는 各其 表現은 달라도 그 맛은 한결같습니다. 그래서 禪師들의 禪詩는 오늘도 우리의 가슴을 울립니다. 이 悟道頌도 많이 愛誦하는 偈

頌 中의 하나입니다.

　보조스님은 마음을 밖에서 찾지 말라 했습니다. 이 게송과 같은 뜻입니다.

　봄을 찾는 걸 마음 찾는 공부에 비유한 요연 비구니의 오도송이 참 멋스럽지 않습니까?

둔암조주선사 전법게

佳人睡起懶梳頭 把得金釵揷便休
大體還他肌骨好 不塗紅粉也風流
(遯庵祖珠禪師 傳法偈)

아름다운 사람 잠에서 일어나 머리 빗는데
금비녀 잡아꽂는 것도 문득 쉬었네,
대체로 기골이 잘난 사람은
분단장 아니해도 풍류스럽다네.

| 해설 |

이 게송은 傳法偈입니다. 전법게는 스승이 제자에게 法을 전할 때 준 게송입니다. 법을 전하는데 법의 내용은 없고 風流만 논하고 있으니 좀 이상한 듯한 전법게로 보일 것입니다.

그러나 그렇지를 않습니다. 詩情 전체에 흐르는 風이 馬祖 家風의 냄새가 물씬 풍기는 禪詩입니다. 그런 걸 읽어 내는 게 禪詩를 보는 眼目입니다. 글자 字句나 해석하면 아무 意味가 없습니다.

中國 禪 佛敎는 唐宋 때 思想的으로 春秋全國時代였습니다. 만화방창한 禪의 黃金期였습니다. 살아서 펄펄뛰는 역동성, 부처도 죽이고 조사도 죽이는 파격성, 아주 작은 일에도 깨달음의 계기로 삼는 禪의 현실성, 平常心이 道라고 하는 평범성, 百尺竿頭에서 발을 내딛는 치열함이 中國 禪이었습니다. 각자 나름대로 그 토양에 맞는 禪佛敎를 꽃피웠던 겁니다.

이 전법게는 女人의 日常을 그린 듯하지만 그렇지가 않습니다. 馬祖 家風의 냄새가 난다고 했지 않습니까?

中國 禪宗을 보면 風字가 많습니다. 風字는 바람 풍자입니다. 무슨 家風이니, 宗旨 宗風이니, 禪風이니, 風字가 많이 나옵니다. 五宗 家風도 風字입니다. 風字를 말하다 보니, 漢字를 말하지 않을 수가 없습니다.

漢字는 象形文字라고 하지 않습니까?

그런데 그게 잘못 알고 있는 겁니다. 甲骨文에 보면 상형문자가 더러 나오지만 漢字 五萬八千字 中에 상형문자는 5%밖에 안되고 나머지 95%는 會意文字입니다.

왜 이렇게 風字를 따지냐 하면 禪詩를 解釋하려니까 그렇습니다. 禪師의 意中을 읽어 내야 하니까요. 간단치를 않습니다. 平生 공부한 살림살이를 28字에 濃縮한 것이 傳法偈 아닙니까? 그래서 간단치를 않습니다.

이 전법게는 마조가풍의 냄새가 난다고 했죠?

마조스님은 평상심이 도라는 겁니다.

배고프면 먹는 게 도이고, 피곤하면 자는 게 도라는 겁니다.

道라는 걸 무슨 특별한 걸로 보지 않았습니다. 일상 그대로가 도라고 본 겁니다. 그래서 觸目皆眞이고 立處皆眞이라고 했습니다. 이것이 마조스님의 宗風 家風입니다. 눈에 보이는 것 모두가 다 참이고 眞理라는 겁니다. 서 있는 그 행동 그것이 부처님 행이라는 겁니다.

風字는 平常心이 道라는 風字입니다. 그게 마조 가풍입니다.

德山스님은 棒(방)이 家風입니다.

臨濟스님은 喝(할)이 家風입니다.

이렇게 眞理를 보는 眼目에 따라 각기 다르게 표현을 쓴 것이 禪詩입니다.

이 전법게에서 말하는 佳人은 아름다운 女人이 아니라 깨달은 선사를 말한 겁니다. 그분이 바로 돈암선사입니다. 당신 살림살이를 표현한 겁니다. 有爲的 삶이 아니라, 無爲的 삶을 노래한 겁니다.

"아름다운 사람은 잠에서 일어나 머리를 빗는데, 비녀 꽂는 것도 쉬었다"는 겁니다.

왜냐구요?

기골이 잘난 사람이니까요?

기골이 잘났다는 것은 무엇을 말합니까?

그건 도를 이미 깨달은 사람이란 뜻입니다.

그분이 누굽니까?

"나 돈암"이란 뜻입니다.

그러니 "분단장 아니 해도 멋스럽다" 이겁니다.

멋은 풍류 아닙니까?

꾸미지 않는 게 멋입니다.

자연 그대로가 멋이죠?

깨달음 그대로 사는 게 道라는 말입니다.

억지 부릴 필요가 없다 이겁니다.

平常心 밖에서 道 찾지 말라 이겁니다.

잠 오면 자고, 배고프면 먹으라는 겁니다.

佛法은 無爲法이지 有爲가 아니니까요.

억지로 살지 말라 이겁니다.

이 전법게는 평상심 이대로가 道라는 것을 說破한 禪詩입니다. 道라 하면 뭔가 다르지 않겠나 하는 分別 差別心을 버리게 하는 禪詩입니다. 禪詩는 말속에 담긴 말을 찾는 게 禪詩를 보는 眼目입니다.

혹여 잘못 봤으면 한수 부탁합니다.

나옹화상 게송

阿彌陀佛在何方 着得心頭切莫忘
念到念窮無念處 六門常放紫金光
(懶翁和尚偈)

아미타불 계신 곳 어디인가?
마음속에 붙들어 간절히 잊지 말고
생각하고 생각해 생각 없는 곳 다다르면
보고 듣는 육문 중에 금색 광명 발하리라.

나옹화상

| 해설 |

이 게송은 나옹선사의 게송이라고도 하고, 나옹선사 누님의 게송이라고도 합니다.

나옹선사는 고려 공민왕 때 王師이십니다. 나옹선사는 중국 法源寺 指空和尚을 친견하고 平山處林의 法을 이어 받았습니다. 10년간 중국 廣濟寺에 계시면서 開堂說法을 하셨습니다. 평산처림은 臨濟宗 양기파 스님입니다.

外國僧이 開堂 說法을 할 정도면 나옹선사의 면모는 보나마나입니다. 나옹선사는 평생을 화두로 사셨다고 합니다. 悟寐一如 熟眠一如에 대해서도 "마치 굶주린 개가 팔팔 끓은 가마솥을 핥듯 하라" 하셨습니다.

그런 나옹선사께 누님 한분이 계셨습니다. 그런데 왕사인 동생 스님을 믿고 불법 수행을 하지 않았습니다.

그래서 하루는 점심공양 시간에 누님이 온 걸 보고도 본체만체하였습니다.

그 누님이 얼마나 서운했는지 따졌습니다.

"이럴 수가 있소? 스님! 누님을 보고도 인사는커녕 공양하라는 말도 없으니 너무 섭섭합니다."

나옹화상, 그 말씀을 듣고 "아니 아까 점심공양 드셨지 않았습니까?" 하니,

"언제요? 언제 점심공양 줬습니까?"

"제가 먹었잖습니까?"

"스님이 먹었는데 왜? 내 배가 부릅니까?"

"내 배가 부르면 누님 배도 부른 줄 알았습니다."

그 말에 나옹선사 누님은 깨닫고 나옹선사가 일러준 대로 열심히 아미타불을 부르게 되었다는 겁니다. 이 일화로 보면 문헌적 고증은 없지만, 이 게송은 나옹선사 누님의 게송이 틀림없습니다. 동생만 믿고 염불수행을 하지 않는 누님을 경책했다는 내용과 일치하기 때문입니다. 게송의 전체 흐름으로 보면 염불삼매를 얻는 내용입니다. 만약 누님의 게송이라면 대단한 게송입니다.

야부선사 게송

山堂夜靜坐無言 寂寂寥寥本自然
何事西風動林野 一聲寒雁淚長天
(冶父頌)

깊은 밤 절에 말없이 앉았으니
고요하고 적요함 본래 자연 그대로네
그런데 무슨 일로 서풍은 수풀을 흔드는고?
한 소리 찬 기러기 장천을 울고 가네.

千尺絲綸直下垂 一波纔動萬波隨
夜靜水寒魚不食 滿船空載月明歸
(冶父頌)

천길 낚시 줄 곧 바로 내렸는데
한 파도 일자 만파도 출렁이네
밤 깊어 물도 찬데 고기는 물지 않고
달빛만 가득 싣고 빈 배만 돌아가네.

| 해설 |

이 두 게송은 冶父스님 게송입니다.

冶父道川禪師는 生沒年代가 확실하지 않습니다. 금강경 五家解에 보면 禪智가 번뜩입니다. 간단명료한 禪詩로 금강경을 會通치고 있습니다. 五燈會元 五燈嚴總等에는 無爲軍冶父라고 했습니다. 실제 姓은 狄氏이고 이름은 三입니다. 軍의 弓手로 있다가 東齊謙 首座의 法化를 받고 參禪을 익히다가 出家하여 淨團繼成禪師의 認可를 받았습니다.

야부송은 僧俗을 막론하고 널리 애송 되고 있습니다. 詩情이 매끄럽고 간결함이 深山 속에 옹달샘 맛입니다. 읊으면 읊을 수록 감미롭습니다.

앞의 송은 금강경 莊嚴淨土分의 頌입니다. 應無所住以生其心이 莊嚴

淨土分의 核心입니다. 山寺의 정경과 금강경 핵심을 드러낸 禪詩입니다.

뒤에 한 송도 역시 금강경 오가해 知見不生分에 나오는 게송입니다.

야부스님 게송은 偈頌中에 白眉頌입니다. 큰스님들의 法門에 단골 메뉴송입니다. 그만큼 애송되는 게송입니다.

선시는 선사의 宗風 道格에 따라 다릅니다. 어떤 선시는 美하고 어떤 것은 淸하고, 어떤 것은 巍하고 어떤 것은 孤하고, 또는 眞하고 純하고 怪한 것도 있습니다. 나름대로 격조와 품격을 지니고 있다. 이 게송은 知見不生分의 게송입니다.

知見은 衆生見의 四見을 말합니다. 我見 人見 衆生見 壽者見입니다. 경의 핵심 뜻은 四見을 내지 말라는 것입니다.

이 게송 말구에 "달빛만 가득 싣고 빈 배로 돌아가네"가 경의 뜻과 부합됩니다. 고깃배는 고기를 싣고 가야합니다. 그런데 달빛만 가득 싣고 빈 배로 갑니다. 거기에 깊은 뜻이 함축되어있습니다. 배는 가는데 어부는 보이지 않고 달빛만 가득 싣고갑니다. 어부니, 배니, 강이니, 달이니, 따지면 벌써 틀린 소리입니다. 경의 뜻과 대비해 보면 게송의 뜻이 확 드러납니다. 역시 야부스님답습니다.

참 좋지 않은가요? 한 평생 공부해서 이런 게송 하나쯤 지어보는 것도 멋진 삶이 아니겠습니까? 참 좋습니다!

굉지선사 전법게

假使頂戴經塵劫 身爲床座遍三千
若不傳法度衆生 畢竟無能報恩者
(宏智禪師 傳法偈)

가사 경을 머리에 이고 진겁을 지나고
몸이 상이 되어 삼천 대천 세계를 두루 한다 해도
만일 법을 권해 중생을 제도하지 않는다면
필경에는 은혜를 갚는 자가 아니다.

굉지선사

이 게송도 傳法偈입니다. 傳法偈는 師資相承時에 주는 게송입니다. 굉지선사가 그의 제자에게 준 게송이지만, 불자 누구에게나 준 게송으로 보면 됩니다. 傳法度生의 가르침입니다.

불자라면 누구나 부처님 은혜를 갚아야 합니다. 만약 부처님이 안 계셨더라면 우리 중생들은 지금도 無明 속에 살고 있지 않겠습니까? 얼마나 답답한 삶이겠습니까? 칠흙 같은 캄캄한 어둠 속에 헤매고 있으니 말입니다. 그 어둠을 밝혀준 빛이 부처님 가르침 아닙니까? 그 가르침의 은혜에 보답하라고 한 것이 굉지선사의 전법게입니다.

절에도 요즈음은 법회도 많지만 삼사십년 전만해도 법회 보는 절이 그리 많지 않았습니다. 부처님 경전은 스님들이나 보았고, 일반 불자는 법당에 가서 절이나 하고, 내 아들 내 식솔 잘되게 해달라고 빌고 오면 그만이었습니다. 평생 절에 다녀도 "불교가 무엇이냐?"고 물으면 대답을 못했습니다. 그런데 지금은 사찰마다 교양대학 과정을 두어 교리강좌 법회를 하지 않습니까? 얼마나 다행한 일입니까?

불자라면 부처님 가르침을 남에게도 傳法해야 합니다. 그래야만 부처님 은혜에 보답하는 길입니다. 그것을 굉지선사가 제자에게 준 게송이지만 우리 불자 모두에게 준 게송으로 보면 됩니다. 그래야 불교가 발전할 게 아닙니까?

우리 불자님들은 오늘부터 傳法하십시오. 부처님 가르침 따라 한 불자님 마다 10명씩 傳法하십시오. 傳法度生만이 佛國淨土를 만들 수가 있습니다. 傳法의 願力을 세워 부처님 은혜에 보답합시다.

태고보우선사 오도송

一亦不得虛 踏破家中石
回看沒破跡 看者亦已寂
了了圓妥妥 玄玄光朔朔
佛祖與山河 無口悉吞剋
(太古普雨禪師 悟道頌 1)

하나도 얻는 것 없는 곳에서
집안 돌 모두 밟았네,
돌아보면 밟을 자취도 없고
본다는 것도 이미 고요 하여라

태고보우선사

분명하고 둥글어 한 곳으로 치우치지 않는데
그윽하여 광명은 빛나네,
부처와 조사 그리고 산하까지도
입 없이 모두 삼켜 버렸네.

趙州古佛路 坐斷千聖路
吹毛覿面提 通身無孔竅
狐兎絶潛蹤 翻身獅子露
打破牢關後 淸風吹太古
（太古普雨禪師 悟道頌 2）

조주에 사는 옛날의 조사
앉은 채 천성의 길 끊었네,
칼날을 바로 눈앞에 대어도
온몸엔 하나의 구멍도 없네,
여우와 토끼도 자취 감춘 듯
문득 뛰어드는 사자 한 마리
철벽같은 그 관문 때려부수니
맑은 바람 태고 적 부는 그 바람.

古澗寒泉水 一口飮卽吐
却流波波上 趙州眉目露
(太古普雨 示贈蔡中庵)

옛 시내 흐르는 차가운 물을
한입에 마시다 이내 뱉으니
도리어 출렁이는 그 물결 위에
미목도 완연해라 조주의 모습.

人生命若水泡空 八十餘年春夢中
臨終如今放皮囊 一輪紅日下西峰
(太古普雨 涅槃頌)

사람 목숨 허무해라 물거품 같아
팔십년 한 평생이 봄꿈 같구나
인연 다해 가죽푸대 버리는 이 날
한 덩이 붉은 해 서산에 지네.

白雲雲裏靑山重 靑山山中白雲多
日與雲山長作伴 安身無處不爲家

（太古普雨 雲山偈）

흰 구름 구름 속에 푸른 산 거듭 있고
푸른 산, 산 가운데 흰 구름도 많구나
해와 구름과 산은 오랜 친구여서
너희가 내 집이라 내 몸이 편안구나.

| 해설 |

이 게송은 太古普雨禪師의 悟道頌과 涅槃頌 等等 게송입니다.

태고보우선사는 高麗末期 高僧입니다. 고려 공민왕의 王師와 國師를
하셨으며 1346년에는 元나라에 가서 湖州 天湖庵에 주석하는 石屋淸
珙의 法을 받아서 돌아옵니다. 1348년에 귀국하여 王師로 있다가 신돈
이 죽자 國師가 된 겁니다.

悟道頌이 두 개가 나옵니다. 첫 번째 오도송은 話頭 '萬法歸一'을 참
구하다 깨달은 오도송이고, 두 번째 오도송은 '趙州 無字' 話頭를 들다
가 豁然大悟한 게송입니다. 그래서 오도송이 두 개입니다.

선사가 無字 話頭를 깨달았을 때는 蔡中庵이라는 居士가 자기 집 북
쪽에 栴檀園에 국사를 초청하여 주석하게 하였는데, 이곳에서 겨울을
나면서 확철대오 했다는 겁니다. 그래서 깨달은 후 오도송이 趙州古佛
老입니다.

古澗寒泉水는 蔡中庵居士에게 悟後 경계를 게송으로 表現한 겁니다.

오도송도 오도송이지만 거사에게 준 게송이 白眉 아닙니까?

"옛 시내 흐르는 차거운 물을

한 입에 마시다 이내 뱉었네,"

기가 막히지 않습니까? 옛 시내 흐르는 차거운 물은 뭘 뜻합니까? 諸
佛祖師의 傳承된 깨달음을 말한 겁니다. 그 전승된 깨달음도 한 입에
마시다가 이내 뱉었다는 겁니다. 이건 뭘 뜻합니까? 깨달음에 집착하지
말라는 겁니다. 깨달았다 하는 것도 하나의 집착입니다.

뱉어놓고 보니

"도리어 출렁이는 물위에

미목도 완연해라 조주의 모습."

정말 기가 막힙니다. 이런 것을 波前水後의 소식이란 겁니다. 파도 치
는 그 속에서 조주선사 면목이 완연하다는 겁니다. 이건 철두철미하게
깨친 자의 소리입니다. 그래서 國師, 王師도 하신 겁니다. 안목이 없으
면 국사, 왕사 못합니다. 眼目은 智慧의 눈입니다. 智慧의 눈은 佛眼입
니다.

"입에서 뱉은 물이 파도를 쳐도 조주의 모습이 완연하다"는 건 당신
의 내면을 말한 겁니다. 念念이 菩提라는 겁니다. 조주는 覺을 상징한
겁니다.

나는 이 게송을 보고 춤을 덩실덩실 추었습니다. 하도 좋아서 춤을 추
었습니다. 이런 게송은 아무나 흉내를 못 냅니다. 깨침의 노래라 그렇습
니다. 이런 게송은 읽기만 해도 흥이 나고 밥을 안 먹어도 배가 부릅니

다.

태고보우선사는 임제종 법맥을 잇는 분입니다. 우리나라에서는 初祖가 됩니다. 조계종단에서도 初祖가 되고, 태고종단에서도 初祖로 모시고 있습니다. 석옥청공선사가 임제종 법맥을 잇는 분이니까 당연한 겁니다.

태고보우선사는 중국에 있을 때 중국 황제를 위한 開堂說法을 했다고 하니 얼마나 큰스님인가는 알 수가 있습니다. 타국에서 온 스님이 황제를 위해 궁중 설법을 했으니 말입니다. 대단하지 않습니까?

중국에 가신 것도 수행하기 위해서 간 것이 아닙니다. 깨닫고 나서 認可만 석옥청공선사에게서 받았습니다. 석옥 청공선사도 '萬法歸一' 話頭를 參究했다고 합니다. 우연의 일치일까요? 인연이 묘하지 않습니까?

태고보우선사는 저서로는 太古和尙語錄 2권과 太古遺音 6冊이 있습니다. 그리고 太古庵歌가 유명합니다. 태고암가는 증도가나 마찬가지입니다. 혼자만 알고 있기에는 너무 아까워서 소개한 겁니다. 많이들 보시고 전하십시오.

청허휴정선사 오도송

髮白非心白 古人曾漏泄
今日一聲鷄 丈夫能畢事
(清虛休靜禪師 悟道頌)

머리는 희여 저도 마음은 희여지지 않네,
옛 사람 일찍이 말 했었네,
이제 닭 울음소리 한번 듣고
대장부 할 일 다 마쳤네.

청허휴정선사

踏雪野中去 不須胡亂行
今日我行跡 遂作後人程
(淸虛休靜禪師 踏雪偈)

눈 덮인 들녘을 걷는 사람아
행여 그 걸음 함부로 걷지 말라
오늘 그대가 남긴 발자취
언젠가 뒷사람의 길이 되리니.

萬國都城如蟻垤 千家豪傑若醯鷄
一窓明月淸虛枕 無限松風韻不齊
(淸虛禪師 詩)

만국의 서울 집은 모래밭에 개미집 같고
일천 집 속 영웅호걸도 초병 속의 흰 날벌레 같네,
한 창문에 비치는 밝은 달 베개로 하니
한없는 솔바람 소리는 천만가지 음악 소리 같구나.

瀟湘一枝竹 聖主筆端生
山僧香熟處 葉葉帶秋聲

(清虛休靜 禪詩)

소상강 반죽 한 가지가
임금님 붓 끝에서 생겨났도다.
산에 사는 중 향기 익은 곳에
잎마다 가을 소리 띠었도다.

葉自毫端出 根非地面生
月來無見影 風吹不聞聲
(宣祖王 和答偈)

잎은 털끝에서 생겨났고
뿌리는 땅에서 생긴 것 아니로다.
달이 떠도 그림자 볼 수 없고
바람 불건만은 소리는 들을 수 없네.

生也一片浮雲起 死也一片浮雲滅
浮雲自體本無實 生死去來亦如然
(清虛休靜禪師 涅槃偈)

삶이란 한 조각구름이 일어남이요,
죽음이란 한 조각구름이 스러짐이네,
구름이란 본시 실체가 없는 것,
살고 죽고 오고 감이 그와 같도다.

千計萬思量 紅爐一點雪
泥牛水上行 大地虛空裂
(清虛休靜禪師 涅槃頌)

천 가지 만 가지 생각은
붉은 화로 위에 한 점의 눈이로다
진흙 소는 물위를 걸어 가는데
대지와 허공이 찢어지도다.

八十年前渠是我 八十年後我是渠
(清虛休靜 幀畵偈)

팔십 년전 에는 네가 나이더니
팔십년 뒤에는 내가 너이로구나.

❘ 열반게송 ❘

여보게 친구!

살아 있는 게 뭔가?

숨 한번 들어 마시고 마신 숨 다시 뱉어 내고

가졌다 버렸다 버렸다 가졌다

그게 바로 살아있는 증표 아니던가?

그러다 어느 순간 들어 마신 숨 내 쉬지 못하면

그게 바로 죽는 것이지

어느 누가 그 값을 내라고도 하지 않는 공기 한 모금도

가졌던 것 버릴 줄 모르면

그게 곧 저승 가는 것 인줄 뻔히 알면서

어찌 그렇게 이것도 내 것 저것도 내 것

모두다 내 것인양 움켜쥐려고만 하시는가?

아무리 많이 가져도 저승길 가는 데는

티끌 하나도 못 가지고 가는 법이니

쓸 만큼 쓰고 남은 것은 버릴 줄도 아시게나

자네가 움켜 쥔 게 웬 만큼 대거들랑

자네보다 더 아쉬운 사람에게 자네 것 좀 나눠주고

그들의 마음 밭에 자네 추억 씨앗 뿌려

사람사람 마음속에 향기로운 꽃 피우면

천국이 따로 없네 극락이 따로 없다네,

생이란 한 조각 뜬 구름이 일어남이요

죽음이란 한 조각 뜬 구름이 사라짐이라

뜬 구름 자체가 본래 실체가 없는 것이니

나고 죽고 오고감이 역시 그와 같다네.

| 해설 |

이 게송들은 淸虛休靜禪師의 悟道頌과 涅槃頌 等입니다.

청허선사는 서산 대사라고도 합니다. 이조 오백년은 崇儒排佛 政策을 썼지 않습니까? 승려는 서울 장안 四大門 안으로는 出入도 못했습니다. 만약 都城 出入 時에는 殺僧 無罪라 스님을 죽여도 죄가 안된다는 겁니다. 얼마나 살벌했겠습니까?

선조 대왕과의 送偈 和答偈는 金剛山 香爐峰에서 지은 게송입니다. 江原 監使가 보고 聖主(임금)에 대한 不忠이라고 서울로 압송한 겁니다. 문제 될 게 없는 詩인데 생트집을 잡는 겁니다. 長安 大闕을 개미집 같다고 해서입니다. 영웅호걸이 초병 속의 날벌레 같다고 士大夫 양반들을 侮辱했다는 겁니다. 그러니 조정 대신들은 벌떼처럼 일어나 極刑 斬首 하라는 겁니다. 정치하는 사람들 작태가 예나 지금이나 똑같습니다.

이 詩의 一, 二句는 諸行無常을 노래한 겁니다.

초병 속 날벌레 보셨습니까? 그게 無常 벌레입니다. 아침에 생겼다가 저녁에 죽습니다. 인생 백년 긴 것 같아도 눈 깜박할 찰나입니다. 오십 보, 백보 그것이 그겁니다.

三, 四, 句는 西山大師 自身의 日常事를 말한 겁니다.

"창에 비친 밝을 달로 베개를 삼는다" 했습니다. 그러니 솔바람은 그
대로 음악 아닙니까? 달도 어찌 하나의 달이겠습니까? 날마다 雅趣가
다른 달입니다. 솔바람도 바람 따라 소리도 천만 가지입니다. 이런 禪詩
를 생트집을 잡아 극형에 처하라고 했으니 기가 막힐 노릇 아닙니까?
힘없는 삶이 이렇습니다.

선조 대왕은 만조백관 앞에서 이렇게 말합니다.

"淸虛大師는 成均館에 있을 때 왕의 사위 부마도 마다하고 出家하여
門前乞食 苦行하는 스님인데, 都城 君臣들이 微物처럼 보인다는 말은
自矜心 慈悲心에서 나온 글이니 釋放하라"는 御命을 내렸다는 겁니다.

그리고 나서 永壽木에 대나무를 그려 주셨는데 生字와 聲字로 韻으
로 詩題를 주어 지은 詩가

"소상강 반죽 한 가지가 임금님 붓에서 나왔네, 산중에 사는 중 향기
익는 곳까지 잎마다 가을 소리를 띠었다"고 極讚詩를 지어 선조 대왕께
받치니, 선조 대왕의 和答詩가 "잎은 털럭 끝에서 나왔다"고 운운 한 겁
니다. 선조 대왕은 달라도 뭐가 좀 다르지 않습니까? 인품이 고결하신
분 같습니다. 특히 선조 대왕은 대나무를 잘 그렸다고 합니다. 詩도 때
를 잘못 만나면 이렇게 곤욕을 치릅니다. 만약 선조 대왕이 아니었다면
護國佛敎의 象徵인 淸虛禪師도 極刑을 당했지 않겠습니까? 임진왜란
때 스님은 나라를 위해 목숨을 걸고 승병을 진두지휘하신 분입니다. 그
런 분을 생트집을 잡았으니 기가 막힙니다.

그리고 오도송은 닭 우는 소리를 듣고 깨달았다고 합니다. 열반송은 두 개가 나옵니다. 좀 긴 열반송입니다.

스님께서는 열반에 들기 전에 위의 열반 송을 설하시고 "팔십년 전에는 저게 나이더니 팔십년 뒤에는 내가 저것인가?"하고 自像 幀畵에 글을 남겼다고 합니다. 도를 깨친 스님들은 이렇게 임종 때 여유만만 합니다. 법도 설하고 일생을 마무리 하는 열반송도 남기고 갑니다. 스님들의 열반송은 수행의 총결산입니다. 일생의 살림살이를 다 들어낸 것이 열반송입니다.

청허선사님은 禪家龜鑑과 珠玉 같은 많은 禪詩를 남기셨습니다. 踏雪偈를 보십시오.

청운거사 산정선미게(山情禪味偈)

春到靑山一樣春 三月花風萬山勳
千江有水一味水 秋潭月墮天一色
(靑雲居士 山情禪味偈)

봄이 청산에 오니 골짝 마다 한 가지 봄이요
삼월 춘풍이 부니 만산이 붉은 빛이로다
천강에 흐르는 물은 맛이 한 맛이요
가을 못에 달 비치니 천지가 한 빛이로다.

| 해설 |

靑雲 居士는 근래 우리나라 사람인 듯한데 자세한 것은 알 수가 없고 詩情이 華嚴經 一眞法界를 잘 표현한 듯해서 소개하게 됩니다. 또한 山情 禪味詩라고 명명한 것도 四季節中에 봄과 가을의 정경을 禪的 詩語로 담았기 때문에 붙인 이름입니다.

禪詩는 詩想에 따라 분류할 수가 있습니다. 같은 詩라고 해도 用途에 따라 달리 이름을 붙이기도 합니다. 禪的 분위기를 내는 禪味詩도 있고, 山中의 정서를 읊은 山情詩도 있고, 지난 일을 懷想하는 懷古詩도 있습니다. 離別할 때 읊은 送別詩도 있고, 구름처럼 떠도는 雲水詩도 있고, 스승이 제자에게 주는 傳法詩도 있습니다. 깨달은 자가 읊은 悟道頌도 있고, 臨終할 때 읊은 涅槃頌도 있습니다. 禪問答의 경지를 읊은 公案詩 등 그 格에 따라 여러 가지로 분류할 수가 있습니다.

靑雲 居士의 偈頌은 從體起用 攝用歸體를 잘 구성한 맛깔나는 禪詩입니다. 화엄경의 一眞法界 도리를 如實하게 드러낸 참 좋은 詩입니다.

"봄이 청산에 깃드니 골짝 마다 한 가지 봄빛이라"했습니다.

얼마나 멋집니까?

春色은 無高下하니 花枝自長短하고

啼鳥山花가 一樣春이로다.

봄빛은 높고 낮은 것도 없는데 꽃가지가 스스로 길고 짧네,

꽃 피고 새 우는 것이 한 가지 봄이라는 겁니다.

봄빛이 차별이 있습니까? 차별이 없죠? 그게 一眞法界 道理입니다.

화엄경의 一眞法界 말입니다.

"삼월 달 春風이 부니 만산이 붉은 빛이로다"는,

攝用歸體입니다. 삼월의 작용을 잡아서 붉은 빛 한 體로 돌아간 겁니다. 그것이 一眞法界입니다. 禪詩는 이래야 맛도 나고 뜻도 살고 그렇습니다.

"천강의 흐르는 물은 그 맛이 한 맛이라"했습니다.

똑같은 내용입니다. 표현하는 詩語만 다르지 禪理는 똑같습니다. 물이 흘러 바다에 가면 맛은 한 맛이란 말입니다. 틀림없는 말 아닙니까? 바닷물은 짠 맛 아닙니까? 동서남북 어느 쪽 바다 물이던지 다 짭니다. 그러니 한 맛입니다.

마지막 四句도 똑같은 말입니다.

"가을 못에 비친 달은 天地가 一色입니다."

한 빛깔이란 말입니다.

"못에 비친 달이 하늘에 달이고, 하늘에 뜬 달이 못에 비친 달이라네."

멋들어지지 않습니까? 天地가 同色이란 말입니다. 여기서 무슨 말이 필요합니까? 禪詩는 이렇게 지어야 뜻도 살고 맛도 납니다. 山情을 읊은 詩지만 禪理를 잘 드러낸 참 멋진 詩입니다. 밥을 안 먹어도 배부른 詩입니다. 많이 愛誦하십시오.

황벽선사 전법게

塵勞未脫事非常　緊把繩頭做一場
不是一番寒徹骨　爭得梅花撲鼻香
（黃檗禪師　傳法偈）

진로를 벗어나지 못하는 것 떳떳한 일 아니니
급히 승두를 잡아 한 바탕 지을지니
뼈에 사무치는 한파를 이겨내지 못한다면
어떻게 코끝을 자극하는 향기가 있겠는가?

황벽선사

| 해설 |

이 게송은 황벽선사의 전법게입니다. 나는 이 게송을 해인 강원에서 禪門을 배울 때 처음 알게 되었는데, 어찌나 간절하게 마음에 와닿는지 외우고 또 외우고 수행의 지침으로 삼을 정도로 애송한 게송입니다.

황벽선사는 唐나라때 高僧이고 臨濟禪師의 스승입니다. 한 시대를 걸출하게 풍미했던 大禪師입니다. 남겨진 법문으로는 宛陵錄이 있으며 이 완릉록은 그 유명한 裵休 居士가 황벽선사와 인연이 된 후 問答으로 엮어진 法門을 모아놓은 것입니다.

이 게송은 전법게라고 했으니 제자에게 법을 전할 때 준 게송입니다. 전법게 인 만큼 修行의 지침이 될 내용을 담고 있습니다.

一句를 보면 "진로를 벗어나지 못하는 것은 떳떳한 일이 못된다"고 했습니다.

出家 修行者는 修行의 目的이 見性成佛입니다. 그런데 맨날 그 모양 그 꼴로 산다면 兩家得罪입니다. 부모님께 효도 못해 죄이고, 부처님께는 成佛 못해서 죄입니다. 그러니 간절한 마음으로 한 바탕 끝장을 보란 말이 第二句頌입니다.

"긴히 繩頭(話頭)를 잡고 한 바탕 공부를 해 보라"는 말씀입니다.

공부하는 방법은 三句에 "梅花가 긴 三冬 寒波를 이겨내야 봄이 되면 雪中梅가 香氣를 온 천하에 뿜는다"는 것입니다.

이렇게 옛 선지식들은 입이 쓰도록 後學들을 지도하셨습니다. 이런 선지식을 만나는 것도 福中 福입니다. 선시를 외우는 목적은 지식을 축적하여 자랑하기 위한 것이 아닙니다. 修行하기 위해서입니다. 오늘도

달빛 아래서 뼈를 깎는 修行者의 모습이 많았으면 합니다. 황벽선사의
전법게 처럼.

태전선사 게송

十年不下祝融峰 觀色觀空卽色空
如何曹溪一滴水 肯墮紅蓮一葉中
（太顚禪師 偈）

십년간 축융산 아래 내려간 일 없고
색을 공으로 관해서 색이 곧 공이네
어찌 조계의 한 방울 물을
홍련의 한 잎에 적시겠는가?

태전선사

虛空刀杖雨我身 寸寸絶絶割我體
我若不渡生死海 終不離此菩提坐
(太顚禪師 詩)

허공 가득 창과 칼 비 내리 듯 퍼부어
이 몸이 조각조각 부서져 먼지가 되어도
나고 죽고 생사 바다 건너지 못 한다면
끝내 보리좌를 떠나지 않으리라.

｜해설｜

이 게송은 太顚禪師의 게송입니다.

태전선사는 唐나라 때 高僧입니다. 石頭禪師의 법을 잇는 분입니다. 이 게송이 나오게 된 것은 唐宋 八大家中 한 사람인 韓愈(韓退之) 때문입니다. 한퇴지는 불교를 몹시 싫어한 사람으로 나옵니다. 내력은 이렇습니다.

한퇴지가 불교를 싫어하게 된 것은 前生의 業 때문이랍니다. 한퇴지는 전생에 昌黎 땅에서 한 妓生이었답니다. 그래서 다음 생에는 男子로 태어나고자 절에 가서 불공을 드리는데 법당에 들어가 불공을 드리다 보니 탁자위에 轉女爲男이란 책이 있어서 아무도 모르게 가슴에 품고 집에 돌아와서 열심히 읽고 정성을 다했는데, 女子 몸 그대로이니까 불교를 비방하다가 죽어서 태어난 것이 한퇴지로 태어난 겁니다. 그래서 전생의 業報로 불교가 무조건 싫은 겁니다.

韓愈는 이름이고, 退之는 號입니다. 세상에는 한퇴지로 많이 알려졌습니다. 唐 헌종 元和 三十年에 황제가 안원문에 나아가 부처님 진신사리를 맞아 몸소 향을 사르고 頂禮를 하니 五色光明이 放光을 한 겁니다. 황제와 백관이 모두 보았는데 한퇴지만은 광명이 아니라고 佛骨表라는 上疏文을 올린 겁니다.

그래서 황제가 묻기를 "광명이 아니라면 무엇인가?" 하고 물으니, 한퇴지가 대답을 못하니까 潮州 땅으로 귀양을 가게 됩니다. 황제의 노여움을 사서 潮州 자사로 좌천되다 보니 불교에 대한 한퇴지 심사가 놀부 심보가 된 겁니다. 조주 고을에 부임하고 보니 그곳에는 태전선사가 큰 고승으로서 사부대중 불자들에게 흠모의 대상인지라 태전선사를 세 번이나 초청했으나 태전선사가 오지를 않으니까, 그 고을에서 이름난 紅蓮이란 妓生을 불러서 태전선사를 破戒시키고 오라는 任務를 준 겁입니다.

그래서 홍련이 태전선사가 사는 절로 가서 별의별 짓을 다 했으나 태전선사는 꿈쩍도 않으니 한퇴지와 약속한 날자가 다 되어서 어쩔 수 없이 이실직고를 합니다.

"큰스님 죽을죄를 지었습니다. 사실은 이 고을 자사가 큰스님을 파계시키라는 명령 때문에 이렇게 왔으나 빈손으로 가면 저의 목숨은 죽기로 하였습니다" 하니,

태전선사가 "걱정할 것 없습니다. 죽지 않게 해 줄 터이니 그 속치마나 이 앞에 펴라" 하고, 써준 것이 十年不下偈頌입니다. 그래서 홍련이

파계도 못시키고 써준 게송만 가지고 한퇴지 자사에게 가서 게송을 보여준 겁니다.

한퇴지가 그 게송을 보고 태전선사의 고매한 수행력에 감복하여 태전선사를 친견하게 됩니다.

한퇴지가 태전선사에게 법을 청하기를,

"省要處一句를 일러 주십시오?" 하니,

태전선사가 良久로 對處했습니다.

良久는 沈默입니다. 아무 말도 하지 않는 겁니다. 良久는 法門의 하나입니다. 上根機에게는 良久法門입니다. 우리나라 근래 선지식 중에 허 주스님도 양구법문을 잘 하셨습니다. 스님은 법문 할 때마다 양구법문을 했다고 합니다. 부처님도 外道들에게 가끔 양구법문을 했습니다.

태전선사가 말이 없으니 한퇴지가 당황을 했습니다.

그때 侍者로 있던 三平이 禪床을 세 번 칩니다.

태전선사가 시자 삼평에게 "뭣 하느냐?" 하니

삼평이 말하기를 "먼저 定으로 움직여 뒤에 智로 빼낸다"고 대답하자, 한퇴지가 그 말을 듣고 大悟했다는 겁니다.

삼평 시자는 그냥 시자가 아닙니다. 방아 다 찧어 놓은 쌀입니다. 擇米만 남은 쌀입니다.

한퇴지가 크게 깨달고 나서 排佛論者에서 護佛論者로 바뀝니다. 태전선사 道力에 感化가 된 겁니다. 그래서 나온 것이 위의 두 게송입니다.

수행자는 이래야 합니다. 태산 같이 장중함이 있어야 합니다. 묵직한 태산준령같이 무게가 있어야 합니다. 누가 부르면 촐랑대 봤자 남은 것은 없습니다.

한퇴지가 유명 해진 것은 賈島의 詩 때문이죠?

賈島는 한때 스님노릇을 했습니다. 법명은 無本이었는데, 詩를 잘 지었다고 합니다. 한퇴지와 가도는 詩 때문에 인연이 되었는데 가도가 鳥宿池邊樹 僧敲月下門이라는 詩를 지어놓고,

"새는 연못가 숲으로 자러오고,

스님은 달빛 아래 문을 민다(推)와 두드린다(敲)"

를 놓고 고민을 했다는 겁니다. 얼마나 고심을 했던지 길 한복판에 서서 깊은 생각에 잠겨 있다 보니 한퇴지 행차 길을 막고 말았습니다. 그러자 불호령이 떨어진 겁니다.

"어떤 놈이 감히 자사 행차 길을 막고 서 있느냐? 얼른 비켜서지 못하겠느냐?"

옥신각신 소란을 피우자, 한퇴지가 가도의 말을 듣고 "推字보다는 敲字가 났다"고 했다는 겁니다. 그래서 僧敲月下門詩가 된 겁니다.

이렇게 옛 詩人들은 한편의 詩를 써도 혼신을 다 한 겁니다. 하물며 禪詩는 말할 것도 없습니다. 三昧의 체로 걸러진 言語가 禪詩입니다.

한퇴지가 홍련기생을 시켜 태전선사를 파계시키려 했지만 그 유혹을 굳은 신심으로 멋지게 뿌리친 수행자의 면모를 보여준 태전선사의 禪詩를 소개했습니다.

진정문선사 무상게

削髮因雪滿刀 方知歲月不相饒 .
逃生脫死勤成佛 莫待明朝與後朝
(眞靜文禪師 無常偈)

머리 깎다 눈(雪)이 가득해 깜짝 놀랐네,
세월이 얼마 남지 않음을 바로 알았네,
생사를 벗어나고자 하거든 속히 부처가 되라
내일 모레 미루지 말고.

| 해설 |

이 게송은 진정문선사의 無常偈입니다.

선사가 하루는 삭발을 하는데 삭도에 잘려 나온 머리카락이 하얀 눈 같아 자기도 모르게 깜짝 놀랐다는 겁니다. 인생은 이렇듯 자기도 모르는 사이에 호호백발이 되고 어제는 청춘이었는데 오늘은 白髮老人이라, 어찌 무상한 것이 진정문선사만의 일이겠습니까?

나이 들면 눈에는 눈곱이 끼고 이빨은 다 빠지고 얼굴 주름은 쭈글쭈글 하고, 큰 소리도 귀에 들리지 않으니, 기력은 예전 같지 않아 두어 걸음 걷다가 쉬어야 하고, 거울 속에는 딴사람이 하나 있고, 해 놓은 일 하나 없는데 한 평생 되돌아보니 후회가 막급이라, 어찌 할꼬. 가는 인생 잡을 수도 없으니, 남는 게 한탄 한 숨뿐이네. 그렇습니다. 불교는 無常을 切感해야 공부 한다고 했습니다.

부처님이 하루는 물었습니다.

"비구들이여! 그대들은 사람 수명이 얼마나 된다고 보느냐?"

한 비구가 말했습니다.

"70세는 사니, 70세라고 할 수 있습니다."

"아니다."

"50세에 죽는 사람도 있으니, 50세라고 할 수 있습니다."

"그것도 아니다."

"그러면 10세에 죽는 사람도 있습니다. 그러니 10세라고 할 수 있습니다."

"아니다."

"그대들은 인생을 아직도 모르고 있구나!"

그러자 한 비구가 말하기를 "인생은 호흡 속에 있습니다." 그러자,

부처님께서는 "그대는 참으로 인생 무상을 잘 알고 있구나!" 하셨다고 합니다.

그렇습니다. 우리 인생의 수명은 들어간 숨 나오지 못하면 끝입니다. 또 나간 숨 들어오지 못해도 끝입니다. 사람 목숨은 긴 것 같아도 한 호흡 속에 이승과 저승이 나누어져 있습니다. 그래서 부처님께서는 人命在呼吸이라 했습니다.

草露人生이라 하지 않습니까? 풀잎에 맺힌 아침 이슬 같다는 말입니다. 햇살이 뜨면 바로 없어지는 아침 이슬 같은 것이 우리 인생입니다. 그런데 천년만년 살 것 같이 아등바등 설쳐되니 얼마나 어리석은 짓입니까?

이 게송도 무상을 절감하고 있습니다. 오늘 내일 미루지 말고 공부하라는 警策詩입니다.

命不在歲라, 사람 목숨은 나이에 있지 않다는 말입니다. 젊다고 그 젊음 얼마나 가겠습니까? 하루아침 이슬이라 했습니다. 그러니 헛눈 팔지 말고 바른 수행합시다. 부처 되는 그 길로 바로 갑시다. 사람 수명은 호흡 속에 있습니다.

신찬선사 게송

空門不肯出 投窓也大癡
百年鑽古紙 何日出頭期
(神贊禪師 喩偈)

열린 문으로 나가지 않고
창만 두드리는 어리석음이여!
백년을 뚫고 뚫는다 해도
어느 날에 나갈 수가 있겠는가?

好好法堂 佛無靈驗
佛雖不靈 常放光明
（神贊沐浴愈偈）

좋고 좋은 법당이여!
부처가 영험이 없구나.
부처가 영험하지 않으나
항상 광명은 발하는구나.

| 해설 |

이 偈頌은 신찬선사의 게송입니다.

신찬스님은 중국 북주 고령사로 출가를 했습니다. 戒賢스님은 그 절의 講師스님이었는데, 신찬스님이 傳講을 받을 것을 바랬으나 신찬스님은 강원 공부를 마치고 禪院에 가겠다고 하직 인사를 올리고 떠난지 三年만에 고령사로 돌아왔습니다.

돌아온 제자를 불러놓고 계현스님은 이것저것 물어 보았습니다.

"그대는 무엇을 얻어 왔는가?"

"本來無一物인데 무엇을 얻을 것이 있겠습니까?"

계현스님은 뜻도 모르고 나무랬습니다.

"삼년간 통 소식이 없더니만 허송세월만 보냈구나" 하고 허드렛일을 시켰습니다. 불을 때라, 물을 길러라, 밭에 채소를 가꾸라, 목욕물 데워라, 내 등 때 밀어라, 절집 잡일을 막 부렸습니다. 신찬스님은 은사스님이 시키니까 아무 불평 없이 일을 했습니다.

그런데 하루는 계현스님이 부처님 경전을 창쪽에서 읽고 있었습니다. 그때 마침 벌 한 마리가 방에 들어왔다가 밖으로 나가려고 창호지 문을 두들겨 박았습니다.

그걸 보고 신찬선사가 "백년 동안 뚫고 뚫는다 해도 어느 날에나 나갈 수 있겠는가?" 하고 게송을 읊었습니다.

계현스님이 듣고 보니 벌을 比喩한 게송이지만 꼭 자기를 두고 한 말 같았습니다. 그런데 그날 "목욕물을 데워라" 하고 신찬스님에게 등을 밀어달라고 했습니다.

신찬스님이 계현스님 등을 밀면서 읊은 게송이 "好好法堂이여! 부처가 영험이 없구나"입니다.

신찬의 말을 듣고 보니, 뭔가 좀 다른 데가 있는 것 같아 뒤를 돌아보았습니다.

그러자 신찬스님이 "부처는 영험이 없으나 방광은 하는구나" 했습니다.

계현스님이 물었습니다.

"그대가 삼년간 무슨 공부를 했는가?"

"저는 삼년간 百丈禪師 門下에서 공부를 하여 佛法의 要旨를 깨달았습니다. 그래서 이렇게 돌아 왔습니다" 하니,

바로 계현스님이 제자인 신찬스님께 三拜를 올리고 법문을 청하게

됩니다.

절집 수행이 이렇습니다. "發心은 有先後이나 悟心은 無先後라"고 했습니다. 은사스님이 제자에게 法을 請하는 것이 절집의 일입니다. 後生可畏라고 합니다. 깨침이 于先인 것이 절집 工夫이고 修行입니다. 그래서 不恥下問이란 말도 있지 않습니까? 이건 孔子님 말씀입니다. 모르면 세 살 먹은 아이에게도 묻고 배우라는 겁니다. 그건 수치가 아니라는 겁니다.

계현스님도 멋지지 않습니까? 모르는 것은 모른다고 낮추는 자세 말입니다. 이래야 합니다. 그래야 수행에 진전이 있습니다.

신찬스님이 상당법문을 하기를, 백장선사가 말씀하신 心地法門을 합니다. 그 법문 듣고 계현스님도 확철 대오하게 됩니다. 그래서 백장산 쪽을 향해 三拜를 올리고 두 분이 백장선사의 법제자가 됩니다.

신찬스님과 계현스님 뿐 아니라 절집에는 스승이 제자에게 깨침을 받는 일화가 많습니다. 悟者가 되려면 下心이 으뜸입니다. 下心이 없으면 修行者가 驕慢해 집니다. 교만심은 수행의 덫입니다. 자기가 친 덫에 자기가 걸린 겁니다. 덫은 함정 아닙니까? 함정에 빠지면 빠진 세월만큼 허송 세월입니다. 下心은 相을 없애는 약입니다.

相은 四相입니다. 四相도 相이지만 職分의 相도 相입니다. 이 相이 修行의 魔가 됩니다. 우리나라 어느 대통령도 職分相 때문에 當代 큰 善知識을 親見하지 못했습니다. 내가 대통령인데 어찌 삼천 배를 한단 말인가? 차라리 친견을 포기합니다. 그래서 절문 앞까지 갔다가 그냥 돌아갔다는 일화입니다.

꽉 찬 그릇은 담지 못합니다. 담으려면 그릇을 비워야 합니다. 그것이 지혜입니다. 계현스님은 그 지혜가 있어서 깨친 겁니다.

야운선사 총경게(總警偈)

驕慢塵中藏般若 人我山上長無明
輕他不學蹉踉老 病臥辛吟限不窮
（野雲禪師偈）

교만한 티끌 속에 지혜 감춰졌고
아상 인상 위에 무명번뇌 자라나고
남 업신여겨 잘난 체 배우지 않고 늙어지면
병들어 누어서 신음을 한다.
（나를 높이고 남을 없인 여기지 말라.）

利慾閻王引獄鎖　淨行佛陀接蓮臺
鎖拘入獄苦千種　船上生蓮樂萬般
（野雲禪師偈）

탐욕과 욕망은 염라대왕이 지옥으로 이끌고
청정한 수행은 아미타불이 연화대로 모셔가고
고랑 차고 지옥 가면 고통이 천만가지나 되고
배타고 연화대에 나면 기쁨이 만 가지나 되네.
（재물과 여색을 바른 생각으로 대하라）

爲他爲己雖微善　皆是生死輪廻因
願入松風蘿月下　長觀無漏祖師禪
（野雲禪師偈）

남을 위하고 나를 위하는 것 비록 작은 선이나
다 그런 것은 나고 죽는 씨앗이네
솔바람 칡 넝쿨 달빛 아래서
샘 없는 조사선을 닦을 것입니다.
（세속 사람과 사귀어 남에게 미움을 받지 말라）

終日亂說人長短 竟夜昏沈樂睡眠
如此出家徒受施 必於三界出頭難
(野雲禪師偈)

하루 종일 남의 허물 시비하다가
밤이 되면 흐리멍텅 잠에 빠지네
이와 같은 출가는 시은만 져서
삼계를 벗어나기 더욱 어렵다.

(남의 허물을 말하지 말라)

欲成無上菩提道 也要常懷平等心
若有親疎憎愛計 道加遠兮業加深
(野雲禪師偈)

위없는 보리를 얻고자 하면
언제나 마음을 평등히하라
만일 사랑하고 미워하는 차별이 있으면
도는 더욱 멀어지고 업만 깊어진다.

(대중과 함께 있으면서 마음을 평등하게 하라)

玉兎昇沈催老像 金烏出沒促年光
求名求利如朝露 或苦或榮似夕煙
勸汝慇懃修善道 速成佛果濟迷倫
今生若不從斯語 後世當然限萬般
(野雲禪師偈)

옥토끼 뜨고 짐은 늙은 모습 재촉하고
금까마귀 들락날락 세월을 재촉하네
명리를 구하는 것 아침 이슬 같고
괴롭고 즐거운 것 저녁연기 같네그려!
그대 도 닦기 은근히 권하노니
속히 불과를 이루어 중생을 건지라
이생에서 나의 말 쫓지 않으면
후세에 당연히 한이 될 것입니다.
(도는 멀지 않다, 스스로 멀리 할뿐입니다)

愚心不學增驕慢 癡意無修長人我
空腹高心如餓虎 無知放逸似顚猿
邪言魔語肯受聽 聖教賢章故不聞
善道無因誰汝度 長淪惡趣苦纏身
(野雲禪師 總警偈)

미련한 마음으로 배우지 아니하면 교만만 더하고

어리석은 마음으로 닦지 않으면 아상 인상만 자라고

텅 빈 속에 마음만 높으면 굶주린 호랑이 같고

아는 것 없이 놀기만 하면 넘어진 원숭이 같다

삿된 말 마구니 말은 즐겨 듣고

성인의 가르침 현인의 글은 듣지 않네

선도에 인이 없으니 누가 그대를 건지랴?

영원히 악도에 빠져 괴로운 고통을 받을 것입니다

┃ 해설 ┃

여기까지가 野雲禪師 自警文의 偈頌입니다. 구구절절 간절한 가르침입니다.

교만하지 말라가 첫 게송입니다. 수행에 있어서 교만심은 禁物입니다. 교만심은 남을 업신여기는 마음에서 옵니다. 남을 업신여기는 마음은 자기가 잘났다는 것 아닙니까? 그래서는 안된다는 겁니다.

둘째 게송은 財色과 女色입니다. 인간의 욕망 중에 가장 끊기 힘든 것이 재물욕이고 여색이라고 합니다. 사람 근기 따라 조금 다르기는 하지만 보편적으로 女色이 가장 끊기가 어렵다고 합니다. 그래서 부처님 경에도 보면 等覺位에서도 色自在가 안된다고 했습니다. 어떤 스님은 명예욕이 가장 끊기 힘들다고 했습니다. 妙覺位에 올라야 色慾이 완전히 消滅된다는 겁니다. 그래서 야운선사님도 게송으로 경책한 겁니다.

또 세속 사람을 사귀어 미움을 받지 말라 했습니다. 출가는 마음이 출가한 것이 아닙니까? 그런데 세상만사에 매여있어서는 안된다는 겁니다. 출가 목적은 見性成佛에 있습니다. 부처가 되고 나서 세상을 구제해야 합니다. 主客이 顚倒 되면 안됩니다. 先後가 있습니다. 그래서 세속 사람과 사귀어서 미움을 받지 말라 한 겁니다.

그리고 남의 허물을 말하지 말라 이겁니다. 옛날 문경 봉암사 스님들은 결제한 스님들 얼굴도 몰랐다는 것 아닙니까? 해제 날 절 동구 밖에서 처음 통성명을 했다는 겁니다.

왜냐구요? 오직 話頭와 싸우다 보니, 옆에 앉아 정진하는 스님 얼굴도 몰랐다는 겁니다. 그래서 일주문 밖에서 "어느 절에서 결제 하셨습니까?" 하고 물었다는 겁니다. 봉암사 수좌스님 정도 되어야 참선 공부하는 스님이라 할 수가 있습니다. 이렇게 하지 않으니까 야운선사님께서 경책을 하신 겁니다.

그 다음 게송은 평등심을 말씀하셨습니다. 대중 속에 살다 보면 미운 사람도 있고 정이 가는 사람도 있습니다. 정이 가는 사람과는 친합니다. 그런데 미운 사람은 그렇지 않습니다. 밉고 고운 마음은 수행에 도움이 안된다는 겁니다. 마음의 平定이 修行 아닙니까? 平定을 이루지 못하면 그게 문제입니다. 마음이 無心해져야 합니다. 그러면 밉고 고운 마음이 사라집니다.

그리고 마지막 總警偈는 자경문 전체를 아우르는 警策偈頌입니다. 내용 뜻은 게송에 다 드러나 있습니다. 그대로 실천만 하면 됩니다.

자경문은 행자시절에 배웁니다. 그때 처음으로 초발심자경문을 접했을 때는 정말 너무 너무 좋았습니다. 세상을 다 얻는 기분이었습니다. 수행자의 본분 도리를 다 설해 놓았기 때문입니다. 초발심자경문 마음으로 살면 부처님 은혜에 보답하는 수행자가 되는 것은 틀림이 없습니다.

방거사 무심송

但自無心於萬物 何妨萬物常圍繞
鐵牛不怕獅子吼 恰似木人見花鳥
(龐居士 無心頌)

다만 스스로 만물에 마음이 무심하면
만물이 항상 둘러 쌓인들 무슨 방해가 되겠는가?
쇠소는 사자후를 두려워하지 않는다.
마치 나무사람이 꽃과 새를 보는 듯 한다.

방거사와 딸 영조

木人本體自無情 花鳥逢人亦不驚
心境如如只遮是 何慮菩提道不成
(龐居士 無心頌)

목인은 본래 무심 무정해서
꽃과 새 사람 만나도 놀라지 않네
마음 경계가 여여하여 다만 이러하거늘
어찌 보리도를 못 이룬다고 걱정하랴?

| 해설 |

이 게송은 龐蘊(방온) 居士의 無心頌입니다. 거사는 中國 唐 中期 때 사람으로 姓은 龐氏이고 이름은 蘊입니다.

唐宋時代는 禪佛教가 黃金期였습니다. 그때는 인도 불교를 완전히 中國化한 때입니다. 祖師語錄이 나온 때입니다. 그 시대에 살았던 방 거사도 당연히 禪佛教의 영향을 받게 됩니다.

인도에는 유마 거사가 있고, 중국에는 방거사가 있습니다. 우리나라에는 부설거사가 있습니다. 세 거사는 모양만 거사였지, 속 알맹이는 도를 깨친 善知識들입니다.

傳燈錄에 보면 방 거사는 禪問答 中에 禪理에 맞지 않으면 僧俗을 불문하고 棒(방) 喝(할)로 마구 쳤습니다. 인정사정을 두지 않았습니다. 그건 당연한 것입니다. 正法守護 次元에서 그런 겁니다.

방 거사는 자기 집을 절로 만들어 수행을 했습니다. 그 절이 悟空庵이고 能仁寺입니다. 방 거사는 늘 자기 소개로 하는 말이 이러했습니다.

有男不婚 有女不嫁 大家團圞頭 共說無生話

아들은 있으나 장가가지 않고
딸도 있으나 시집가지 않네 그려!
온 식구가 단란하게 모여 살면서
부처님 진리(無生話)를 말 한다네.

생계는 대조리를 만들어 팔아서 살았다고 합니다. 없어서가 아니라 수행을 하기 위해서입니다. 전 재산을 강물에 다 띄워 보내 버리고 근근이 연명하면서 전 가족이 불법 수행에만 매진했다고 합니다.

딸 영조는 정말 영특하여 천하 선지식인 丹霞禪師와 법 거량을 할 정도였습니다. 전등록에 보면 딸 영조 일화가 많이 나옵니다.

방 거사 아들도 밭에서 일하다가 방 거사 열반 소식을 듣고 선 채로 立脫入亡했다고 하니 宗師涅槃아닙니까?

방 거사 부인 龐婆도 녹녹치 않는 분입니다. 食率 장례식을 마치고 산속으로 행적을 감추어 버렸다고 합니다.

딸 영조가 방 거사 열반하려는 날 정오에 先手를 쳐서 열반을 했다고 하니, 방 거사는 할 수 없이 일주일을 더 살다가 열반을 했다고 전하고 있습니다.

방 거사 가족 모두가 宗師涅槃을 한 겁니다. 生死一如를 體得示滅한 겁니다. 방 거사 어록을 보면 정말 흥미진진합니다.

그건 그렇고, 無心偈의 核心은 無心에 있습니다. 鐵牛나 木人같이 마음을 쓰라는 겁니다. 쇠로 된 소나 나무로 만든 사람, 그것이 게송의 핵심입니다.

게송 핵심은 分別心 差別心을 끊으라는 겁니다. 끊고 나면 無心입니다. 無心이 道心입니다.

옛날 선문답에 이런 것이 있습니다.

"어떤 것이 부처입니까?"

"마음이 부처니라."

"어떤 것이 道입니까?"

"無心이 道이니라."

그렇습니다. 無心이 道입니다. 有心이면 衆生心이고, 無心이면 佛心입니다. 그 佛心을 방 거사가 木人과 鐵牛로 비유한 게송입니다.

방 거사는 語錄이 三卷이 있습니다. 于頓이란 사람이 모아서 기록한 것입니다. 우리나라에 번역본도 나와 있으니 한번 구해서 보십시오.

영운지근선사 오도송

三十年來尋劍客 幾回落葉又抽枝
自從一見桃花後 直至如今更不疑
(靈雲志勤禪師 悟道頌)

삼십년 동안 마음 찾던 나그네여!
잎 지고 꽃 핀 것 몇 번이나 보았던가?
이제 방금 복사꽃 한번 본 뒤에
두 번 다시 의심할 것이 없었다네.

영운지근선사

| 해설 |

이 게송은 영운지근선사의 오도송입니다. 오도송은 도를 깨닫고 나서 읊은 게송입니다. 수행자에게 이보다 더 반가운 소식은 없습니다. 도를 깨달았으니 얼마나 좋겠습니까?

이 게송에서 영운스님께서는 삼십년만에 깨쳤다고 했습니다. 그것도 복사꽃이 활짝 핀 봄날에 깨쳤다고 했습니다. 누구나 보는 것이 복사꽃 아닙니까? 봄에는 복사꽃이 만발 합니다. 그 만발한 복사꽃을 보고 깨쳤다고 합니다.

그런데 여러분은 왜 복사꽃 피는 것을 보고도 깨닫지 못합니까? 무엇이 문제입니까? 문제는 열심히 수행을 하지 않았다는 겁니다. 영운스님은 삼십년 동안을 화두 하나에 매달린 겁니다. 자나 깨나 앉으나 서나 항상 화두와 하나가 되어 수행한 결과 이렇게 깨친 겁니다.

깨친 것과 복사꽃은 관련이 없습니다. 깨친 계기가 되었을 뿐입니다. 복사꽃을 보는 순간 깨친 겁니다. 깨친 찰라가 복사꽃을 보는 순간입니다. 그 순간에 산을 보았다면 산을 보고도 깨달았을 겁니다. 만약 날아가는 새를 보았다면 새를 보고도 깨달았을 겁니다. 깨친 찰나를 상징한 것이 복사꽃입니다. 복사꽃에 연연하지 말아야 합니다.

수행의 찰나는 늘 이렇습니다. 깨친 뒤로 의심이 다 놓았다는 겁니다. 찰나 찰나를 놓치지 마십시오.

석옥청공선사 게송

白雲買了賣淸風 散盡家私徹骨窮
留得數間茅草屋 臨別付與丙丁童
(石屋淸珙禪師 偈)

바람 팔아 구름 사고 구름 팔아 바람 사니
살림살이 바닥나고 뼛속까지 가난하네.
남은 것 두어간 띠 집뿐이니
떠난 뒤에 불 속에 던져버리게.

| 해설 |

이 게송은 석옥청공선사의 게송입니다. 석옥청공선사는 태고보우선 사의 스승입니다.

이 게송으로 수행자의 참 모습을 본 것 같지 않습니까? 깊은 산속에 흙 띠집 토굴을 지어놓고 바람과 구름을 벗삼아 수행하는 납자의 한 면 모를 본 것 같습니다.

"바람 팔아 구름 사고, 구름 팔아 바람 산다"고 했습니다.

팔고 살 것이라고는 바람과 구름이 전부라는 겁니다. 가진 재산이 자 연 그대로라는 겁니다. 無所有의 極致입니다. 수행자는 이렇게 淸貧해 야 합니다. 그래야 수행이 이어갑니다. 가질 것 다 가지면 가진만큼 매 이고 묶입니다.

"뼛속까지 가난하다"고 했습니다.

얼마나 가난했으면 뼛속까지 가난하겠습니까? 철저한 청빈입니다. 가진 것 이라고는 바람과 구름뿐이라 그렇습니다. 그것도 가진 것이 아 닙니다.

사는 곳도 띠집인데 그것마저도 떠난 뒤에는 태워버리라고 했습니다.

오늘날 수행자가 한번 새겨 보아야할 게송입니다.

보조국사 게송

頓悟雖同佛 多生習氣深
風定波尚勇 理現念猶侵
(普照國師偈)

깨치면 부처와 같지만
다생에 찌든 버릇 아직 그대로네,
바람 자도 물결은 출렁이고
이치는 드러나도 망상은 아직 있네.

보조국사

| 해설 |

보조국사는 고려 때 스님입니다. 스님은 저서도 많이 남기셨습니다. 한국 불교의 수행 풍토를 진작시킨 분입니다.

이 게송의 내용은 頓悟漸修를 말한 게송입니다. 깨쳤다고 해서 금방 다 되는 것이 아니라고 했습니다. 깨쳐서 비록 부처님과 같은 경지에 올랐다고 해도 아직은 業習이 남았다는 겁니다. 불던 바람이 그쳤다고 해서 파도가 금방 멈추지 않는다는 겁니다. 그와 같이 이치는 다 드러나 깨쳤으나 아직 業力이 남아있다는 겁니다.

게송 내용으로 보면 頓悟漸修思想을 담고 있습니다. 스님의 節要라는 책을 보아도 이와 같은 내용을 말하고 있습니다. 그래서 해인 강원에서는 節要科目이 四集과정에서 빠져있고 가르치지도 않습니다. 性徹스님과 견해가 달라서 그렇습니다.

성철스님은 頓悟頓修思想입니다. 한번 깨치고 나면 닦는 것도 끝난다는 겁니다. 닦고 깨칠 것이 없다는 것이 성철스님의 주장입니다. 그래서 是是非非한 겁니다. 문제는 見性成佛을 보는 차이점 때문입니다. 見性成佛을 頓悟頓修로 보느냐? 頓悟漸修로 보느냐? 하는 차이점입니다. 게송 내용은 頓悟漸修를 말하고 있습니다.

그래서 옛 조사스님들께서 "法無頓漸이나 人有頓漸이라"고 했습니다. 법은 돈점이 없다는 겁니다. 사람의 근기가 돈점이 있다는 겁니다. 국사의 圓頓成佛론을 보면 頓悟頓修의 뜻이 확연히 드러납니다. 方便上 頓悟 漸修를 말한 겁니다.

퇴설산인 게송

無窮山下泉 普供山中侶
各持一瓢來 總得全月去
(堆雪散人 偈)

졸졸졸 흐르는 감로수 샘물
어서 오시어 맛보십시오, 법공양 문입니다.
오실 적엔 잊지 말고 표주박 하나씩 가지고 오셔서
밝고 맑은 달덩이를 하나씩 모두 건져가세요.

| 해설 |

깊은 산속에 옹달샘 물맛이 나는 게송입니다. 얼마나 멋진 게송입니까? 天眞 그대로 아닙니까? 사람의 마음이 이렇게 맑을 수가 있을까? 보면 볼수록 맛이 나는 게송입니다. 이런 게송 하나씩 지어 보십시오. 수행자의 진면목이 녹아 있는 게송입니다.

졸졸졸 흐르는 샘물은 진리의 법문입니다.

"표주박 하나씩 가지고 오라"는 것은 불법 수행을 각자 하라는 말씀입니다.

밝고 맑은 달은 自性 淸淨佛을 말합니다. 각자 부처가 되라는 말입니다.

"모두 가져가세오"는 모두다 성불하자는 말입니다.

얼마나 멋진 게송입니까?

이 게송을 읽는 인연으로 모두다 부처 되십시오.

경허대사 오도송과 열반송

忽聞人語無鼻孔 頓覺三千是我家
六月鷰巖山下路 野人無事太平歌

(鏡虛禪師 悟道頌)

문득 콧구멍이 없다는 말을 듣고
온 우주가 나 자신임을 깨달았네,
유월 달 연암산 아랫 길에
할 일 없는 들사람이
태평가를 부르네.

鏡虛堂大禪師眞影

경허대사

心月孤圓 光吞萬像
光境俱忘 復是何物
(鏡虛禪師 涅槃頌)

마음 달이 외로이 둥그니
빛이 만상을 삼켰네,
빛과 경계를 함께 잊으니
다시 이것이 무슨 물건인고?

| 해설 |

이 두 게송은 鏡虛禪師의 悟道頌과 涅槃頌입니다.

경허선사는 전라북도 전주시 자동리에서 태어나셨는데, 성은 宋氏이고 法名은 惺牛이고 號가 鏡虛입니다. 일찍이 아버지를 잃고 어머니를 따라 경기도 광주 淸溪寺에서 桂虛大師에 의해서 머리를 깎고 戒를 받고 스님이 되었습니다.

14세 때 절에 온 선비에게 여름동안 글을 배웠는데 한번 듣는 것은 다 외우고 빠르게 文理가 터득되었다고 합니다. 계허 은사스님이 환속하면서 계룡산 동학사 萬化 講伯에게 편지로 부탁하여 보냈습니다. 선사는 만화 강백에게 부처님 일대 時敎를 다 배웠습니다.

23세 때 대중의 뜻에 따라 동학사 강백이 되었습니다. 선사가 開講하자 전국에서 배우려는 스님들이 구름처럼 모였다고 합니다.

31세 때 계허스님을 찾아뵙고자 길을 가다가 소낙비를 만나 어느 마을 집에 들어갔더니, 주인이 내쫓았습니다. 하룻밤만 쉬어가자고 통 사정을 하니, 집 주인이 이 동네는 염병 호열자 전염병이 돌아 걸리면 바로 죽으니, 어서 가라고 하였습니다. 선사는 죽는다는 말을 듣고 마음이 불안하고 초조해졌습니다. 죽음에 대한 불안감은 선사를 재발심하게 하였습니다. 문자 공부로는 생사를 면할 수가 없음을 깨달고 학인들을 다 돌려보내고 문을 닫고 참선을 하게 됩니다.

話頭는 "나귀 일이 가지 않았는데, 말의 일이 도래 한다(驢事未去 馬事 到來)"였습니다. 선사는 화두를 참구하면서 睡魔를 쫓기 위해서 다리를 송곳으로 찌르고 머리를 쳤다고 합니다. 이렇게 죽자 살자 용맹정진을 석 달을 하는데, 學明道一스님이 "소가 되어도 고삐 뚫을 구멍이 없는 소란 뜻이 무엇입니까?" 묻는 말에 확철대오를 했다는 겁니다. 깨친 후 선사의 행적은 대 자유인으로서 悠悠自適하였습니다.

51세 때 합천 해인사에서 藏經을 拓本 佛事를 勅命으로 했는데, 대중스님들의 추대를 받아서 法主가 되었습니다.

56세 때 오대산 금강산 연변 석왕사를 순례하고 오백나한 개금불사에 증명법사로 참례를 하였습니다. 그 뒤로는 세상을 피하고 이름을 숨기고 甲山 江界 等地에서 자취를 감추고 號를 蘭州라 하고 머리를 기르고 儒冠을 쓰고 살았습니다.

64세 되는 해 4월 25일 甲山 熊耳房 道下洞에서 열반에 들었습니다. 선사는 대 解脫人으로서 자유 분망하게 사시다가 가셨다고 합니다.

異行 奇行도 많은 선사입니다. 근래 한국불교 禪風을 振作시킨 大禪

師이기도 합니다. 그리고 선사님의 제자로는 滿空, 水月, 慧月, 寒岩禪師 等입니다. 제자 분들도 당대의 큰 선지식들이었습니다. 선사의 行跡은 俗脫 法脫 自在한 無碍行으로 묘사 되고 있습니다.

그러나 보통 사람 눈으로 보면 미친 땡중으로 취급 받았습니다. 물동이 이고 가는 처녀 입을 쪽 맞추고 줄행랑을 쳤으니 말입니다. 세속 윤리의 잣대로 보면 분명 미친 중이 틀림없습니다. 고름이 질질 흐르는 문둥병 여자를 조실 방에서 동침한 사건은 더욱 해괴한 사건입니다. 서산 앞 바다 어부 집에서 머슴살이 하다 집 아낙과 통정하다 죽도록 맞은 일화 등은 어떻게 보아야 할까요?

그것이 문제입니다. 그 당시를 선사가 회고하는 시구를 보면 되지 않을까 합니다.

돈오 하여 깨달음은 부처님과 같지만(頓悟雖同佛)

다생으로 익혀온 습기는 오히려 생생하구나(多生習氣生)

폭풍은 잠잠하나 아직 파도는 남아 솟구치니(風靜波尙湧)

이치는 분명한데 제 버릇이 그대로일세(理顯念猶侵)

그렇다면 頓悟는 되었는데 頓修가 안 되었다는 말인가? 이치는 깨달아 부처님과 같은데, 다생에 익혀온 습기가 파도를 친다고 했습니다.

그렇다면 無碍行은? 業習입니까? 詩句 내용으로 보아서는 선사의 심정을 말한 것이니 그렇게 볼 수밖에 없잖느냐 이겁니다. 그래서 절 안에서도 선사의 무애행에 대한 의구심과 오해가 많았던 것입니다.

경허선사 하면 지금도 선풍의 중흥조로 말합니다. 한국 선불교를 일으키신 분이기 때문입니다. 수행의 내면세계는 각자의 몫입니다. 남이 대신 해줄 수가 없기 때문입니다. 是是非非 曰可曰否는 禁物입니다.

悟道頌은 도를 깨칠 때 읊은 노래입니다. 깨달은 순간 마음을 노래로 노래한 것이 오도송입니다. 涅槃頌은 죽을 때 읊은 노래입니다. 수행의 결산이 열반송입니다. 생의 마지막 노래가 열반의 노래입니다. 생을 마치면서 삶을 총 결산하는 것이 열반송입니다. 수행의 결산이 열반의 노래입니다.

선사의 열반송을 봅시다.

"마음 달 외로이 둥그니 빛이 만상을 삼켰다." 라고 했습니다.

둥근 마음 달은 불성을 말한 겁니다. 선사의 불성, 자성을 말한 겁니다. 그 빛이 삼라만상을 삼켰다고 했습니다. 달 따로, 빛 따로, 만물 따로가 아니라 우주 만물과 하나가 되었다는 겁니다.

"빛과 경계를 모두 잊었다"고 했습니다.

하나라는 생각도 없다는 겁니다.

그런데 "이것이 무엇이냐?"고 自問하고 있습니다.

'없다는 이것은 무엇이냐?' 이겁니다. 선사의 내면의 세계를 본 것 같지 않습니까? 수행자의 면목을 여실하게 드러내놓고 있습니다. 여기에 무슨 군두더기가 붙겠습니까? 이러쿵, 저러쿵 논란이 붙겠습니까? 선사의 삶이 오도송 열반송으로 다 드러났습니다. 한 시대를 살아간 수행자의 진면목을 본 것 같지 않습니까?

수행자의 삶은 자기와의 싸움입니다. 남이 대신 해줄 수도 없고 남이 평가할 문제도 아닙니다.

용성선사 견도송

不忘前世事 夢中佛授記
出家德密庵 其佛親見佛
(龍城禪師 出家頌)

전생에 일을 잊지 말라 하고
꿈속에서 부처님이 수기를 주셨네,
덕밀암으로 출가 하니
그 부처님 꿈에 본 부처님 일세.

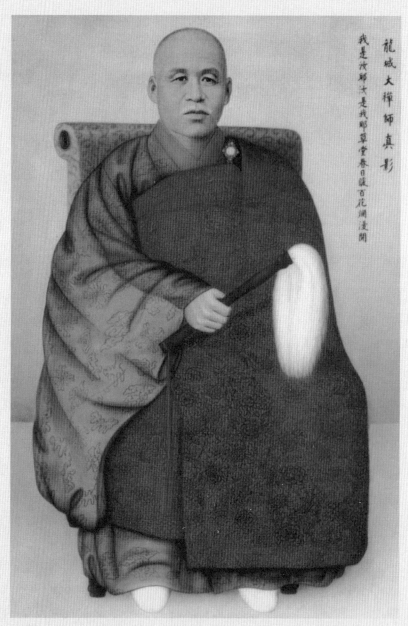

龍城大禪師真影

我是汝耶汝是我耶草堂春日殿百花爛漫開

용성선사

五蘊山中尋牛客 獨坐虛堂一輪孤
方圓長短誰是道 一團火炎燒大天
(龍城禪師 見道頌)

오온 산 가운데 소 찾는 나그네여!
텅텅 빈 집 둥근 달 훤히 비치는데 홀로 앉았구나
모나고 둥글고 길고 짧은 것 누구의 도인가?
한 무더기 불꽃이 대천 번뇌를 태우네.

金烏千秋月 洛東萬里波
漁舟何處去 依舊宿蘆花
(龍城禪師 悟道頌)

금오산에 천년의 달이요
낙동강에 만 리 파도로다
고기 잡는 배는 어디로 가는고?
옛날 같이 갈대꽃에서 잠자네.

諸行之無常 萬法之俱寂
匏花穿籬出 閑臥麻田上

（龍城禪師 涅槃頌）

모든 행은 덧없고
모든 법은 다 고요하네,
박꽃이 울타리를 뚫고 나가니
삼밭 위에 한가로이 누웠구나.

.

| 해설 |

이 게송들은 용성선사의 게송입니다. 出家송, 見道송, 悟道송, 涅槃송
네 게송입니다.

용성선사님은 1864년 전북 남원에서 출생한 분입니다. 7세 때 부터
서당에서 漢學을 익혔고 9세 때 부터는 漢詩를 지었다고 합니다. 합천
해인사로 16세 때 출가를 했고, 23세 때 깨달음을 얻었다고 합니다.

선사께서는 다 방편으로 활동을 하신 분으로 유명합니다. 서울 종로
구 비원 앞에 있는 대각사는 선사께서 불교 중흥과 민족중흥을 발원하
며 건립하여 대각운동을 전개 하셨던 곳입니다.

1919년 3월 1일에는 만해 한용운스님과 함께 민족 대표 33인 중 불
교 대표로 참여하여 독립선언서에 4번째로 서명하셨으며, 이 사건으로
인해 서대문 형무소에서 3년간 감옥살이를 하셨습니다.

1921년 감옥에서 나와 三藏譯會를 만들어 불경을 한글로 번역을 하
였습니다.

1922년에는 만주로 간 독립군을 돕기 위해 만주 연길 명월촌에 大覺教堂을 설립하여 독립운동을 하였습니다.

1925년에는 망월사에서 萬日參禪結社會를 조직하여 수행에 전력하고 후진들을 지도하셨습니다.

그 밖에 선사께서 하셨던 일들은 너무나도 많습니다.

선사님의 선문답 중에 통쾌한 선문답이 있어 소개할까 합니다.

해와 달은 어느 나라 것이냐?(何國 日月呼)

중국 스님 한 분이 용성스님께 찾아와서 물었습니다.

"우리나라 부처님 淨戒가 어느 때에 너희 나라에 들어왔는가? 내가 듣기로는 조선 승려들은 沙彌戒만 받고 중이 되고 比丘戒는 받지 못한 것으로 들었노라"하니,

용성스님께서 呵呵大笑 한바탕 크게 웃고 나서 말씀하셨습니다.

"저 허공에 있는 해와 달이 너희 나라 日月인가? 내 나라 日月인가? 대저 불법이라는 것은 天下의 公道거늘 天下 公道를 가지고 너희 중국 것이라 국한 시키니, 나라는 크나 사람은 小人이로구나. 그리고 가운데 라는 것도 일정치가 않는 것이거늘 너희 나라가 남쪽에서 보면 북쪽에 있고, 동쪽에서 보면 서쪽에 있는데 가운데라는 것은 어디를 기준해서 가운데라고 하는가?" 했다는 겁니다.

이 선화는 중국 승려가 오만 불손하게 우리나라 불교를 폄하 무시하는 것을 보고, 용성선사께서 한방 치시는 대목입니다. 선사의 선지가 번뜩이지 않습니까? 통쾌하지 않습니까? 중국 스님 말 한마디 잘못 했다

가 뼈도 못 찾는 대목입니다.

용성스님은 한말 당시 큰 선지식입니다. 〈각해일륜〉이라는 책을 보면 선사님의 진면목이 여실히 드러납니다. 근래 한국 불교의 대 선각자이기도 합니다. 禪農一致를 제창하신 분입니다. 이런 대 선지식 앞에 중국 스님이 건방을 떨었으니 큰 코 다친 겁니다.

저 허공의 해와 달이 어찌 네 것이냐? 부처님 법이 어찌 네 것만 된단 말이냐? 中國, 中國 하는 데 어디가 가운데냐? 동쪽에서 보면 서쪽 아니냐? 남쪽에서 보면 북쪽 아니냐? 한 방에 끝나버린 겁니다. 안목이 이 정도 되어야 선지식이라고 할 수 있습니다.

알 듯 모를 듯 뜬 구름 잡는 소리 해 보아야 저도 답답, 듣는 사람도 답답할 뿐입니다. 이런 말은 팔만대장경에는 없습니다. 용성스님 마음 밭에서 나온 禪語입니다. 이런 말을 두고 척척 하는 깨달음의 소리라고 합니다. 지식으로 하는 소리가 아닙니다. 묻고 답하는 중에 무엇이든지, 척척 하는 깨침(覺)의 소리입니다.

앞의 네 게송도 수행에서 얻어진 깨침의 노래입니다. 禪詩는 覺者의 言語입니다. 깨치지 않고는 禪詩를 쓸 수가 없습니다.

출가송을 보면 선근이 있는 분입니다. 꿈에 부처님을 뵈었는데, 그 부처님이 德密庵 부처님이었다는 것 아닙니까? 그 부처님이 꿈에 나타나신 그 인연으로 출가를 하신 겁니다.

見道頌도 그렇습니다.

"오온 가운데서 소를 찾는 나그네여!"

텅 빈 집에 달은 밝고 홀로 앉아 '이 뭣꼬?' 참선하는 수행자의 모습 아닙니까?

"모나고 둥글고 길고 짧은 것 누구의 도냐?" 이겁니다.

道無方所라고 했습니다. 無有定法이라는 겁니다. 도의 자리에는 방위가 없다는 겁니다. 동쪽 서쪽 남쪽 북쪽이 없다는 겁니다. 이렇다고 할 만한 것이 없다는 겁니다. 이것입니다 하면 벌써 이것이 아닙니다. 無常하니까 그렇습니다. 그것이 우주 法입니다.

'一團 火炎'은 話頭一如가 된 것을 말합니다.

"한 불무더기가 대천 번뇌를 태운다"고 했습니다.

千思量 萬思量이 話頭一念에 녹는 것을 말한 겁니다.

見道는 마음을 보았다는 겁니다. 마음이 있어서 보는 것이 아닙니다. 無心을 본 것입니다. 화두 일념으로 三昧에 든 겁니다. 그것을 말한 겁니다.

悟道頌은 修行者에게 가장 반가운 소식입니다. 깨달은 순간을 노래한 것이 悟道頌입니다. 그러니 얼마나 반갑겠습니까? 평생을 수행해도 쉽게 얻어지지 않는 것이 깨달음입니다. 그런데 어느 순간에 확철대오를 했으니 춤이 덩실덩실 나올 지경입니다.

"금오산에 천년의 달이라"고 했습니다.

깨치기 전에도 뜨는 달이고, 깨친 후에도 뜬 달이라는 말입니다.

"낙동강에 만 리가 파도로다" 했습니다.

물은 바람이 불면 파도를 칩니다. 넘실넘실 파도를 칩니다. 어제도 치고 오늘도 칩니다. 똑같은 현상입니다.

"고기 잡는 배는 어디로 가느냐? 옛과 같이 갈대꽃에서 쉰(묵네)다."

낙동강에 고기배가 어디로 가겠습니까? 배 정박하는 부두로 갑니다. 갈대꽃은 시적으로 표현한 것이고 일 마쳤으면 어부는 집으로 간다는 일상의 말입니다. 日常 그대로가 道라는 겁니다. 平常心 그대로가 道라는 겁니다.

해 뜨고 달 지고 강바람에 파도 넘실되고 고기 배는 날 저무니 집으로 가는 것, 일상사가 그대로 도라는 것을 노래한 겁니다. 깨치기 전에도 용성이고, 깨친 후에도 용성이라는 말입니다. 일상이 그러하듯 나 또한 그러하다. 이 말입니다.

열반송을 보면

"제행이 무상하다. 그러니 만법이 고요하다. 박꽃이 울타리를 뚫고 나오니 삼밭에 한가롭게 누웠구나."

緣起의 實相이 無常입니다. 無常을 切感하지 않고는 緣起의 實相을 모릅니다. 깨쳤으니까? 무상의 이치를 안겁니다. 그러니 갈 때 부르는 노래가 열반송 아닙니까? 깨친 삶을 결산하는 노래가 열반송입니다.

"만법이 고요하다"는 것은 無我의 이치를 깨쳤다는 겁니다. 나다, 너다, 다투면 고요할 수가 없습니다. 고요한 것은 無我를 證得했다는 말입니다.

이렇게 말 속에 말이 있는 것이 禪詩입니다. 禪이란 覺을 뜻합니다. 깨닫기 위해서 참선을 하지 않습니까? 그래서 禪詩는 깨침의 노래라는 겁니다. 깨치지 않고는 禪詩를 논할 수가 없습니다.

"만법이 고요하다."

만법이 다툼이 끊어졌다는 겁니다. 나다, 내다 하는 相이 없어졌다는 말입니다. 그렇다고 無主空山이 아닙니다. 寂靜에만 빠져있으면 안됩니다. 살아 나와야 합니다. 眞空妙有입니다.

"박꽃이 울타리를 뚫고 나온다"고 했습니다. 박꽃은 박꽃대로 호박꽃은 호박꽃대로 살아나야 합니다. 박꽃이 어찌 호박꽃이겠습니까? 박꽃은 어디까지나 박꽃입니다.

그러니 "삼밭에서 한가롭게 누웠구나."

누가 누웠습니까? 열반에 들려는 용성선사께서 그렇게 할까 한다 이겁니다. 마음대로 왔다가 마음대로 가는 것이 깨친 자의 노래입니다. 풀밭에 누워있던 산에 누워있던, 마음대로 한 겁니다. 涅槃頌은 그래서 解脫頌이라고 합니다. 자유자재라서 그렇습니다. 나고 죽는 것을 자유자재로 하니까 그렇습니다.

만공선사 오도송

空山理氣古今外 白雲淸風自去來
何事達磨越西天 鷄鳴丑時寅日出
(滿空禪師 悟道頌)

공산의 이치가 고금 밖에 있고
흰 구름 맑은 바람 스스로 왔다 가거늘
달마 대사는 무슨 일로 서천에서 왔는가?
닭은 축시에 울고 해는 인시에 뜬다네.

만공선사

| 해설 |

이 게송은 만공선사님의 悟道頌입니다.

만공선사는 전라북도 정읍에서 태어났습니다. 김제 금산사 불상을 보고 감동이 되어 출가를 했다고 합니다. 처음에는 동학사로 眞巖스님에게 출가를 했다가 나중에 경허스님을 만나 서산 天藏庵에 가서 泰虛스님을 은사로 경허스님을 戒師로 사미계를 받았습니다.

경허스님을 만나고 나서는 '萬法歸一 一歸何處' 화두로 정진을 했습니다. 아산 봉곡사에서 새벽에 종성을 치다가 화엄경 사구게인 一切唯心造 偈頌을 읊다가 홀연히 깨달은 바가 있었다는 겁니다. 그 뒤에 경허스님과 문답을 나누고 나서 아직 진면목에 깊게 들지 못했다고 검증을 받고 話頭를 '趙州 無字'로 바꾸어 들게 됩니다.

경허선사와 헤어진 후에 양산 통도사 백운암에 며칠 머물다가 새벽 종성 염불소리에 "원컨대 이 종소리가 법계에 두루 퍼져서 철벽의 어둠이 모두 밝아지소서." 대목에서 크게 깨닫게 됩니다.

깨달은 후에 천장사에 돌아와 保任 정진 하던 중에 경허선사로부터 전법게를 받게 됩니다. 선사는 경허선사의 법을 받은 뒤에 전국 여러 사찰에서 후학들을 제접하게 됩니다. 덕숭산 수덕사와 정혜사, 견성암, 안면도 간월암 등의 중창 불사를 하게 됩니다. 1920년대 초에는 선학원을 설립합니다.

경허선사와 만공스님은 법으로서 스승과 제자 사이입니다. 만공선사가 스승인 경허선사를 얼마나 존경 했는지는 전해온 일화에 잘 나타납니다.

만공스님이 경허선사를 해인사에서 모실 때 일입니다. 이때 경허선사는 술과 고기를 마다 않고 잡수셨다 합니다. 조실스님이 술과 고기를 자시니, 대중스님들이 말이 많았다고 합니다. 그러나 주지스님이었던 남전스님과 선객 제산스님은 대중이 뭐라고 하던 상관하지 않고 곡차와 고기를 올렸다 합니다. "나는 누가 뭐라고 하든지 큰스님께 계속 곡차와 고기를 올릴 것이오." 라고 주지 남전스님이 더욱 적극적이었다고 합니다. 이렇게 "큰 어른께는 닭 아니라 소까지라도 잡아서 올리겠다"고 합니다.

그 말을 듣고 있던 만공스님은 이렇게 말했다고 합니다.

"내가 만약 경허스님을 모시고 산속에 살다가 양식이 다 떨어져 먹을 것이 없으면 나는 내 살을 베어서라도 스님을 봉양할 것입니다" 라고 했다 합니다.

경허선사는 그만큼 만공스님에게는 절대적 존재였습니다. 스승과 제자 사이가 이 정도는 되어야 하지 않겠습니까? 오늘날 절 집 풍토로 보면 恩弟之間도 그렇고, 法弟之間도 그렇지를 못한 것 같아서 말입니다.

스승은 道의 눈을 열게 하는 분 아닙니까? 진리의 눈을 갖게 해준 분이 스승입니다. 살 아니라 목숨을 바쳐서라도 모셔야 합니다. 경허선사와 만공선사는 한국 선 불교를 빛낸 분들입니다. 이렇게 눈 밝은 선지식이 많이 나와야 불교가 삽니다.

만공선사의 일화도 너무 많습니다. 지혜와 복덕을 갖춘 분이라서 아무리 궁핍한 사찰이라도 선사께서 머물기만 하면 먹을 것이 넘쳐났다

고 합니다. 그만큼 쌓아온 복이 많았다는 겁니다. 그래서 부처님도 福慧
雙修라고 했습니다. 혜만 닦고 복이 없으면 청빈하다고 했습니다. 수행
자에게는 청빈도 복이지만 복도 있어야 궁핍하지를 않습니다. 먹을 것
이 있어야 수행도 합니다. 굶고는 살수가 없지 않습니까? 지금도 부처
님 복력으로 스님들이 살지 않습니까? 절마다 먹을 것이 넘쳐 납니다.
그것이 누구 복입니까? 부처님께서 지어 놓으신 그 복으로 스님들이 먹
고 삽니다. 그러니 그 복 다하기 전에 스님들도 복을 지어야 합니다.

선사님의 오도송을 보면,
"공산의 이치가 고금 밖"이라고 했습니다.
공산 이치는 무엇을 말한 겁니까? 텅 텅 빈산에 이치라고 했습니다.
아무것도 없는 산속에 참 도리는 고금(古今) 밖이라고 했습니다. 고금은
시간 아닙니까? 우주의 참 이치, 도리는 시간 밖에 있다 이겁니다.
그렇다고 텅 텅 비어 아무것도 없느냐? 그렇지 않습니다. 흰 구름과
맑은 바람은 스스로 왔다 갔다 한다는 겁니다. 眞空 도리에서 妙有로
나온 겁니다. 體자리에서 用자리로 나온 겁니다. 텅 빈 體에 멈추면 죽
습니다. 그러니 활용 작용을 해야 삽니다. 그래서 스스로 왔다 갔다 한
겁니다.
"달마 대사는 뭣 때문에 서천에서 오셨느냐?"
부처님 법 전하려고 온 겁니다. 무엇이 부처님 법입니까? 연기법을
부처님이 깨달은 것입니다.
"닭은 축시에 울고 해는 인시에 뜬다"고 했습니다.

닭이 혼자 웁니까? 해가 혼자 뜹니까? 그렇지를 않습니다. 닭 울고, 해 뜨는 것이 연기법입니다. 꽃 피고 새 우는 것이 우주 법계 연기입니다. 세상만사가 그대로 법계 연기 안에서 움직입니다.

그것을 선사께서 이렇게 오도송으로 읊은 겁니다. 수행자가 수행을 해서 오도송을 남겨야 밥값을 합니다. 수행의 결실이 깨달음 아닙니까? 수행자에게 깨달음이 없다면 헛세월 산 것 아닙니까? 수행을 해서 이렇게 멋들어지게 깨달음의 노래를 불러야 합니다. 그래야 불조의 은혜를 갚는 겁니다.

한암선사 오도송

着火廚中眼忽明 從玆古路隨緣清
若人問我西來意 岩下泉鳴不濕聲
(漢岩禪師 悟道頌)

부엌에서 불 부치다가 홀연히 눈 밝아지니,
이로부터 옛 길이 인연 따라 분명하네,
누가 와서 내게 서래의를 묻는다면
바위 밑 물소리에 젖는 일 없다 하리.

한암선사

村孤亂犬常疑客 山鳥別鳴似嘲人
萬古光明心上月 一朝光明世間風
(漢岩禪師 悟道頌)

마을 개 짖는 소리 손님인가 의심하고

산새 울음소리 나를 조롱하는 듯

만고에 빛나는 마음 달이

하루아침에 세상 바람 쓸어버렸네.

| 해설 |

이 게송은 漢岩禪師의 悟道송입니다.

선사는 1876년 강원도 화천에서 태어나셨습니다. 천성이 영특하고 총기가 타고 났다고 합니다. 한번 의심이 나면 끝까지 물어서 의심이 풀려야 그만두는 성격이었다고 합니다.

1897년 금강산을 구경하다가 기암절벽마다 부처님상 아니면 보살상을 닮은 것을 보고 감동 되어서 출가를 결심하게 되었습니다. 금강산 장안사에서 행름선사를 모시고 수도를 시작했는데 세 가지 원을 세웠다고 합니다.

첫 번째는 진정한 나를 찾는 것이고, 둘째는 부모의 은혜를 갚는 것이며, 셋째는 극락세계에 가겠다는 願이었습니다.

전국 고승을 찾아 구도의 길에 오른 스님은 1899년 가을 김천 靑巖寺

修道庵에서 鏡虛禪師를 만나 가르침을 받습니다.

경허선사가 금강경 四句偈를 일러주는데, 갑자기 안목이 열리면서 깨달았습니다. 그로부터 깨달음을 인정받아서 경허선사의 법을 잇게 되었습니다.

1905년 양산 통도사 내원암 禪院 祖室로 추대되어 후학을 지도 했습니다.

1910년 봄에 평안도 맹산 우두암에 들어가 保任 공부를 하였습니다. 같은 해 겨울 부엌에 불을 지피다가 확철 대오를 하였습니다.

1925년 서울 봉은사 조실로 있다가 "차라리 천고에 자취를 감춘 학이 될지언정, 三春에 말 잘하는 앵무새 재주는 배우지 않겠다"는 말을 남기고 강원도 오대산에 들어가 27년 동안 동구 밖을 나오지 않았습니다.

선사는 조계종 초대 종정을 지내셨습니다. 그리고 6.25 사변 때에 오대산 상원암에서 계시면서 상원암을 지키셨다고 합니다.

한암선사는 법은 경허선사에게 받았으나 철저한 청정 수행자였습니다. 선사는 하루 종일 좌선을 해도 다리를 펴는 일 조차 없었다고 합니다. 그리고 어떤 일이 있어도 화내는 일이 없었다고 합니다.

열반에 들기 15일 전부터 곡기를 끊고 앉아서 열반하셨습니다. 선사의 좌탈입망 열반상은 사진으로 남아 있어 볼 수가 있습니다. 가사 장삼을 입으신 채로 고개는 위를 보는 듯한 모습입니다.

선사는 부엌에서 불을 지피다가 깨달았다고 했습니다. 깨달은 순간이

불 땔 때입니다. 불 때는 것과 깨달음과는 관계가 없습니다. 깨달은 순간이 불 때는 순간일 뿐입니다. 지금도 불 때는 사람 많습니다. 그러나 다 깨달은 것은 아닙니다. 평소에 꾸준히 수행을 했기 때문에 공부가 무르익는 겁니다. 감으로 말하면 붉은 홍시가 된 겁니다.

부처님도 샛별 보고 깨달았다고 하지 않습니까? 샛별과 깨달음과는 아무 상관이 없습니다. 깨치는 순간이 샛별을 보는 순간입니다. 그것은 닭이 알을 품다가 병아리가 나올 시간에 어미도 쪼고 병아리도 쪼아서 쪼는 것이 동시에 딱 맞는 겁니다. 그래서 병아리가 23일 만에 나옵니다. 수행도 마찬가지입니다. 닭 병아리 깨는 것과 같습니다.

불 때다가 갑자기 깨닫고 나니, 옛길 인연이 분명해졌다고 했습니다.

옛길 인연이 무엇이겠습니까? 佛祖의 인연입니다. 부처님이나 조사님이 깨달은 법의 인연이 분명해졌다는 겁니다. 부처님 깨달음이나 옛 조사님 깨달음이 다른 것이 아닙니다. 분명해졌다는 것은 깨달음은 똑같다는 말입니다.

그러니 "누가 와서 나한테 조사서래의를 묻는다면 이렇게 말한다"고 했습니다.

"바위 밑 물소리에 젖는 일 없다 하리." 했습니다.

젖지 않는다는 것은 무슨 뜻입니까?

움직이지 않는다는 말입니다. 움직이지 않는 것은 뭡니까? 不生不滅하는 마음입니다.

생하지도 멸하지도 않는 마음이 무슨 마음입니까?

우리 마음 佛性입니다.

선사의 오도송은 두 개입니다. 내용은 다르게 말했으나 뜻은 같습니다.

"마을 개 짖는 소리 손님인가 의심하고, 산새 지저귀는 소리 나를 조롱한 듯하다." 했습니다.

마을에 개는 왜 짖습니까? 집 지키려고 짖습니다. 낯선 사람 오면 짖는 것이 개입니다. 그러니 개 짖으면 그 동네 낯선 손님 오는가 보다 한다 이겁니다. 당연한 이치입니다. 이치가 그렇다는 겁니다. 낯익은 사람 보면 개는 짖지를 않습니다. 짖는 대신에 꼬리를 흔듭니다. 꼬리 흔든 것이나 개 짖는 것이나 개 짓 아닙니까? 표현하는 방법은 달라도 똑 같은 개 몸짓입니다. 법이라는 것도 그렇다는 겁니다.

"산새가 나를 조롱한 듯하다"고 했습니다.

산새가 조롱한다고 하던지, 반긴다고 하던지, 누가 한 말입니까? 그것은 한암선사님이 말씀한 겁니다. 법이라는 것이 말은 달라도 이치는 그렇다는 겁니다.

그래서 "만고에 빛나는 마음달이 하루아침에 세상 바람 쓸어 버렸네." 했습니다.

마음을 깨치고 보니 세상 바람 다 쓸어냈다는 겁니다. '세상 바람'은 마음의 번뇌를 말한 겁니다. 본래 마음, 불성을 깨달고 보니 무명 번뇌가 없어졌다는 말입니다.

오도송은 도를 깨달은 노래입니다. 한암선사님의 오도송은 또 이렇게 노래했습니다. 선사님의 수행 일화도 많습니다만 다 소개 못하는 것이 아쉽습니다.

다음 선사님들의 오도송은 사족은 붙이지 않겠습니다. 그냥 게송을 번역만 하겠습니다.

한국 고승들의 오도송과 열반송

天衾地席山爲枕 月燭雲屏海作樽
大醉居然仍起舞 却嫌長袖卦崑崙
(震黙大師 悟道頌)

하늘을 이불삼고 땅을 자리로 산을 베개 삼네
달을 촛불삼고 구름은 병풍으로 바다는 술독 삼아
크게 취하여 이내 일어나 춤을 추니
도리어 긴 소매가 곤륜산에 걸릴까 걱정되네.

青山綠水眞我面 明月淸風誰主人
莫謂本來無一物 塵塵刹刹法王身
(無學大師 涅槃頌)

푸른 산 푸른 물이 내 참 모습이고
밝은 달 맑은 바람의 주인은 누구인가?
본래부터 한 물건도 없다 하지 말라
온 세계 티끌마다 부처님 몸 아니던가?

吾心似秋月 碧潭淸皎潔
無物堪比喩 如何敎何說
(寒山禪師 悟道頌)

내 마음은 가을 달 같고
푸른 연못은 맑아 희고 깨끗하구나,
무엇으로 견줄 바가 없으니
어떻게 나를 졸라 말하라고 하는고?

一切有爲法 本無眞實相
於相義無相 卽鳴爲見性

(慧月禪師 悟道頌)

일체 함이 있는 법은
본래 진실한 상이 없다
상에서 상 없음을 안다면
성품을 보았다고 하느니라.

寶刀飜遊刃 明鏡無前後
兩般一樣風 吹到無根樹
(曼庵禪師 悟道頌)

보배 칼 마음대로 쓰고
밝은 거울은 앞과 뒤가 없네,
두 가지를 한 모양 바람 되어
뿌리 없는 나무에 불어되누나.

海底燕巢鹿抱卵 火中蛛室魚煎茶
此家消息誰能識 白雲西飛月東走
(曉峰禪師 悟道頌)

바다 속 제비집에 사슴이 알을 품고
불속 거미집에 고기가 차를 달이네,
이 집 소식을 누가 아는고?
흰 구름은 서쪽으로 날고
달은 동으로 달아나네.

透出十方昇　無無無亦無
個個只此兩　覓本亦無無
(金烏禪師 悟道頌)

시방 세계를 철저히 꿰뚫으니
없고, 없고, 없고 또한 없구나,
날날이 모두 그러하기에
뿌리 근본을 찾는다 해도 역시 없고, 없을 뿐이네.

昨夜三更月滿樓　古家窓外蘆花秋
佛祖高德喪神命　潺潺流水過橋來
(田岡禪師 悟道頌)

어젯밤 삼경에 달빛은 누각에 가득하더니

고가의 창밖엔 갈대꽃 만발한 가을이로구나,
부처와 조사의 높은 덕도 신명을 잃으니
잔잔히 흐르는 물은 다리 밑을 지나가는구나.

我是訪吾物物頭 目前卽見主人樓
呵呵逢着無疑惑 優鉢花法界流
(鏡峰禪師 悟道頌)

내가 나를 온갖 것에서 찾았는데
눈앞에 바로 주인공이 나타났네,
허 허 이제 만나 의혹이 없으니
우담발화 꽃빛이 온 누리에 흐르는구나.

深入普賢毛孔裡 促敗文殊大地閑
冬至陽生松自綠 石人駕鶴過靑山
(九山禪師 悟道頌)

보현의 털 속에 깊이 들어가
문수를 잡으니 대지가 한가롭구나,
동짓날에 소나무가 저절로 푸르니

돌사람 학을 타고 청산을 지나가네.

忽見兩手全體活 三世佛祖眼中花
千經萬說是何物 從此佛祖總喪身
鳳岩一笑千古喜 曦陽數谷萬劫閑
來年更有一輪月 金風吹處鶴淚新
(香谷禪師 悟道頌)

홀연히 두 손을 보고 전체가 드러났네,
삼세의 불조는 눈 가운데 꽃이요
천경 만론은 이 무슨 물건인가?
이로 쫓아 부처와 조사가 몸을 잃었구나,
봉암에서 한번 웃음은 천고의 기쁨이요
희양 산 몇 곡조는 만겁에 한가롭다
내년에도 둥근 달은 다시 있겠지
금풍이 부는 곳에 학의 울음 새롭구나.

黃河西流崑崙頂 日月無光大地沈
遽然一笑回首立 青山依舊白雲中
(性徹禪師 悟道頌)

황하는 서쪽으로 흘러 곤륜 산정에 치솟는데
해와 달은 빛을 잃고 땅은 꺼졌구나,
문득 한번 웃고 머리를 돌려서니
청산은 옛과 같이 흰 구름 속에 있네그려!

生平欺狂男女群 彌天罪業過須彌
活陷阿鼻恨萬端 一輪吐紅掛碧山
(性徹禪師 涅槃頌)

일생 동안 남녀 무리를 속여서
하늘을 넘치는 죄업 수미산을 지나치네,
산채로 아비지옥에 떨어져 그 한이 만 갈래 되나니
한 수레바퀴 붉음을 토해 푸른 산에 걸렸도다.

語黙動靜句 箇中誰敢着
問我動靜裡 卽破器相從
(慧菴禪師 悟道頌)

어묵동정의 글귀에
이 가운데 누가 감히 머문다 하는고?

동정 여윈 곳을 내게 묻는다면
곧 깨진 그릇은 맞추지 못한다고 하리라.

象王嚬呻獅子吼 閃電光中辨邪正
清風凜凜拂乾坤 倒騎白岳出重關
(西翁禪師 悟道頌)

상왕은 위엄 떨치고 사자는 을부짖네,
번쩍이는 번개불 속에 옳고 그름 판단하고
맑은 바람 늠름하여 하늘과 땅에 떨어지네,
백악산을 거꾸로 타고 겹겹의 관문을 벗어나도다.

迷故三界城 悟故十方空
本來無東西 何處有南北
(清華禪師 悟道頌)

미혹한 까닭에 삼계가 성이나
깨달고 보니 시방이 공하네,
본래 동서가 없으니
어느 곳에 남북이 있으랴?

我有一鉢囊 無口亦無底
受受而不濫 出出而不空
(法長禪師 涅槃頌)

나에게 바랑이 하나 있는데
입도 없고 밑도 없다
담아도, 담아도 넘치지 않고
주어도, 주어도 비지 않는다.

男兒到處是故鄉 幾人長在客愁中
一聲喝破三千界 雪裡桃花片片紅
(卍海 和尚 悟道頌)

남아 대장부 가는 곳이 고향인 것을
수많은 나그네 시름 속에 애태웠네,
한 소리 버럭 지르니 삼천 세계가 깨지고
눈 속에 붉은 복사꽃 조각조각 날리네.

清淨本然極玲瓏 山河大地絶点空
毘盧一體從何起 海印能仁三昧通

（高峰禪師 悟道頌）

청정한 근본은 극히 영롱하거니
산하대지가 한 점의 허공이로다
비로의 한 몸은 무엇을 따라 일어나는고?
해인과 능인이 삼매로 통할 뿐입니다.

一棒打倒毘盧頂 一喝抹却千萬則
二間茅庵伸脚臥 海上清風萬古新
（眞際禪師 悟道頌）

한 몽둥이 휘두르니 비로정상이 무너지고
벽력같은 한 할에 천만 갈등 흔적 없네
두간 토굴에 다리 펴고 누우니
바다 위에 맑은 바람 만년토록 새롭다.

黃梅山庭春雪下 寒雁天向北飛去
何事十年枉費力 月下蟾津大江流
（松潭禪師 悟道頌）

황매산 뜰에는 봄눈이 내렸는데
찬 기러기는 울며 북을 향해 날아가는구나
무슨 일로 십년간 헛된 힘을 허비 했던고?
달빛 아래 섭진강이 흐르는구나.

3부

생활선편

게송으로
깨닫기

여여게(如如偈)

報化非眞了妄緣　法身淸淨廣無邊
千江有水千江月　萬里無雲萬里天
(如如偈)

보신 화신은 참이 아니요 망연인 줄 알아야 하나니
법신은 청정하고 넓고 커서 끝이 없어라
천강에 물이 있으니 천강에 달이 있고
만리에 구름 한 점 없으니 만리 그대로가 푸른 하늘일세.

| 해설 |

이 게송은 如如偈頌입니다.

如如란 무엇인가? 如如는 같고 같다는 뜻입니다. 眞如와 같다는 뜻입니다. 바른 智慧를 體得하고 나면 森羅萬象 이대로가 本體가 하나(同)라는 뜻입니다. "같다" 라는 것은 하나라는 뜻이고 하나는 平等하다는 뜻입니다.

萬法은 現象的으로 보면 다릅니다. 山이 다르고, 물이 다르고, 새 짐승이 다르고, 모양이 다르고, 이름이 다르고, 같은 것이 하나도 없지만 그것은 모양 이름만 본 것이고 그 속 알맹이(體)를 보면 다 같다는 겁니다. 이렇게 佛敎는 萬法을 보는 눈이 다릅니다.

偈頌에서도 "報化는 참이 아니라"고 했습니다.

報化는 報身 化身을 말합니다. 보신과 화신은 모양(相)과 이름(名)이 있습니다. 相과 名이 있는 것은 緣起法으로 보면 生滅이 있기 때문에 虛妄한 것입니다.

그러나 "法身은 淸淨하고 넓고 커서 끝이 없다"고 했습니다.

그러니 "千江의 물에 千江의 달이 있고, 萬里의 하늘이 그대로가 한 하늘"이란 뜻입니다.

이 말은 報身, 化身이 法身이란 뜻입니다. 강이니 달이니 하늘이니 구름이 다른 게 아니라 그대로가 法身이란 뜻입니다.

한 번 볼까요? 왜 그런가 말입니다.

여기 黃金이 있습니다. 이 금으로 반지도 만들고 목거리도 만들고 팔찌도 만듭니다. 그런데 팔찌는 팔찌의 모양(相)이 있고, 팔찌라는 이름

(名)이 있습니다. 반지는 반지 모양(相)이 있고 반지라는 이름(名)이 있습니다. 名과 相으로 보면 各各 다른데 金이라는 體로 보면 같은 金입니다. 팔찌도 금으로 만들었고 반지도 금으로 만든 겁니다. 그런데 우리 중생들은 모양(相)과 이름(名)에 마음을 빼앗겨 다르다고 봅니다. 그것이 문제입니다. 다르게 보고 다르다고 고집하고 다르다고 생각합니다. 이런 것을 衆生見이라고 합니다. 衆生은 뭇 生命입니다. 그 뭇 생명들이 보는 것이 다르니 보여지는 세계도 다른 겁니다. 원래는 다른 것이 아닌데 말입니다.

똑같은 금으로 만들었잖습니까? 똑같은 금으로 보는 것이 法身을 본 겁니다. 팔찌의 금이나 반지의 금이나 모양과 이름은 달라도 금이라는 본바탕(體)은 하나이고 같습니다. 변했으나 변한 것이 아닙니다. 그것을 말하는 것이 如如偈입니다. 팔찌도 금과 같고 반지도 금과 같다는 겁니다. 그래서 같고 같다. 如如라고 합니다. 그러니 팔찌가 금이요, 반지가 금입니다 이겁니다. 팔찌니 반지니 이름과 명상이 報身, 化身이 된 겁니다.

그래서 "千江有水 千江月이요, 萬里無雲에 萬里天이라"한 겁니다.

참 멋지지 않습니까? 이 如如偈는 새벽 송주 때 梵唄 魚散으로 읊조리면 제 맛이 나는 게송입니다. 이 맛으로 스님 생활을 한 겁니다.

부처님 찬덕게(讚德偈)

刹塵心念可數知 大海中水可飮盡
虛空可量風可繫 無能盡說佛功德
(讚德偈)

티끌 같은 이 마음 다 헤아리고
큰 바다 모든 물 다 마셔도
허공 끝 모두 알고 바람 다 잡아도
부처님 크신 공덕 어찌 다 말하랴?

석가모니불

| 해설 |

이 게송은 부처님의 덕을 찬탄하는 讚德偈입니다.

功德이란 좋은 일을 쌓는 功과 佛道를 修行하는 것을 말합니다.

善은 修行을 이를 도와줘 福되게 함으로써 福이라 합니다. 그래서 福의 德이므로 福德이라고 합니다.

功은 功能이라고 합니다. 善을 修行하는 이를 도와 이롭게 함으로서 功의 德이란 뜻에서 功德이라고 합니다.

그러니 功을 베푸는 것을 德이라고 합니다. 베푼 德이 자기에게 돌아오므로 德이라고 합니다. 부처님은 多劫 生을 통해 修行하시면서 많은 功德을 쌓았기 때문에 오늘날에도 부처님 福으로 우리가 먹고 삽니다.

부처님 相好한번 보십시오. 얼마나 거룩한 相입니까? 우리 중생상과 비교해 보면 三毒으로 찌든 상이 우리 얼굴 아닙니까? 그런데 부처님 상은 가장 자비스런 圓滿相입니다. 그런 상은 하루 아침에 이루어진 상이 아닙니다. 다겁 생을 쌓아온 修行의 功德相입니다. 그 공덕상을 경전에서는 三十二相 八十種好라고 했습니다. 修行을 잘 하면 相好가 바뀝니다. 惡한 얼굴도 善한 相으로 바뀝니다. 스님들 얼굴 보십시오. 뭔가 좀 다르게 느껴집니다. 그게 수행에서 오는 相好라서 일반인과는 좀 다릅니다. 수행의 결과는 相好로 나타납니다. 그것이 三十二相 八十種好입니다.

그 공덕상을 중생들이 어찌 다 설명할 수 있겠습니까?

게송처럼 "하늘과 땅을 손바닥 보듯이 마음대로 할 수 있는 功能이 있다 해도 부처님 공덕은 다 말할 수 없다"는 겁니다.

佛敎 修行은 福慧雙修입니다. 그렇다고 福을 빌기만 하지 마십시오. 福을 빌기만 하면 祈福佛敎가 됩니다. 福은 지어야 합니다. 福 짓는 일은 布施 아닙니까? 과일 몇 개 놓고 福 달라고 빌면 안됩니다. 福은 베풀어 짓는 것이 福 받을 일입니다. 요새 福 지을 일 많습니다. 우리 주위에 福 밭이 많습니다. 서울역 대합실에도 전철역에도 추위에 떨고 배고픈 분 많습니다. 그 분들께 베푸세요. 그 분들께 베푼 복이 바로 베푼 분께 옵니다. 布施가 作福입니다.

智慧도 달라고 빌기만 하면 안됩니다. 지혜를 얻으려면 닦아야 합니다. 닦지 않는 지혜는 乾慧입니다. 乾慧는 머리로 아는 지혜입니다. 智慧는 禪定을 닦아야 얻어집니다. 禪定은 修行입니다. 禪定 修行만이 一切種智인 부처님 智慧를 얻게 됩니다. 그래야 부처님 功德을 말할 수 있습니다.

찬불게(讚佛偈)

天上天下無如佛 十方世界亦無比
世間所有我盡見 一切無有如佛者
(讚佛偈)

하늘 위나 하늘 아래 부처님 같은 이 없고
동서남북 상하
모두 둘러 봐도
부처님 같은 이 아무데도 하나 없네.

이 게송은 讚佛偈입니다. 찬불게는 부처님을 찬탄하는 노래입니다.

왜? 부처님을 찬탄할까요?

佛敎 敎主라 찬탄합니까? 그렇지만은 않습니다. 敎主여서 찬탄한다면 意味가 없습니다. 그것 보다는 부처님이 깨달으신 말씀이 眞理니까 찬탄한 겁니다.

게송을 보면, "하늘 위나 하늘 아래나 동서남북 상하 어느 곳을 찾아 봐도 부처님 같이 諸法實相을 如實하게 깨달은 분이 없다"는 겁니다.

석가모니 부처님의 몸을 찬탄하는 것이 아니라 그 분이 깨달은 法을 찬탄한 겁니다.

부처님이 깨달은 법이 뭡니까?

緣起法입니다.

緣起法이 뭡니까?

因果法입니다.

因果法이 뭡니까?

이 세상 모든 법은 原因과 結果로 연결 되어 있다는 것 아닙니까? 요새 말로 하면 네트워크입니다. 서로 관계 관련 되었다는 말입니다.

이것이 있으므로 저것이 있고,

이것이 일어남으로 저것이 일어난다.

이것이 생하면 저것이 생하고

이것이 멸하면 저것도 멸한다는 겁니다.

이것이 緣起法입니다.

이 연기법을 부처님이 깨달은 겁니다. 우주 실상을 연기법으로 보신 분은 부처님 밖에 없습니다. 그 연기법이 우주 실상이 아니라면 부처님을 찬탄할 것이 없습니다. 그런데 찬탄하는 그 연기법이 眞理이기 때문에 찬탄하는 이유입니다.

한번 볼까요?

여러분 주먹을 한번 쥐어 보십시오. 여기에 因果法이 있습니다.

주먹은 왜? 주먹이 만들어졌습니까?

주먹을 쥐려는 생각 때문 아닙니까? 그 생각이 原因이 되어 주먹이라는 結果가 나온 겁니다. 이것이 因果法이고 緣起法입니다. 세상 일 모든 것이 한 생각에 달린 겁니다. 주먹의 원인도 내 한 생각이고 주먹의 결과도 내 한 생각 아닙니까?

거기에 무슨 神이 關與합니까? 여기에 무슨 物質要素가 관여합니까?

그렇습니다. 부처님 당시만 해도 인도철학 종교사상은 有神主義 아니면 唯物思想이었습니다. 그것을 부처님이 緣起法으로 다 打破하신 겁니다. 그래서 부처님을 찬탄하는 게송이 나온 겁니다. 우주를 다 둘러보아도 부처님 같이 깨달은 분이 없다는 겁니다. 그래서 부처님을 찬탄하는 찬불게가 나온 겁니다. 부처님은 一切種智를 깨달은 분입니다. 諸法實相을 깨달은 분이 부처님입니다. 그래서 찬탄하는 겁니다.

그러니 불자님들도 부처님 같이 깨치셔야 합니다. 부처님은 모든 중생이 다 부처라고 했습니다.

점안게(點眼偈)

梅檀木做衆生像 及與如來菩薩形
萬面千頭雖各異 若聞薰氣一般香
(點眼偈)

전단 향나무로 중생상 만들고
여래도 보살상도 만들어서
만 가지 얼굴 천 가지 머리 다 각각 다르지만
만약 그 향기 맡아보면 모두가 똑같은 전단 향기일세.

점안을 통해 생명을 얻는 불상

이 偈頌은 點眼偈입니다. 점안게는 點眼式 때 읊는 게송입니다. 부처님을 탱화로 그리거나 나무나 돌에 佛像 菩薩像을 조성하여 봉안한 후에 부처님 눈에 瞳子를 그려 넣는 佛敎儀式의 하나입니다. 佛母가 부처님 탱화나 불상을 조성하여 봉안식이나 점안식을 하지 않으면 正佛이 아닌 邪佛이라 합니다. 점안 식은 그래서 중요합니다. 덕이 높은 스님이나 善知識이 깨친 眼目으로 法力에 의존하여 부처님 눈에 五眼의 法力을 넣는 의식인 만큼 중요한 法儀禮입니다. 말하자면 活佛儀式입니다. 이렇게 活佛의식을 마친 佛像이나 菩薩像이 禮佛의 對象으로서 信仰의 佛像이 될 수가 있습니다. 그렇지 않는 불상이나 보살상은 邪佛로 봅니다. 그러니 불자님들은 누가 탱화나 불상을 선물 받으면 꼭 점안식 의례를 거쳐서 모십시오. 그래야 正佛이 됩니다.

이 점안게는 전단 향나무로 되어 있습니다. 전단향은 향나무입니다. 나무 자체가 전단 향나무라 香이 진동을 합니다. 이 전단 향나무는 몇 천년이 지나도 썩거나 좀이 슬지를 않습니다. 그러니 佛像을 조성하는 재료로는 最上의 木材입니다. 信仰의 대상인 佛像이나 菩薩像이 썩거나 좀이 슬면 그렇지 않습니까? 그런 면에서는 최상의 재료입니다.

게송 일구에 보면 "중생상을 전단 향나무로 만든다" 했습니다.

二句에도 "佛像 菩薩像도 전단 향나무로 만든다" 했습니다.

똑 같은 향나무로 만들었으니 그 향기 똑같은 전단향이라는 겁니다.

여기에 깊은 뜻이 있습니다. 중생이나 불보살이 그 본바탕은 같다는 뜻입니다. 心卽是佛이라는 말입니다. 왜 그렇습니까? 재료 자체가 전단향 나무라서 그렇습니다. 그렇지 않습니까? 재료가 하나인데 모양은 달라도 똑같은 전단향나무라는 겁니다. 우주 만법도 본체자리에서 보면 하나라는 겁니다. 그 점을 점안게에서 설하고 있습니다.

중생은 相이나 이름(名)에 집착을 하니까? 그 집착을 깨기 위해서 이렇게 멋진 게송을 염한 겁니다. 分別心 差別心을 없애기 위한 겁니다. 이 게송은 三身佛을 다 설해 놓은 게송입니다. 뜻도 좋고 내용도 좋은 最上의 偈頌입니다. 잘 음미해 보십시오.

왕생게(往生偈)

願我臨欲命終時 盡除一切諸障碍
面見彼佛阿彌陀 卽得往生安樂刹
(往生偈)

바라옵건데 나의 목숨이 다하려 할 때
일체 모든 장애 다 제하고
면전에서 아미타불 친견하여
곧 바로 극락세계 가서 나기를 원합니다.

願我盡生無別念 阿彌陀佛獨相隨
心心常係玉毫光 念念不離金色相
(發願偈)

나는 이생 다 하도록 다른 생각 아니 하고
오로지 한 마음으로 아미타불을 따르리라,
한 마음으로 한결같이 옥호광명 생각하고
생각마다 한결같이 금색 부처 떠나지 않겠나이다.

我執念珠法界觀 虛空爲繩無不貫
平等舍那無何處 觀求西方阿彌陀
(執珠偈)

내 염주를 가지고 법계를 관할 때에
허공을 노끈삼아 꿰지 못함 없사옵고
평등하신 노사나불 안 계신 곳 없건마는
서방세계 아미타불 관하고 구합니다.

| 해설 |

이 게송들은 往生偈입니다. 往生은 가서 난다는 뜻입니다.

어디를 가서 나느냐?

極樂世界에 가서 난다는 겁니다.

극락세계는 法藏 比丘가 願力으로 세운 淨土입니다. 그 극락세계는 괴로움이 하나도 없는 無憂 國土라고 합니다.

그러면 어떻게 하면 그 극락세계에 갈수가 있는가?

극락세계 主佛은 阿彌陀佛입니다. 그 阿彌陀佛을 부르기만 하면 가서 난다는 겁니다. 이 生 다하도록 다른 생각 하지 않고 오직 한 마음으로 나무阿彌陀佛만 생각하면 바로 극락세계에 간다는 겁니다. 중요한 것은 한 생각입니다.

자나 깨나 앉으나 서나 오직 한 마음으로 아미타불을 염하면 된다는 겁니다. 오직 화두 생각하듯 염불도 한 생각으로 해야 된다는 겁니다.

불교 공부는 똑 같습니다. 話頭三昧나 念佛三昧나 똑같습니다. 공부하는 방법만 다르지 염불이나 화두나 다른 게 없습니다. 오직 한 생각 一念입니다. 修行의 核心은 沒入 集中입니다. 어떤 공부를 택하던지 집중 몰입이 잘 되는 것을 택하면 그게 바로 지름길입니다.

아미타경에 보면 이런 말도 있습니다. "죽음이 임박하여 숨이 끊어질 때 정신 똑 바로 하고 아미타불 열 번만 부르기만 해도 극락세계에 간다"고 했습니다.

쉽지 않습니까? 열 번만 부르면 가니 말입니다. 그런데요? 그게 그렇게 쉽지를 않습니다. 평소에 염불 수행을 하지 않는 분은 그렇게 쉽지를 않습니다. 그냥 똥오줌 싸면서 갑니다. 뭐가 뭔지를 모릅니다. 자식이 와도 몰라봅니다. 평생 같이 산 남편 부인도 몰라봅니다.

왜? 그런 줄 압니까?

魂飛魄散이 된 겁니다.

그래서 옛 말씀에 "노는 이 염불해라" 했습니다. 염불의 힘은 살아 있을 때는 전혀 모르다가 숨 끊어질 때 보면 압니다. 평생을 해온 염불이라 숨이 끊어질 때도 염불을 하게 됩니다. 습관이 된 겁니다. 습관도 이런 습관은 좋은 善業이 됩니다.

내 아는 분 한 분이 법무부 장관을 지낸 분이 계십니다. 그 분 모친이 평생을 阿彌陀佛 염불을 했습니다. 앉으나 서나 자나 깨나 평생을 염불만 했습니다. 그런데 85세를 사시고 임종 할 때입니다. 그 노모께서 숨이 끊어질 때 까지 자꾸 입으로 뭐라고 한 겁니다. 그래서 그 아드님이 귀를 어머니 입에 대고 "어머님 뭐라 구요?" 자꾸 물어 봤는데요. 무슨 遺言이라도 할까 봐서죠? 그런데 유언의 말씀이 아니고 모기 소리만큼 작은 소리로 "아미타불! 아미타불!" 손에 염주를 굴리면서 염불을 했다는 겁니다. 그러던 노모께서 염불소리 그치면서 손에 염주도 멈췄다는 겁니다.

이렇게 하는 염불을 不斷念佛이라고 합니다. 끊기지 않고 하는 염불입니다. 그것이 念佛三昧라고 한 겁니다. 이렇게만 하면 극락세계는 못갈 일이 없습니다. 바로 갑니다. 숨 떨어지자마자 극락정토에 갑니다. 아미타불 부처님이 마중을 나옵니다. 이 노 보살님 임종을 보고 그 장관 아드님 佛敎 信者가 되었습니다. 宗敎의 힘이 이렇습니다.

修行을 結算은 臨終 때 보면 압니다. 눈빛이 떨어질 때 갈 곳이 분명

해야 합니다. 똥 오줌 싸고 魂飛魄散하면 볼 장 다 본 겁니다. 만약 수행자가 그 모양이면 그건 似而非입니다. 갈 때도 修行者는 惺惺寂寂 一念이어야 합니다. 念佛三昧던지 話頭三昧던지 한 마음으로 가야 합니다.

극락세계 빅 뉴스하나 말씀드릴까요?

극락세계는 女子가 없는 國土입니다.

왜 그럴까요?

그 국토는 淨土國土라 그렇습니다. 女子가 필요 없는 세계라서 그렇습니다. 극락세계는 母胎가 아닌 연꽃에서 태어나기 때문입니다. 念佛의 三昧力으로 바로 연꽃에 化生하기 때문입니다. 그래서 여자가 없는 국토가 극락세계입니다. 그러니 의심나고 궁금하신 분은 오늘부터 열심히 不斷念佛三昧에 들어 보십시오.

다들 성불 하십시오.

도신게(度身偈)

三界猶如汲井輪 百千萬劫歷微塵
此身不向今生度 更待何生度此身
(度身偈)

삼계에 돌고 돌아 오르고 내림이 우물 속 두레박같아
백천만겁 지나도록 벗어나지 못하는구나
이 몸을 금생에 제도하지 못하면
언제 어느 생에 제도하겠는가?

이 게송은 度身偈입니다. 度身이란 몸을 제도한다는 뜻입니다.

釋門儀範에 보면 禪詩를 여러 種類로 分類를 합니다. 禪詩는 詩類에 따라 분류하여 불교 儀式集으로 만들었습니다. 佛敎儀式 속에는 讚佛偈 功德偈 發願偈 念佛偈 懺悔偈 往生偈 等等 儀式格式에 따라 偈頌을 나눈 겁니다. 그래서 이 게송은 度身偈가 된 겁니다. 게송을 풀어 보면 이렇습니다.

"三界에 輪廻하는 것이 마치 우물 속 두레박이 오르내리는 것과 같다"고 했습니다. "그렇게 살기를 몇 천겁을 지냈느냐?" 이겁니다. 그러니 제발 금생에는 輪廻의 줄을 끊으라는 겁니다.

왜? 그런가?

人生難得이라 그렇습니다. 사람으로 태어나기 어렵다는 겁니다. 우리는 주어진 生이라 그저 모르고 삽니다. 열린 눈으로 보면 사람 몸 받기가 쉽지를 않다는 겁니다. 盲龜遇木이라 하지 않습니까? 눈먼 거북이가 바다에 뜬 나무 만나는 것보다 더 어렵다는 것이 사람 몸 받기입니다. 이 말씀은 부처님 말씀입니다.

왜? 사람 몸이 중요한가?

능엄경에 보면 情五 思五라 했습니다. 情的인 것이 다섯이고, 思的인 것이 다섯이란 말입니다. 成佛하기 가장 좋은 衆生界가 人道 人間界입니다. 衆生이 輪廻하는 바탕인 業識을 말합니다. 情的 業力이 크면 땅에 사는 중생이 됩니다. 지렁이는 땅 속에, 뱀은 기어 다니지 않습니까? 情

的 業識 때문에 그렇습니다. 思的 業力이 크면 하늘을 날아다니는 衆生
이 됩니다. 날 짐승들은 思의 業力이 커서 그렇습니다. 情思 業力比例
가 衆生의 輪廻하는 모습입니다. 그것을 부처님은 능엄경에서 자세하
게 말씀하셨습니다. 그러니 인간 몸을 받았을 때 윤회를 벗어나란 말입
니다. 금싸라기 같은 하루하루를 헛 보내지 말고 부지런히 공부해서 이
몸을 제도하라는 것이 度身偈입니다.

영축산게(靈鷲山偈)

靈鷲拈花示上機 肯同浮木接盲龜

飮光不是微微笑 無限淸風付與誰

(靈鷲山偈)

영축산에서 꽃 들어 상근기에게 보이니

눈먼 거북 뜬 나무 만나듯 반가워라

가섭존자 빙그레 웃지 않았다면

무한 청풍을 누구한테 전했을까?

이 게송은 薦度儀式集인 釋門儀範에 나온 게송입니다. 祖師語錄 禪詩 法門으로 가득 찬 것이 釋門儀範集입니다. 산 사람을 제도하는 것도 불교지만 죽은 靈駕를 薦度 濟度하는 것도 佛敎입니다. 그러니 儀式集 念佛內容이 祖師法門으로 되어 있다는 말입니다. 얼마나 慈悲心이 철철 넘치는 종교입니까?

불자님들은 諸佛祖師님들께 감사해야 합니다. 宗敎儀式中에서 불교 의식만큼 완벽한 것이 없다고 봅니다. 음악, 내용, 구조가 완벽하니까요.

그건 그렇고, 이 영산게는 三處傳心 中에 하나인 拈花微笑입니다. 부처님이 세 곳에서 傳法을 하셨는데 靈山會上 拈花微笑와 多子塔前 半分座와 廓示雙趺를 말합니다. 이 세 곳에서 부처님이 迦葉尊者에게 正法眼藏을 전한 겁니다.

부처님은 법을 마음과 마음으로 전했다는 겁니다. 영산회상에서 부처님이 꽃 한 송이를 들어보였는데, 가섭존자만 빙그레 웃었다는 겁니다. 그 웃는 미소가 바로 법을 깨달은 상근기란 말입니다. 그 많은 대중은 무슨 뜻인 줄 전혀 모르는데 가섭존자만 웃었으니, 이런 것을 群鷄一鶴이라고 합니다.

만약 그때 당시 가섭존자가 미소를 짓지 않았다면 어떻게 되었을까요? 부처님으로 봐서는 가섭의 미소가 바다에 뜬 나무토막입니다. 얼마나 다행입니까? 盲龜遇木이란 말입니다. "눈먼 거북이 바다에 뜬 나무 만나듯 반가워라"했지 않습니까? 뜬 나무는 눈먼 거북의 숨통 아닙니까? 얼마나 다행입니까? 숨 한번 쉴려고 바다 속에서 나왔는데 구멍 뚫린 뜬 나무를 만났으니 천만다행입니다. 그래서 부처님은 정법안장과 열반묘심 미묘법문을 가섭에게 전했다고 한 겁니다. 그리하여 가섭존자가 부처님 법을 잇는 第一子가 된 겁니다. 아슬아슬하지 않습니까?

이런 게송을 죽은 영가에게 의식작법으로 설해서 천도하는 것이 불교의식입니다.

한 10년 전에 일본을 갔다 왔는데요. 일본 정토종 초청으로 韓日佛教 靈山儀禮作法 公演을 도쿄國立劇場에서 太古宗 스님들이 했는데요, 우리나라 불교의식이 일본 것보다 훨씬 莊嚴하고 짜임새가 있더라구요. 나가 보니까 우리 것이 소중한 줄 알 것같더군요. 의식 용어만 현대어로 바꾼다면 금상첨화라 생각됩니다.

불교 전통의식을 그대로 보존하고 있는 종단은 태고종입니다. 태고종 범패 소리를 들어보면 그대로가 淨土音樂입니다. 우리말 의식집만 나온다면 살아 있는 의식집이 될 터인데 말입니다. 불교 각 종단에서 힘을 모아 초종파적으로 불교 의식집을 단일화했으면 합니다.

지장보살 찬탄게

地藏菩薩威神力 恒河沙劫說難盡
見聞瞻禮一念間 利益人天無量事
(地藏菩薩 讚嘆偈)

지장보살님 위신력은
억 겁을 두고 설해도 다하기 어려워라
보고 듣고 예배하는 잠간 사이에
인천의 이익 된 일 한량없어라.

지장보살

이 게송은 지장보살님을 찬탄하는 게송입니다.

지장보살은 큰 원력을 세워 지옥중생을 다 제도하고 맨 나중에 성불하겠다고 원력을 세운 보살입니다. 그래서 지옥 문전에 서서 중생을 제도하시는 보살입니다. 불교의 대승사상 중에 가장 대승적인 사상이 지장보살 원력입니다.

그렇지 않습니까? 지옥을 누가 가려고 합니까? 다 천당 가려고 발버둥 치지 않습니까? 그런데 유독 지장보살은 지옥을 간다고 했습니다.

왜 갑니까? 자기가 지은 죄업 때문에 갑니까? 아닙니다. 지옥 중생 구하려고 갑니다. 원력으로 갑니다. 서원으로 갑니다. 죄 많은 지옥 중생이 다 성불하고 지옥이 텅 텅 비어 고통 받는 중생이 하나도 없을 때까지 지옥 문전에서

중생을 제도하겠다는 겁니다.

그러니 그 크나큰 원력과 위신력을 억 겁을 두고 설해도 다 설할 수가 없다는 겁니다. 보고 듣고 예배하는 잠간 사이에 지장보살을 부르는 공덕이 한량이 없다고 했습니다.

원력들을 세우십시오. 극락정토는 아미타불의 원력 정토입니다. 관세음보살 원력은 사바세계입니다. 고통 받는 중생을 대자대비로 구제하겠다는 원력보살들이 되십시오.

나무 지장보살마하살.

관세음보살찬

圓通菩薩觀世音 十方世界無不住
一念誠心稱名號 救苦救難皆解脫
(觀世音菩薩讚 和政)

원통보살 관세음은
시방세계 머물지 않는 곳 없네
일념으로 성심을 다해 관세음을 부르면
고통 고난 다 구해줘 해탈케 하시네.

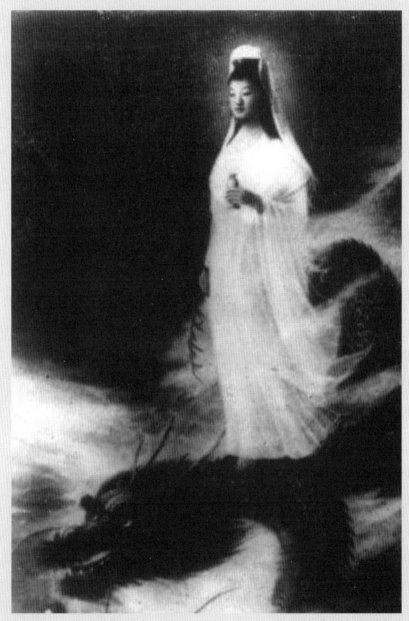

관세음보살

관세음보살님은 천수천안으로 중생을 살피시니 일념으로 성심을 다해 부르면 바로 나타나셔서 고통과 고난을 구해 주신다는 게송. 요점은 不斷(끊어짐 없는)念佛에 있습니다.

모계송(暮偈頌)

圓覺山中生一樹 開花天地未分前
非青非白亦非黑 不在春風不在天
(暮偈頌)

원각 산중에 한 그루 나무
하늘 땅 나기 전에 이미 피었네,
그 꽃은 푸르지도 희지도 검지도 않네 그려!
그러니 봄바람에도 하늘에도 있지 않네.

| 해설 |

이 게송은 불교 의식 중, 저녁에 송하는 게송입니다.

원각 산중의 나무 한 그루는 우리 마음 불성을 말하는 겁니다. 그 마음, 불성은 꽃이 피기 전에 있었고 천지가 나누어지기 전에 있었다는 겁니다.

그런데 그 나무에 핀 꽃은 희지도 않고 푸르지도 않고 또한 검지도 않다는 겁니다. 그러면서도 그 나무는 하늘에 있는 것도 아니고 봄바람에 있는 것도 아니라고 했습니다. 우리 불성이 그렇다는 겁니다.

마음, 불성은 본래 無一物이라 그렇습니다. 마음은 당저가 없습니다. 색깔도 없고 모양도 없는 것이 마음입니다. 그 마음자리를 七言節句로 이렇게 멋들어지게 표현한 겁니다.

큰스님들의 법문 단골 메뉴송입니다. 음미하면 음미할 수록 묘미가 나는 게송입니다.

금강경 사구게(四句偈)

凡所有相 皆是虛妄
若見諸相非相 卽見如來
(金剛經 四句偈)

무릇 모양이 있는 것은
다 허망한 것이니
만약 모든 모양이 모양 아님을 알면
곧 바로 여래를 볼 것입니다.

若以色見我 以音聲求我
是人行邪道 不能見如來
(金剛經 四句偈)

만약 모양으로 나를 보거나
음성으로 나를 구하면
이 사람은 사도를 행한 것이니
여래를 볼 수가 없습니다.

一切有爲法 如夢幻泡影
如露亦如電 應作如是觀
(金剛經 四句偈)

일체 유위법은
꿈과 같고 허깨비 같고 물거품 같고
이슬 같고 번개불과 같다
마땅히 이와 같이 관해야 한다.

| 해설 |

이 세 게송은 그 유명한 금강경 四句偈 게송입니다. 금강경의 核心 思

想이 담겨 있는 四句偈입니다. 이 사구게 뜻만 제대로 알면 불교의 空思想은 다 안 겁니다. 그런데 불자님들은 금강경을 매일 독송하면서도 誦文觀義가 안된 것이 문제입니다. 經文을 읽는 것은 좋지만 뜻까지 마음에 返照하여 읽어야 됩니다.

金剛經은 三空을 말한 經입니다. 三空은 我空 法空 俱空입니다.

我空은 나라는 自我가 없다는 겁니다. 우리가 나라고 할 때 무엇이 나입니까? 이 몸뚱이 이것을 나라고 하지 않습니까? 그런데 정말 이 몸이 나입니까? 나라는 實體가 있습니까? 실체라는 것은 속 알맹이 本質입니다. '그 속 알맹이가 영원한 알맹이냐?' 이런 질문입니다. '時間과 空間 속에 永遠하게 변하지 않는 同一한 存在가 있느냐?' 이겁니다.

그런데, 그렇지를 않다는 겁니다. 왜? 그렇습니까?

우리가 나라고 하는 것은 因緣法으로 되어 있기 때문입니다. 因緣이 무엇입니까? 原因과 條件과 結果입니다. 이렇게 因緣으로 이루어진 것은 항상 변한다는 겁니다. 同一存在로 存在할 수 없는 것이 宇宙萬法이라는 것입니다.

한번 볼까요?

여기 우유가 있습니다. 우유가 시간이 지나면 야쿠르트가 됩니다. 그러면 야쿠르트와 우유는 같은 겁니까? 다른 겁니까? 전혀 같지를 않습니다. 뭔가 좀 알 것 같습니까? 이렇게 우유가 야쿠르트가 되듯이 항상 同一한 存在로 存在하는 것은 없다는 게 부처님 가르침입니다. 萬法이 이렇게 늘 변하고 있는 것이 法의 참 모습인데, 그 변화하는 법의 참 모습을 보지 못하고 항상 존재하는 존재가 있다고 생각하는 것이 중생의 견해입니다.

그런데 중생들은 모양의 實體가 있다고 固執을 합니다. 그 잘못된 見解를 金剛經에서 四句偈를 통해서 打破하신 겁니다.

첫 번째 四句偈에서 "무릇 모양이 있는 것은 다 허망한 것입니다. 모든 모양이 모양이 아님을 알면 부처를 본다"고 했습니다.

인연으로 이루어진 모양은 인연이 다 되면 그 모양이 아님을 알라는 말입니다. 그러니 現相에 집착하면 여래를 볼 수 없다는 말입니다.

두 번째 게송도 말은 다르지만 내용은 같습니다.

"음성으로 나를 구하거나 形色으로 나를 구하면 邪見이라 여래를 못 본다"고 했습니다.

세 번째 게송은 '어떻게 볼 것인가?' 하는 正見을 말하고 있습니다.

"一切 有爲法은 꿈같고 환같고 물거품같고 그림자같고 이슬같고 번개같다"고 했습니다.

일체법이라고 하는 것은 萬法을 말합니다. 萬法이란 잠깐 있다가 사라지는 因緣所生法이란 뜻입니다. 緣起法으로 보면 正見이고, 自我 實體가 있다고 보면 邪見이라는 말입니다.

그러면 俱空이란 무엇인가?

나도 없고, 법도 없고, 없다는 생각도 空했다는 겁니다. 우리 중생은 있다고 하면 있다는 데 빠집니다. 없다고 하면 없다는 데 빠집니다. 말에 빠지는 것이 중생의 속성입니다. 그러니 있다, 없다 하는 말에도 속지 말라는 것이 금강경 사상입니다.

금강경의 核心 思想은 無有定法입니다. 이렇다 할 법이 없다는 겁니다. 이렇다 하면 벌써 이런 것이 아니기 때문입니다. 우유가 야쿠르트가 되듯이 말입니다. 우유와 야쿠르트가 같느냐? 다르냐? 같다고 해도 틀리고 다르다고 해도 틀린 말입니다. 固定 不變의 實體自我가 없기 때문입니다. 그것이 금강경 四句偈의 본뜻입니다.

금강경을 천 번을 읽으면 무엇 합니까? 마음에 반조가 없으면 헛된 일입니다. 그러니 마음에 반조하여 체득을 해야 합니다. 공의 이치를 깨달아야 합니다.

화엄경 사구게(四句偈)

若人欲了知 三世一切佛

應觀法界性 一切唯心造

(華嚴經 四句偈)

만약 누구라도 깨닫고자 하면

삼세의 모든 부처님의 가르침인

법계의 성품을 관하라

일체가 오직 마음으로 짓는 것이다

| 해설 |

이 게송은 화엄경의 四句偈입니다. 화엄경은 부처님께서 최초, 최후로 설하신 경전입니다. 우주 법계의 이치를 설해 놓은 경전입니다. 권수만 해도 분량이 80권입니다. 줄이고 줄여도 60권이 되는 방대한 경전입니다. 금강경 사구게에서 보았듯이 화엄경 사구게도 마찬가지입니다. 그 방대한 경전의 핵심 사상을 간추려 놓는 것이 사구게송입니다. 그러니 화엄경 80권을 다 못 본다 해도 이 사구게송의 뜻만 알면 80권 화엄경을 본 것과 같습니다.

게송에 말했잖습니까?

"만약 누구라도 깨달고자 한다면 삼세의 모든 부처님의 가르침인 법의 성품을 관하라"고 했습니다.

삼세의 모든 부처님은 法界緣起를 말했습니다. 法界는 宇宙 萬法을 말합니다. 우주 만법이 어디서 나왔느냐? 그것이 다 一心 마음에서 나왔다는 겁니다. 마음을 떠나서는 일체 만법이 없다는 겁니다. 그래서 一切唯心造라고 합니다. 일체가 마음이 만든 것이란 말입니다. 세상 만법이 있어서 보는 것이 아니라, 보기 때문에 있다는 말입니다. 마음을 떠나서는 일체가 없다고 했습니다.

부처님께서 초기에 교화 하실 때, 어떤 외도가 와서 묻습니다.

"부처님이시여! 부처님께서는 어떤 것이 一切라고 봅니까?"

그러자 부처님께서 "一切는 十二入處라"고 하셨습니다.

一切는 모든 것을 말합니다. 이 宇宙 實相을 말합니다. 그런데 부처님께서는 十二入處라고 말씀하셨습니다. 十二入處는 우리 인식기관을 말합니다.

眼耳鼻舌身意가 內六入處입니다

色聲香味觸法이 外六入處입니다.

內六入處와 外六入處가 十二入處입니다.

內入處는 우리 인식기관을 말합니다.

外入處는 인식대상을 말합니다.

눈(眼)으로는 色(物質)을 봅니다.

귀(耳)로는 소리(聲)를 듣습니다.

코(鼻)로는 냄새(香)를 맡습니다.

혀(舌)로는 맛(味)을 봅니다.

몸(身)으로는 촉감(觸)을 느낍니다.

마음(意)으로는 法(綜合)을 분별합니다.

이 여섯 가지 認識 作用과 認識 對象이 一切라는 겁니다.

六根이 六境을 相對해서 六識이 나옵니다. 이 六識이 우리 인식작용입니다. 이 인식작용을 떠나서는 우리가 인식하는 작용은 없습니다. 이 인식작용이 우리 인식의 전부입니다. 이 인식작용을 낱낱이 설명하자면 책이 몇 권 됩니다. 그러니 우리 마음은 인식작용을 떠나지 않습니다.

마음이 인식의 주체가 됩니다. 그래서 一切는 十二入處라고 부처님께서 말씀하신 겁니다. 一切가 唯心造라는 華嚴經 사구게와 같은 말이 十二入處입니다. 표현만 다르게 말했지 내용은 똑같습니다. "삼세 모든 부처님이 법의 성품을 보고 깨치려면 일체가 마음에서 비롯된 것임을 깨달으라" 하는 말입니다. 마음이 일체를 만들었다는 겁니다. 그러니 마음 떠나서 일체가 없다는 것입니다.

납자십훈(衲子十訓)

破衲朦頭兀然坐 富貴榮譽雲外夢
瓶甕雖無一粒米 萬古光明照大千
(衲子十訓 安貧偈)

누더기 더벅머리로 올연히 앉았으니
부귀니 영화는 구름밖에 꿈이로다.
쌀독에는 먹을 양식 한 톨도 없지마는
만고 광명은 삼천대천세계를 다 비춘다.

수행승들

一片殘月照寒林 數莖白骨依蓬蒿
昔日風流今在何 空使犁泥苦轉深
(衲子十訓 無常偈)

조각 달 비치는 한기 어린 수플에
수도 없는 백골들이 쑥 덤플에 흩어졌다.
옛적에 잘난 모습 어디에 두었기에
덧없는 삼악도에 괴로움만 더해가나.

運水搬柴古家風 種田博飯眞活計
夜半引錐猶自愧 喟然不覺淚沾襟
(衲子十訓 精進偈)

나무하고 물 긷는 일 옛 스님들 가풍이고
밭 매다 주먹밥은 잘 사는 소식일세
잠 오는 것 성가셔서 송곳으로 찌르고도
저도 몰래 한숨 쉬며 눈물 범벅 되네 그려!

喪身滅道色爲最 千纏萬縛入鑊湯
寧近毒蛇須遠離 一念錯兮塵沙苦

(衲子十訓 貞節偈)

망신하고 도를 멸하는 것 여색이 으뜸이고
천번 만번 얽어 묶어 확탕지옥 들어가네
차라리 독사를 가까이 할지언정 여색을 멀리 하라
한 생각 잘못하면 무량 고통 받게 된다.

種豆生豆影隨形 三時業果如鏡照
自作自受無廻避 那得怨天更尤人
(衲子十訓 因果偈)

콩 심으니 콩이 나고 그림자는 형상을 따르네,
삼세에 지은 업과 거울에 비추듯
자기가 짓고 자기가 받아서 피할 수가 없네,
분명한 인과법을 원망한다고 피하겠는가?

莫道暗室無人見 神目如電毫不漏
盡矣虔誠極護衛 勃然怒罵掃脚跡
(衲子十訓 愼獨偈)

어두운 밤에 혼자서 보이는 이 없다고 마라,
신의 눈은 번개 같아 털끝도 못 속인다.
정성을 다하여 받들어 모시다가
발연히 성내어 꾸짖다가 발자취 쓸더니라,

法界盡是毘盧師 誰道賢愚貴與賤
愛敬老幼皆如佛 常常嚴飾寂光殿
(衲子十訓 下心偈)

온 세상 모두다 청정 법신인데
잘잘못 시비함은 중생의 분별이라
젊고 늙고 부처같이 다 애경하면
언제나 대적광전 장엄 세계일세.

欲覓我是不得時 便得四海大安然
唯見自非常悔謝 刀杖毀辱恩難酬
(衲子十訓 省己偈)

내 옳은 것 찾아봐도 없을 때라야
사해가 안연하게 될 것이로다.

내 잘못 찾아보아 항상 참회한다면
원수의 앙갚음도 은혜가 될 것입니다.

嗟嗟浮世極癡人 種荊裁棘望仙桃
利己害人卽自決 爲他損身是活路
(衲子十訓 利他偈)

슬프다 뜬세상 어리석은 중생이여!
가시덤불 심어놓고 천도복숭아 바라는가?
내 살려고 남 해치는 것 죽은 길이고
남을 위해 손해봄이 사는 길일세.

貪着夢中一粒米 失却金臺萬劫量
無常刹那實難測 胡不猛省急回頭
(衲子十訓 回頭)

꿈속에서 쌀 한 톨을 탐착하다가
금대의 만겁 식량 잃어버렸네,
무상은 잠깐이라 퍼뜩 하고 마는데
한 생각 도리키어 정진하지 않겠는가?

| 해설 |

衲子十訓은 열 가지 제목으로 읊은 게송입니다. 구구절절이 수행 납자가 가야할 수행의 지침을 말하고 있습니다. 이 가르침대로만 행한다면 틀림없이 바른 수행을 할 수가 있습니다. 無常偈부터 回頭偈까지 어느 한 게송도 소홀히 할 수 없을 정도로 마음에 와닿는 값진 가르침입니다.

불교 수행은 無常을 切感해야 한다고 했습니다. 첫째가 無常을 痛感해야만 자기가 자기를 돌아본다는 겁니다. 천년만년 살 것 같은 사람의 목숨이 하루아침에 갑자기 죽음으로 닥쳐왔을 때 뼈저리게 느끼게 됩니다.

가장 가까운 부모님이 돌아 가셨다던가, 또는 형제자매 자녀의 죽음을 맞았을 때 절실하게 죽음을 통감하게 됩니다. 그래서 죽음에 대한 無常함을 경험하게 됩니다. 그때부터 자기의 죽음도 생각하게 됩니다.

인생이란 무엇인가?

어디서 와서 어디로 가는가?

삶의 목적은 무엇인가?

어떻게 살아야 하는가?

나는 지금 제대로 살고 있는가?

사는 것은 무엇 때문에 이렇게 아등바등 살아야 하는가?

등등을 생각하게 됩니다.

佛敎는 無常을 痛感한 宗敎입니다. 세상 모든 것이 無常하다고 했습니다. 무상하기 때문에 고통이 따른다는 겁니다. 그래서 그 고통을 끊고

安樂을 얻고 涅槃을 얻는 종교입니다. 혼자만 얻는 것이 아니라 누구나 다 그 涅槃樂을 얻도록 돕는 종교입니다.

　衲子十訓의 가르침을 보십시오. 그렇게 수행을 하면 틀림없이 涅槃을 成就합니다.

2장

차 마시며
깨닫기

선다시(禪茶詩)

嶺雲閑不徹 澗水走何忙
松下摘松子 烹茶茶愈香
(眞覺國師 禪茶詩)

산마루에는 구름 한가히 떠있는데
또랑물은 뭣 땜시 그리 바쁘게 흐르는고,
솔방을 따다 소나무 아래서
차 달여 마시니 차 향기가 더욱 향기롭네.

석정스님 作 一碗茶

今將妙藥及茗茶 奉獻靈山大法會
俯鑑檀那虔懇心 願授慈悲哀納受
(靈山獻茶偈)

오늘 묘약인 차를
영산 대법회에 받치오니
여러 중생 간절한 맘 굽이 살피시어
대자비로 어여삐여겨 받아주소서

折脚千瘡鐺子裏 枯枝煮茗獻先師
箇中滋味非他物 趙老當機止渴來
願授哀納受
(祖師殿獻茶偈)

다리 부러지고
마른 나무로 차 달여 선사님께 받치오니
그 가운데 자미는 다른 게 아니옵고
조주 노인 딱 맞게 갈증을 그치게 하였으니
바라옵건데 가엽게 여기어 받아주소서

百草林中一味新 趙州常勸幾千人
烹將石鼎江心水 願使亡靈歇苦輪
（茶偈）

백가지 초목 중에 첫째 맛인 이 차 맛을
조주스님은 몇 천인에게 권했던가?
돌솥에 강심수로 다렸으니
망령들이여! 드시고 윤회를 벗어나소서.

靜坐處茶半初香
妙用時水流花開
（秋史 禪茶詩）

고요히 앉아 차 반이나 마셨는데
향기는 처음과 똑 같네
그 향기 오묘한 작용은
물은 흐르고 꽃은 피는구나.

清淨茗茶藥 能除病昏沈
唯冀擁護衆 願垂哀納受

（靈山獻茶偈）

깨끗하고 맑은 차는 능히
혼침 병 제거하는 약이라
여러 성현님들은
이를 가상히 여겨 받아 주소서!

| 해설 |

여기서부터는 필자가 늘 애송하는 禪詩를 소개할까 합니다.

처음 茶詩는 眞覺國師의 禪茶詩입니다. 진각국사 茶詩 外 여섯 개 茶詩를 실었습니다.

진각국사는 고려때 스님으로 지눌 보조국사의 제자이고, 禪門拈頌 30권을 지은 분이기도 합니다. 훌륭한 禪師이면서도 禪詩가 淡白하고 간결하여 맛이 나는 맛갈스런 禪詩를 참 많이도 남기셨습니다.

스님의 禪詩 中에 茶詩가 눈에 띄어서 옮겨 싣게 되었습니다. 퍽이나 차를 사랑하신 분인 것 같습니다. 왜냐하면요. 詩情이 그렇습니다. 禪茶 一味로 사신 듯 해서요. 禪 따로 茶 따로가 아닌 禪茶一如로 산 듯 합니다.

禪院에서는 茶는 生活 必須品입니다. 뗄래야 뗄 수가 없습니다. 日常이 茶般事입니다. 마시는 게 차고 찾는 게 차였으니까요. 예부터 절에서는 獻茶禮式이 많았습니다. 그런데 요즈음은 그 전통이 사라지고 있으니 참 딱한 실정입니다. 그래서 친정집 생각하듯이 이렇게 禪茶詩 여러 편을 소개합니다. 예전 獻茶禮式으로는 春秋茶禮가 있고, 入室茶禮 掛佛茶禮 恩師忌日茶禮等 많은 行茶儀式이 있었으나 그 전통을 지키지 못한 겁니다. 그래서 아쉽습니다.

진각국사 禪茶詩는 한 폭의 東洋畵가 아닙니까? 고지녘한 山寺에 소나무 아래서 구름은 둥실둥실 떠가는데 어린 동자승이 망탱이에 솔방울 따다 놓고 화덕에 찻물 끓인다고 입으로 부채질하는 모습은 그대로가 仙景이 아닙니까? 바쁠 것도 급할 것도 없는 禪師의 日常事가 물씬 풍기는 그런 禪茶詩입니다. 얼마나 여유롭습니까? 그냥 마냥 무턱대고 쫓기듯 바쁘게 사는 현대인들에게는 妙藥이 아닙니까?

두 번째 茶偈는 受安位座篇의 茶偈입니다. 靈壇에 靈駕를 편안하게 모셔놓고 이 茶偈를 讀誦합니다. "백가지 초목 중에 가장 맛있는 이 甘露茶를 그대 영가에게 권하노니, 마시고 苦海의 輪廻에서 벗어나라"고 하는 薦度儀式입니다. 이렇게 茶를 천도의식에도 썼습니다.

여기에 조주선사가 나옵니다. 茶 하면 조주선사 아닙니까?

喫茶去(끽다거: 차 드세요)는 조주선사 家風입니다.

누가 와서 佛法을 물으면,

"茶나 한잔 마시게" 했다는 겁니다.

한국불교 禪院에서도 趙州禪師 喫茶宗風이 일어나야 합니다. 禪茶一如의 喫茶家風이 일어나야 禪風이 살아납니다. 禪風이 살아나야 불교가 살아납니다. 깨지고 부러진 솥단지지만 차를 끓여올리는 마음이 살아나야 傳統文化가 보존되고 宗風이 살아납니다.

　春茶禮는 三月 三日 올리는 茶禮이고, 秋茶禮는 九月 九日, 十月 十五일 올리는 茶禮이고, 掛佛茶禮는 밖에서 괘불대에 부처님 탱화를 모시고 行하는 儀式을 말한 겁니다. 祖師殿에서 모시는 入室茶禮도 있고, 恩師忌日에 모시는 茶禮도 있는데 그 전통이 사라지고 있으니 참 딱한 일이 아닐 수 없습니다.

　이런 儀式 절차 때마다 七言絶句 茶詩가 獻茶詩로서 있는 게 위에 있는 茶詩입니다. 차와 수행이 하나로 생활화되었기 때문에 禪茶一如니, 茶禪一味니 하는 말이 있게 된 것입니다.

금선문소회(今禪門所懷)

趙州喫茶祖師禪 來者去者甘露水
古佛家風無蹤迹 口禪衲子喫茶去
(今禪門所懷 和政)

조주스님 끽다거는 조사선이라
오고 가는 자 모두 감로수였네
옛부처님 가풍은 온데간데없고
입으로만 납자들 차마셔라 하네.

조주선사

돌계집이 애를 낳는구나

조주선사는 喫茶去로 부처를 만들었는데, 그 가풍은 온데간데없고 口
頭禪으로 喫茶去만 하니 아쉽다는 게송.

조주록 간화게(趙州錄看話偈)

趙州喫茶一轉語 見叅比丘大覺性
諸方衲子叅趙州 平生法語喫茶去
(趙州錄看話偈 和政)

조주스님 차마셔라 한 마디는
견참 비구는 다 깨쳤네
제방 납자 조주스님 찾아오면
평생 법문은 차나 마시고 가라였네.

| 해설 |

조주선사는 평생을 납자들이 오면 똑같은 법문을 했는데, 그 법문이 끽다거다. 그래도 그 말에 다 깨달았다. 신통방통 꼬부랑 통입니다.

걸명게(乞茗偈)

鳳逸庵中了事漢 烹茶香風傳都京
飮茶不知鬼隱密 都中野老撲鼻端
（乞茗偈）

봉일암에 사는 일 마친 그대여!
차 향기 서울까지 물씬 풍겨 오네!
혼자서 마시려면 귀신도 모르게 마시지
어찌 도시 늙은이 코끝을 자극하는가?

다솔사 산내 암자인 봉일암 동초 효공 화상에게 작설차 좀 보내 달라
고 乞茗偈를 읊은 詩. 효공 사는 해인 강원 도반입니다. 올 곧은 수행자
의 면모를 갖춘 보기 드문 구안 납승입니다. 인도에서 티베트에서 또는
중국에서 수행 정진을 한 선승이며 지금은 사천 다솔사 산내 암자인 봉
일암에서 수행 정진하고 계신 스님입니다.

납차답게(納茶答偈)

鳳逸庵居曉空師 造茶家風陸羽翁
日前送心感淚親 煎茶都京香無盡
(納茶答偈)

봉일 암에 사는 효공 화상
차 다룬 솜씨가 육우 옹일세!
일전에 보내주신 고마움 감격의 눈물이었소!
차 달인 향기가 장안에 가득해라.

| 해설 |

다솔사 경내 야생차를 손수 만들어 보내준 효공 화상에게 답례로 飮
茶 評을 하여 茶聖 육우옹에 비유한 偈.

음다게(飮茶偈)

鳳鳴山中隱道人 不忘都翁送歲茗
野生苦丁觀雅茶 天下第一甘露香
(飮茶偈 和政)

봉명산속에 숨은 도인
都中 늙은이 잊지 않고 또 새 차를 보내셨네.
야생 고정 관아 차는
천하에 제일가는 감로향일세!

多率寺內鳳逸庵 隱居道人曉空師
日常之事喫茶去 古佛趙州承家風
(懷念曉空師偈 和政)

다솔사 내 봉일암에는
숨는 도인 효공 화상이 있네
일상의 일이 喫茶去이니
옛 부처 조주스님 가풍을 잇는 듯 하네.

| 해설 |

신묘년 새해에도 잊지 않고 햇차를 보내주셔서 그 은혜에 보답하는
뜻으로 지어본 게송입니다. 苦丁 觀雅는 茶이름입니다. 飮茶하여보니
정말로 감로차였습니다.

백초차음게(百草茶飮偈)

智理山中百草茶 飮茶神妙眞甘露
一煎二煎三四煎 九煎如一初煎香
(百草茶飮偈 和政)

지리산에서 나는 백초차
마셔보니 신묘하고 참 감로맛일세!
한번 두 번 세네 번 다려마시고
아홉 번을 다려마셔도 향기는 처음과 같네그려!

漢陽鬧處飲茶翁 讚禪能茶說太極
古來聖賢俱愛茶 亦復如是和政師
(曉空師 和答偈)

한양 시끄러운 곳 차 마시는 늙은이여!
선도 능하고 차도 능하고 태극권도 말하는구려!
고래로 성현들이 차를 좋아했으니
차 좋아 하는 것 화정거사도 같네그려!

| 해설 |

  매년 잊지 않고 봉일암 야생차를 보내준 덕으로 조주 끽다 가풍을 시
끄러운 도시에서나마 이어갈 수 있어서 고맙고 감사한 마음에 飲茶感
偈를 보냈는데, 和答偈頌까지 보내주시니 성은이 망극합니다.

체로금풍다회찬게(體路金風茶會讚偈)

體露金風鳳逸庵 五師遠行座法堂
庵主煎茶接對客 飮茶一句劫外歌
(體路金風茶會讚偈 和政)

체로금풍 봉일암에
다섯 화상 원행하여 법당에 앉았네
암주는 차를 달여 손님 객을 대접하니
차 마시는 일구 소식 겁 밖의 노래일세!

육사음다일구(六師飮茶一句)

螢雪茶香如然禪　茶味絶言徹悟境
茶會無言法一觀　禪味靜看覺靜歌
含紅伴龍修不句　春風花雨曉空心
(六師飮茶一句)

형설다향은 여연스님 선이고
다미절언은 철오스님 경계네
다회무언은 법일스님 관이고
선미정간은 각정스님 노래네
함홍반룡은 수불스님 일구고

춘풍화우는 효공스님 마음일세!

| 해설 |

　庚寅年 봉일암에서 體露金風茶會를 여섯 스님에게 열었는데 차를 마시고 法席 一句를 남겼습니다. 여섯 스님이 말은 다르게 했어도 뜻은 상통한지라 화정거사(필자)가 체로금풍다회 찬게를 지었습니다.

　체로금풍이란 벽암록 27칙에 나온 운문선사의 칙입니다.

　어느 날 어떤 스님이 운문선사를 찾아와서 물었다.

　"나무가 마르고 잎이 다 떨어질 때, 어찌해야 합니까?" 하니,

　운문선사가 "體露金風이라"고 대답하셨다.

　운문선사는 묻고 답하는 것이 간결 명료한 것이 특징입니다. 더덕더덕 누비지 않아서 좋습니다.

　어떤 것이 체로금풍인가?

　화정거사도 한마디 한다면,

　黃菊秋開 雪中梅花입니다.

　누런 국화는 가을에 활짝 피고, 매화 향기는 눈 속에 가득하네!

北方有知音 茶會來讚偈

晚天感詩意 亦是舊友解
(曉空和答偈)

북녘의 지음자여!

차회에 찬탄게를 보내왔구려!

늦게나마 시 뜻 감상해보니

그대는 역시 옛 벗임을 알겠네.

南方多率鳳逸庵 明眼六師喫茶會
趙州家風喫茶去 曉空和尚喫茶去
(和政和答偈)

남방 다솔 봉일암에

눈 밝은 여섯 화상 차 마시려 모였는데

趙州 家風 喫茶去가

曉空 和尚 喫茶去일세!

| 해설 |

體露金風 茶會讚偈를 보냈더니 늦게 화답게를 보내왔습니다.

보낸 게송은

鳳鳴山中鳳逸庵 五師遠行坐法堂

庵主煎茶接對客 飲茶一句劫外歌

였습니다.

옛 조주선사는 후학들을 접하는 말이 喫茶去였습니다.

"차나 한잔 마시고 가라" 입니다.

누가 오던지 이 한 마디로 납자들을 깨우쳤습니다.

일상의 뜻 없는 말 같지만 조주선사의 '끽다거'는 중생을 부처로 만
드는 말입니다.

납차감게(納茶感偈)

鳳鳴山中隱道人 能禪能茶又陳太
年年不忘贈甘露 鬧處野人止渴來
(納茶感偈)

봉명산중 숨은 도인은
선도 능하고 차도 능하고 또 권법도 능하네
연년이 잊지 않고 감로차를 보내주니
시끄러운 곳에 사는 늙은이 갈증을 멎게 하네.

봉일암주 효공 화상이 햇차를 보내준 고마움을 감게로 화답한 詩!

3장

생활 속에서
깨닫기

견도송(見道頌)

頓覺一念夢便醒 大千沙界是吾家
釋迦老翁證何法 拈華微笑迦葉顔
(和政居士 見道頌)

한 생각 몰록 깨달아 꿈에서 깨어나니
삼천 대천 세계가 내 집이로다
석가 늙은 노인 무슨 법을 깨달았는고?
꽃 들어 보이니 빙그레 웃는 가섭의 얼굴이라네.

석정스님 作 南山起雲北山下雨

범어사 원효암에서 정진 중에 홀연히 의심이 풀려 눈이 활짝 열려 읊은 게송.

참심송(叅尋頌)

六入門頭出沒漢 叅見面目無作者
每事諸境心無心 念念色色本三昧
(叅尋頌)

여섯 문에 들고 나는 놈
면목을 보려 해도 그 작자가 없네 그려!
매사 모든 경계에 마음이 무심하면
생각 생각이 그대로 삼매일세.

수행을 하다가 맺힌 것이 탁 풀리고 나서 그 심정을 노래로 하였는데,
눈 덮인 추운 겨울 2000미터 산 정상이었습니다.

소요게(逍遙偈)

鬧處了夫懶翁漢 別無別事如是生
困卽熟眠飢一匙 今朝開眼日中天
(逍遙偈 和政)

시끄러운 곳 일 마친 게으른 늙은이

별도로 하는 일 없네그려!

곤하면 푹 자고 배고프면 밥 한 숟갈 뜨네그려!

오늘 아침도 눈 뜨니 해는 중천에 떴네.

나이 들어 도시 생활에 맘 푹 놓고 사는 일상을 읊은 詩, 그렇다고 놀고 먹은 것은 아닌 詩.

심우정 연찬게(尋牛亭 聯讚偈)

老姑山中尋牛亭 四方四隅悟道頌
一見明星夢便廻 千年桃核長靑梅
(尋牛亭 聯讚偈)

노고산중 심우정에는
사방 기둥에는 悟道頌이 있네 그려!
한번 샛별 보고 꿈에서 깨어나니
천년 묵은 복숭아씨에서 푸른 매화가 자라네!

서울 도시 한 복판에 5층집을 지어 옥상 꼭대기에 정자 하나 지어놓고 여름밤에 누어서 별을 보면서 읊은 柱聯詩.

일용게(日用偈)

老姑山頂滿月明 都城長安無量土
箇中無事都懶翁 渴卽烹茶困卽眠
(日用偈)

노고산 꼭대기 달이 휘영청 밝으니
서울 장안이 그대로 무량국토일세!
개중에 일없는 게으른 늙으니
목마르면 차 달여마시고 곤하면 잠잔다네.

대홍사 道亨 和尙에게 〈선의 뜰에서 거닐다〉(선문답 300화)를 보내면
서 붙인 게송.

禪問與禪答 佛祖妙用處
頓忘問答事 白雲含靑山
（道亨師答偈）

선으로 묻고 선으로 답하니
부처와 조사의 묘용처네
몰록 묻고 답하는 것 내 잊었으니
흰 구름은 청산을 얼싸 안네그려!

앞 게송에 도형 화상이 답으로 보내온 게송인데, 역시 조사 안목을 갖
춘 게송이 아닌가?

부설묘화게(浮雪妙花偈)

一見浮雪仇翁女 天下郎材失色光

啞女一聲呼夫郎 鐵壁佛心利有情

(浮雪妙花偈 和政)

한번 부설 스님 본 구옹 여식은

천하 남자 다 보여도 싫다고만 하네

벙어리 묘화가 처음 한 말은 저분이 내 서방님이라네

철벽같은 부설 스님도 뜻을 중생을 이롭게 하는데 뒀네.

부설거사가 창건한 봉래산 월명암

| 해설 |

부설 거사가 스님으로 있을 때 仇居士 집을 도반 두 스님과 같이 갔는데, 묘화 아가씨가 처음 부설 거사를 보고 한눈에 반해서 그만 부설 스님과 결혼을 하겠다고 졸라 되는 바람에 어쩔 수 없이 환속한 것을 그 당시를 회고하면서 읊은 詩! 묘화는 19살까지 벙어리였다가 부설 거사를 보고 말문이 열렸다는 일화입니다.

부설가게(浮雪家偈)

浮雪妙花色舍利 登雲月明結果成
負木懇請婬三度 男妹成佛逆因果
(浮雪家偈 和政)

부설 묘화 색 사리는
등운 사리 월명 사리이고
부목 총각 간청으로 음행 세 번 한 것이
두 남매 부처 되는 역인과 되었네.

| 해설 |

부설 거사 부부 열반에 든 후에 절색 미모 월명에게 그 절 부목 홀딱 반해서 하룻밤만 자자고 통 사정하니, 등운 오빠 말 듣고 세 번 자준 것이 사단이 나서 어쩔 수 없이 부목을 염라국에 보내고 남매는 그날부터 선정에 들어 성불했다는 설화를 읊은 게송.

일념게(一念偈)

欲往淳昌地 卽往淳昌地
人生萬事事 一念卽時相
(一念偈 和政)

순창 땅을 가고자 하면
바로 순창 땅에 가게 된다.
인생 만사 일이
모두 한 생각에 달렸다.

절에 들어 온지 10년 만에 고향 순창을 찾아갔는데 훈장인 백부께 인사 드린 후에 나눈 게송.

화정거사 열반송(涅槃頌)

如是恁麼我生來 如是恁麼我死去
今日問誰我生死 如是如是我生死
(和政 涅槃頌)

이와 같이 이렇게 태어나서
이와 같이 이렇게 죽어간다네!
오늘 누가 내 생사를 묻는다면
이렇게, 이렇게 내 살다 간다 하리!

미리 써 놓은 열반 게송입니다. 죽을 때 쓰나 살아생전에 쓰나 쓰는 것은 한가지라 생각하고 읊은 열반송.

효공화상과의 선문답게(禪問答偈)

夢覺一如何沙界 花笑證法平起浪
和政和政何處在 道峰峰屹漢江長
(曉空和尚答偈)

몽교 일여가 어느 곳에 있는고?
꽃 피고 법 깨닫는다는 것 평지에 파도가 일어난 꼴이네
화정, 화정 어느 곳에 있는고?
도봉산 꼭대기는 높고 한강 물은 흐르고 흐르네.

夢覺一如曉空心 花笑證法東初心
遍滿法界和政身 春來花笑夏葉青
（和政答偈）

몽교 일여도 효공 마음이고
화소 증법도 동초 마음이네
법계에 가득한 화정의 몸은
봄 되면 꽃 피고 여름이면 잎 푸르네.

| 해설 |

효공 화상과 화정 거사가 夢覺一如 법거량으로 나눈 화답 게송.

向上向下亦且置 春來漢流如不如
如而不免三十棒 不如不免三十棒
（曉空師答偈）

향상 향하는 그만두고
봄이 오는 것과 한강이 흐르는 것이 같은가? 다른가?
같다고 해도 삼십 방을 면치 못하고
같지 않다고 해도 삼십 방을 면치 못할 것이다.

如不如亦又且置 如何是曉空活棒
活棒卽打三十棒 死棒返打三十棒
(和政居士答偈)

같은 것 다른 것은 그만두고
어떤 것이 효공사 활방인가?
산 방망이도 바로 삼십 방을 칠 것이고
죽은 방망이면 역시 삼십 방을 칠 것이다.

| 해설 |

向上 向下句, 선문답 주거니 받거니 한 치의 틈도 용납지 않는 게송.

古來賢聖懼識法 威音王佛以前事
有二泥牛鬪入海 終無消息今日也
(曉空師答偈)

고래로 현성이 법을 아는 자 두려워했으니
위음왕불 이전 일이네
두 마리 진흙 소가 싸우면서 바다에 들어갔는데
지금까지 소식이 없다.

古來聖賢證法者 威音王事現今事
無數泥牛入禪定 都京石女産石虎
(和政居士答偈)

고래 성현이 법을 깨달은 자니
위음왕사 일이 지금 일이네
무수한 진흙소가 선정 삼매에 들었으니
서울 장안 돌계집이 돌호랑이를 낳는구나!

| 해설 |

위음왕사 이전 소식에 대한 효공 사와 화정 거사가 게송으로 선문답
한 게송.

好好太好漢陽客 雖然不論活死石
古今外遊過量人 不顧禪智餘諸般
(曉空師答偈)

좋고! 좋고! 크게 좋은 한양 객이여!
비록 그랬더라도 사구 활구는 논하지 말게
예나 지금이나 밖으로 노는 과량인은

선지로 돌아봐야 않겠는가? 제반사를!

鳳鳴山中了事漢 莫尋思量死活句
漢陽懶翁無事漢 是是非非久放下
(和政居士答偈)

봉명산중에 일 마친 그대여!
사구 활구를 사량으로 찾지 말게나!
한양에 일 없는 늙은이
시시비비 놓아버린지 오래 되었다네.

| 해설 |

死句 活句를 효공 화상과 화정 거사가 논한 게송. 효공 사의 말구송이
뜻 연결이 불분명한 게송.

是是非非分外漢 莫碍死活兩邊事
南域五月鶯歌裏 困即午睡渴即茶
(曉空師答偈)

시시 비비 문밖에 그대여!

사구 활구 양변사에 걸리지 말게!

남녘에는 오월 꾀꼬리 노래 속에

곤하면 자고 목마르면 차 먹네그려!

鶯歌裏遊眠茶漢 久久山中莫耽睡

三千年前釋尊翁 途中說法終涅槃

(和政居士答偈)

꾀꼬리 노래 속에 잠자는 그대여!

산중에서 너무 오래 잠만 자지 말게!

삼천년 전 석존 옹은

길에서 법 설하다 열반에 드셨네!

| 해설 |

사구 활구에서 오고간 문답 게송에 이어 효공 사와 화정 거사의 치고
받는 문답 게송.

효공화상 문안게(問安偈)

廓裂天空下狂雨 寂庵大衆忙手遊
京看電示亦如是 和政家裡如何流
(曉空問安偈)

대지가 깨질듯 하늘이 깨질듯 미친 듯 비가 내리니
고요한 암자 대중 손길이 바쁘네
서울에도 번개치고 비 오는 것 또한 같은지!
화정거사 가내는 어떻소?

老姑山頂別天地 霹靂暴雨廻無力

(和政居士答偈)

노고산 꼭대기는 별천지라서!

뇌성벽력 폭우도 돌아간다네!

| 해설 |

경인년 하절은 유난히 비가 많이 내렸다. 온 나라가 물바다가 되어 성한 곳이 하나 없었다. 뚝이 터지고 논밭이 물에 다 잠겨 온 국토가 난리였다. 그때 효공 사께서 수해 피해 여부를 묻고 답한 게송.

화정게(和政偈)

劫前賢女彈沒琴 劫外聖兒舞無生
市廛老婆唱劫歌 姑山野翁高枕眠
(和政偈)

겁전 현녀는 줄 없는 거문고를 타고
겁 밖에 성인 아이는 무생의 춤을 추네!
시장 노파는 겁가를 부르는데
노고산 늙은이는 높은 베개 베고 곤히 잠을 자네!

都中 생활과 본래 무생의 도리를 읊어본 게송.

화정거사 문게(問偈)

山中無事何無事 異類中行愁無事
曉空叩腹劫外歌 沒絃彈琴漢陽翁
(和政居士問偈)

산중에 일 없다는 것 어찌 일 없다 하는가?
중생의 근심 걱정 일 없는 건가?
효공 화상 배 두드리고 겁 밖에 노래 부르면
줄 없는 거문고 타는 건 한양의 늙은이일세.

| 해설 |

산중불교에서 탈피하여 생활불교, 대중불교를 묻는 게송.

好好大快別天地 異類無愁歌彈琴
老姑山頂湧海水 海底雷火眠石虎
(曉空師答偈)

좋고! 좋고! 별천지가 좋고!
중생도 걱정 없어 노래하고 거문고 타네
노고산 꼭대기에는 바닷물이 솟고
바다 속에는 천둥 벼락 치는데 돌 호랑이 잠자네.

| 해설 |

효공 사 진제 속제 따지지 말라는 뜻이 담긴 게송.

鳳鳴山庵彈琴漢 異類中行莫彈歌
都活衆生生計苦 淚海血汗滿天地
(和政居士答偈)

봉명산 절에 거문고 타는 이여!
중생 가운데서 노래하고 거문고 타지 마소!
도시 중생 생계 고통이
눈물 바다 피눈물 바다일세!

| 해설 |

부처는 중생을 외면하지 않는다는 게송.

老漢不知前後偈 誰說彈琴異類歌
高齡忘憶沒別理 嗚呼哀哉無常事
(曉空師答偈)

늙은이! 앞뒤 게송도 알지 못하나!
누가 거문고 타고 중생가 불렀는가?
나이 들어 노망 났나!
슬프고 슬프구나! 덧없는 세월을!

異類中行愁無事 異類無愁歌彈琴
彈琴放歌曉空師 鳳鳴庵主彈琴漢

(和政居士答偈)

이류 중엔 걱정할 일 없고
이류 가운데 거문고 탄 다 노래한다 하고서,
탄금 노래는 효공 사가 부른다 했으니
봉명산 암주가 탄금한이 아닌가?

| 해설 |

효공 사가 이류 탄가를 들어 노망 난 늙은이가 아닌가 하고 꼬집으니
그에 화답하는 게송.

화정거사 소요답게(逍遙答偈)

莫謗老妄漢陽翁 本分事中作活計
不着不捨兩邊事 古佛古祖活家風
(和政逍遙答偈)

노망났다고 한양 옹 비방하지 말게나!
본분사 가운데 살림살이 하고 있네 그려!
양변사 버리지도 집착하지도 않은 것이
고불 고조의 산 가풍일세!

活計取捨古家風 皆是輪廻生死因
不欲卑謗正法輪 山山水水本自然
(曉空師答偈)

버리고 취하고 하는 옛 가풍
모두다 생사의 씨앗일세!
바른 법륜을 비방하지 마소!
산은 산 물은 물 그대로 본래 자연일세!

活計取捨如何生 諸佛菩薩攝衆生
憐愍利生生死因 世世生生輪廻廻
(和政居士答偈)

취하고 버리는 것 어떤 생인고?
제불보살님 중생을 껴안는 삶이지
중생을 연민 하는 것 생사의 인이라면
세세 생생에 윤회하려 한다네.

説法涅槃枕睡兮 皆是夢中空華事
劫外超空無事漢 何論睡等底邊事

（曉空師答偈）

설법 열반 잠자는 것

모두다 꿈속에 헛된 일일세!

겁 밖에 허공을 넘는 일없는 나에게

어찌 잠자는 것 이런 저런 말을 하는가?

莫彈莫歌誰莫云 莫字無關格外翁

了觀時處莫莫云 莫彈莫歌莫一句

（和政居士答偈）

탄금도 말라, 노래도 말라, 누가 말라 하는가?

막자와는 무관한 격 밖에 늙은일세!

때와 장소를 요달하여 하지 말라 하지 말라 하는 것은

막탄, 막가, 막일구일세!

| 해설 |

본분사 속에 살려는 효공 화상과 섭중생 애민중생 속에 살려는 거사

와의 속내가 드러난 게송.

효공사 게(曉空師偈)

三百六十喫飯漢 今日亦是吃飯者
(曉空師偈)

일년 삼백 육십일 밥 먹는 자여!
오늘도 또한 역시 밥 먹는 자네!

如是吃飯了事夫 鳳鳴山中曉空師
百年三萬六千日 反復不息喫飯吃
(和政居士 答偈)

이렇듯 밥만 먹는 일마친 자여!
봉명산에 사는 효공사 아닌가?
백년 삼만 육천일을
먹고, 먹고 또 먹는 밥만 먹는 자인가?

| 해설 |

게송은 밥만 먹는 자라고 했지만 보통 사람이 먹는 밥과는 다릅니다.
무엇이 다른가? 망상이 없는 것이 다릅니다. 그래서 了事夫입니다.

무념게(無念偈)

一念盡時菩提現 萬事諸境隨緣成
事事物物心無碍 立處處處眞眞刹
(無念偈 和政)

한 생각까지 다하면 보리가 나타나고
모든 경계 만 가지 일은 인연따라 이루어지네.
사사물물에 마음이 걸리지 않으면
서있는 곳 곳 곳이 참 진리의 세계일세.

달마도

불교는 상대적 개념을 버려야 합니다.

왜 그렇게 해야 하는가?

그것은 無心 無念해야 하기 때문입니다.

도심게(道心偈)

道道道道本無道 心心心心本無心
本無道道無心心 無道無心本道心
(道心偈 和政)

도라, 도라, 도라, 도라 하는 도는 본래 없고
마음, 마음, 마음, 마음 하지만 본래 마음 없네!
본래 도랄 것이 없는 도이고
본래 마음이랄 것이 없는 마음이니
무도 무심이 본래 도이고 마음이네.

道라 道라 하지만 道라는 것이 있는 것이 어디 있습니까?

마음이라, 마음이라 하지만 어디 마음이라는 형체가 있습니까?

이름 붙여서 도라고 하고 이름 붙여서 마음이라고 한 겁니다.

그러니 이름이 도이고, 이름이 마음입니다.

晚秋懷念和政心 黃金秋心又益深

蘭菊雙節千古香 人生老頭苦沈沈

(曉空師 和答偈)

늦가을 회상은 화정거사 마음이여!

들녘 황금빛 추심은 더욱 깊어가는데

난초 국화 피는 계절 천고의 향기일세

인생도 늙고 나면 괴롭고 괴로운 것을!

효공 화상이 보낸 게송을 보고, 보내온 화답게입니다.

전등록 간회게(傳燈錄看懷偈)

菩提樹下成正覺 以心傳心師資承
燈燈心燈大光明 大千沙界照遍滿
(傳燈錄看懷偈 和政)

보리수나무 밑에서 정각을 이루시고
스승과 제자가 마음으로 마음을 전했네!
전한 등등 마음 등은 크게 빛이나
대천세계에 두루 다 비추네!

부처님이 보리수나무 아래서 정각을 이루시고 그 깨달은 마음을 가섭존자에게 전하고 가섭존자는 아난존자에게 전해서 그렇게 마음과 마음을 전한 것이 끊기지 않고 불교가 지금까지 온 것을 기록한 선어록이 전등록인데, 그 전등록을 보다가 소회를 읊은 게송입니다.

달마부활게(達磨復活偈 和政)

光通流支愚癡漢 漆黑三更闇劈空
虛空本是無割物 六次劈空出墓空
(達磨復活偈 和政)

광통 유지 어리석음이여!
참참한 삼경에 허공을 쪼개는구나!
허공은 본래 쪼갤 물건이 아닌데
여섯 번이나 쪼갰으나 묘 또한 허공 아닌가?

隻履西歸眞快活

석정스님 作 달마도

 광통율사와 유지삼장이 음모하여 달마대사를 여섯 번이나 독살한 일
화를 읽고 너무 충격이 커서 지은 게송.

일본 양관사게 효공사송게
(良寬師偈 曉空師送偈)

閒庭百花發 餘香入此堂

相對共無語 春夜夜將央

(日本 良寬師偈 曉空師送偈)

고요한 뜰에는 백화가 만발하고

그 향기 당마다 그윽하네

서로 있어도 말이 없으니

꽃향기 짙은 봄밤 더욱 깊어지네!

鬪京百光輝　處處不夜城
眾眾無關心　都中選佛場
（良寬師答偈　和政）

시끄러운 서울 휘황 창 밝은데
곳곳이 밤이 아닌 훤한 낮이네
사람과 사람들 서로가 무관심이라
이곳이 바로 부처 뽑는 곳이네.

┃ 해설 ┃

　산중 절에서 수행할 때는 자연이 나이고 내가 자연이지만 시끄러운
도시생활은 낮과 밤이 없는 不夜城이라 왠만한 시끄러운 것은 그저 담
담할 뿐이니, 경계에 끄달리지 않는 마음으로 보면 이곳이 선불장이 아
닌가해서 읊어본 게송입니다. 위에 양관선사 게송을 효공화상이 보내
왔기에 그때와는 처지가 다름을 화답한 게송.

천리향찬게(千里香讚偈)

雪中窓外千里香 猜梅滿發春消息
隱隱香氣滿乾坤 人人鼻鼻歙吸香
(千里香讚偈 和政)

눈 속 창밖에는 천리향이 있는데
매화꽃 시기하여 봄소식을 전하네
은은한 향기 하늘과 땅에 가득하니
사람마다 코를 대고 그 향기 맡네그려!

옥상 정자 앞에 천리향을 심었는데 매화꽃이 피기도 전에 먼저 꽃망
울을 터트려서 향기가 진동을 하니 사람들이 그 향기에 취해서 코로 향
기를 맡은 것을 읊은 詩.

도중소일게(都中消日偈)

鬧中囂處都城翁 別無參禪看經刻
市廛群生同苦樂 苦中得樂樂中樂
(都中消日偈 和政)

시끄러운 곳에 사는 도성의 늙은이는
별도로 참선하고 경 볼 틈이 없네
시장바닥 사는 사람 함께 고락을 하니
고통 속에 낙을 얻어 그 낙이 낙중에 낙일세!

　중생 속에서 웃고 울다보니 울음 속에 웃음 있고, 웃음 속에 울음 있어 이런 것이 인생사가 아닌가 해서 읊어본 게송입니다.

법정스님 입적소회게(入寂所懷偈)

清貧一生法頂師 修行徹底比丘僧
入寂消息泣天地 無棺茶毗着袈裟
(法頂師入寂所懷偈 和政)

일생을 청빈하게 사신 법정스님
수행이 너무 철저한 비구승이네
입적 소식 듣고 하늘도 땅도 통곡을 하니
관도 없이 가사만 입고 다비장으로 가시네!

법정스님

돌계집이 애를 낳는구나

平生修行無所有 臨終咐囑簡素化
虛禮葬禮一喝聲 着衣袈裟平常服
（法頂師遺訓所懷偈 和政）

평생을 무소유로 수행하시고
임종 때 부탁은 간소화라네
허례허식 장례식 한 할로 꾸짖으시고
평상복에 가사장삼 입고 가셨네!

| 해설 |

법정스님은 속가에 있을 때부터 존경하던 스님이었는데, 열반에 드신
후 무소유 정신으로 떠나시는 법구를 보면서 스님의 영전에 받친 게송.

거산회사게(居山懷寺偈 和政)

疊疊山中雲霧谷 日月淸風吾道伴
朝起渴鹿飮泉水 夕看聽聞雄雉聲
(居山懷寺偈 和政)

첩첩 산곡에는 구름과 안개만 날고
해와 달 청풍은 나의 도반일세!
아침에 일어나면 목마른 사슴은 옹달샘 물 마시고
해질녘 듣는 것은 숫꿩 우는 소리네!

| 해설 |

토굴 암자에서 홀로 정진하다보면 자연과 하나가 됩니다. 청풍 일월
과 벗이 되고 노루 사슴 꿩과 친구가 되어 자연의 리듬에 동화해가는
심정을 읊은 게송.

춘산거옹게(春山居翁偈)

春暖和風鳥喃喃 樹自靑靑花自紅
白雲飛去千萬峰 白髮老翁採蕨艾
（春山居翁偈 和政）

봄바람 살랑살랑 따뜻한데 새들은 재잘재잘 거리고
나뭇잎 푸릇푸릇 울긋불긋 꽃 피었네
흰구름 천봉 만 봉우리로 날아가고
백발노인은 쑥 고사리 꺾고 있네.

인적이 없는 산골 정경을 고스란히 담고 있습니다.

무릉도원이 아닌가?

무위자연 그대로 모습을 그린 듯한 詩입니다.

인생무상게(人生無常偈)

當年春秋六四歲 難聽難視雙隨來
紅顏黑髮白頭翁 人生無常痛感髓
(人生無常偈 和政)

금년 나이가 예순 넷
귀도 먹고 눈도 어둡고 두 고통이 따라오네
홍안 흑발 온데간데없고
백발만 희끗희끗하니
인생 무상하다 뼈까지 저려오네.

몸은 늙어도 마음은 이팔청춘이라 했는데, 문득 거울 속에 내 모습을
보면 이것이 나인가, 무상을 절감 통감하면서 읊은 詩.

반조게(返照偈)

返照返照廻返照 行住坐臥亦返照
語默動靜行返照 念念無念常返照
(返照偈1 和政)

반조하고 반조하고 돌이키어 반조하고
앉으나 서나 가나 누우나 또한 돌이키고
말할 때나 잠잠할 때나 고요할 때나 움직일 때나 돌이키고
생각생각이 생각이 없을 때까지 항상 돌이키고!

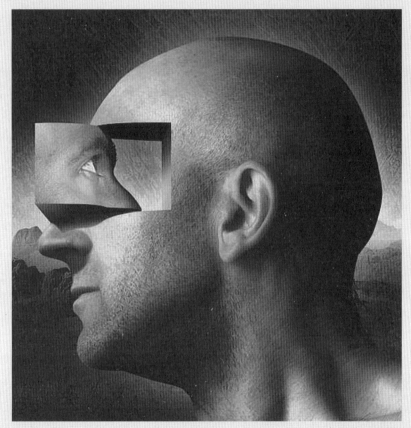

회광반조

返照一念恒返照　念念一片定返照
禪定返照無念念　胎前面目自現露
（返照偈2 和政）

반조 일념으로 항상 반조하고
염념이 하나되어 삼매로 반조하고
선정 반조는 무념의 염이니
태어나기 전 면목이 그대로 드러나네.

返照一念無念念　念念一片定三昧
三昧一念無念念　天眞本性自然成
（返照偈3 和政）

반조 일념은 무념 염이니
염념이 하나되면 선정 삼매이지
삼매 일념은 무념 염이라
천진 본성이 그대로 드러난다네.

返照返照又返照　未悟人前悟返照
迷者悟者各自知　悟者面前無返照

(返照偈4 和政)

돌이키고 돌이키고 또 돌이쳐라 하는 것
깨닫지 못한 사람 깨치라고 하는 반조라네
미자 오자는 스스로 아는 것이니
깨친 사람 앞에선 반조가 없네 그려!

| 해설 |

動陣太 카페 參禪房에 불교 글을 올리면서 늘 글 後尾에 반조를 쓰다 보니 반조의 의미를 되새기는 입장에서 返照偈를 쓰게 된 겁니다. 여러분 返照의 뜻이 확 드러났죠?

이뭣꼬게(甚麼偈)

甚麼甚麼是甚麼 行住坐臥是甚麼

語默動靜常甚麼 念念一心是甚麼

(甚麼偈 和政)

뭣꼬? 뭣꼬? 이 뭣꼬?

행주좌와에 이 뭣꼬?

어묵동정에 이 무엇꼬?

생각생각에 한마음으로 이 무엇꼬?

"뭣꼬?"는 '이 몸을 끌고 다니는 놈이 무엇이냐?'입니다.

아는 것 같지만 모르는 것이 자아문제입니다.

불교는 자아문제를 묻고 찾는 종교입니다.

구자무불성게(狗子無佛性偈)

狗子無佛性 趙州一口二
有無兩邊處 是非莫是非
(狗子無佛性偈 和政)

개는 불성이 없다
조주는 한입 갖고 두 말을 했네
있다 없다 따지는 곳
옳다 그르다 시비하지 말라.

조주선사는 개는 불성이 없다 했습니다.

조주선사는 개는 불성이 있다 했습니다.

어떤 말이 맞는 말인가?

그러니 한입 갖고 두 말한 꼴이 됐습니다. 참구 납자는 조주선사 입만
쳐다보지 말아야합니다. 자기 살림살이를 말해야 합니다.

허공게(虛空偈)

虛空云何空　雲空眞虛空
蒼空正虛空　空空是眞空
(虛空偈 和政)

허공은 어떤 것이 허공인가?
구름 낀 허공이 허공인가?
푸른 허공이 참 허공인가?
허공은 빈 것이 참 허공이제!

하늘은 푸르고, 비어 냄새 없고 소리도 없다 했습니다. 우리 마음, 자성도 이렇게 텅 비어 허공과 같습니다. 그래서 불성은 無自性이라 하지 않는가요?

오수게(午睡偈)

三十六度暴暑汗 屋上亭子臥扇睡
四十九孔南西風 檐下風磬噇鳴噇

(午睡偈 和政)

삼십육도 찌는 무더위에
옥상 정자에 누워 낮잠을 자네
마흔아홉 구멍으로 남서풍이 부니
처마끝 풍경은 댕그렁 댕그렁 울어대네!

| 해설 |

庚寅年 여름은 몹시도 무덥고 비도 많이 내렸습니다. 그래서 옥상 심
우정자에 누어서 낮잠을 자는데, 마흔아홉 파라펫트 구멍으로 바람이
솔솔 불어대니, 처마끝에 달린 풍경은 화답으로 댕그렁 댕그렁 소리를
내어 山寺의 정취를 느껴서 읊은 게송입니다.

백수자게(栢樹子偈)

僧問祖師西來意 趙州卽答庭前栢
如何將境示祖意 亦是趙州庭前栢
(栢樹子偈 和政)

조사가 서쪽에서 온 뜻이 뭡니까? 물으니,
조주스님 대답이 뜰 앞에 잣나무라네.
어찌 경계로 조사의 뜻을 보입니까?
또 물으니 조주스님 또 뜰 앞에 잣나무라 하네.

조주 관음원의 잣(측백)나무

조주선사 어록을 보다가 뜰 앞에 잣나무 대목이 나와서 묻고 답한 내
용을 게송으로 함축하여 읊은 게송. 동문서답 같지만 모르면 쥐어줘도
모르는 것이 선문답입니다.

趙州庭前栢 窓外似桃花
復問如何事 眼橫也鼻直
(庭栢話答偈 和政)

조주스님 뜰 앞에 잣나무는
창밖에 붉은 복숭아 꽃 같고
다시 묻기를 어째서 그런가? 묻는다면
눈은 가로 찢어지고 코는 세로로 섰느니라.

| 해설 |

조주스님 '정전 백수자' 화(話)에 화정거사가 화답을 한 게송, 눈 밝은
납승은 이 게송에 입을 열어보십시오.

도중게(度衆偈)

人居都城 覺者所處
市場鬧處 敎化法堂
慈悲布施 佛子行處
淸心修善 沙門逍事
(度衆偈 和政)

사람이 사는 도성은 깨달은 자가 살 곳이요
시끄러운 시장 바닥은 교화할 법당입니다
자비로 보시하는 것은 부처님 제자가 행할 일이고
선을 닦아 마음을 깨끗하게 함은 출가 사문이 할 일입니다.

생활불교를 읊은 게송입니다. 절이 산속에만 있으니 도시 중생들은
법을 들을 수가 없는 것이 아쉬울 뿐입니다.

윤회의게(輪廻疑偈)

本來無一物 何物輪廻主
無我無輪廻 輪廻反無我
(輪廻疑偈 和政)

본래 한 물건도 없는데
무슨 물건이 윤회하는고?
내가 없는데 윤회는 없는 것이고
윤회한다면 무아는 반대 아닌가?

無我와 輪廻문제는 논쟁이 많은 문제입니다. 業報而無作者라 했기 때문입니다.

인과게(因果偈)

拳念卽成拳 掌念卽成掌
因果亦如是 何況輕一念
(因果偈 和政)

주먹을 쥐려 하니 바로 주먹이 되고
손바닥을 펴려하니 바로 손바닥이 되네
원인과 결과가 또한 이와 같나니
어찌 하물며 한 생각을 가벼이하랴?

인과법칙은 이렇게 분명합니다. 주먹을 쥐려고 하면 바로 주먹이 되고, 손바닥을 펴려고 하면 바로 손바닥이 됩니다. 이렇게 한 생각이 원인이 되어 결과는 주먹과 손바닥으로 나타납니다. 이것이 인과법칙입니다.

來時不知來 去時不知去
沙婆眾生界 生死不識生
(眾生偈 和政居士)

올 때도 온 줄 모르고
갈 때도 가는 줄 모르네,
사바세계 모든 중생이
삶도 죽음도 모르고 산다.

出生有先後 死去無先後
入息不出死 出息不入死
(無常偈 和政居士)

태어남은 선후가 있지만,
죽음은 선후가 없네!
들어온 숨 나가지 못하면 끝이고,
나간 숨 못 들어와도 끝이네.

人命在呼吸 豈不修行乎
人身難難得 何生度此身

(勸禪偈 和政居士)

사람 목숨은 호흡 사이에 있으니
어찌 무상하지 않는가?
사람 몸 받기가 어렵고 어려운데
어느 생에 이 몸 제도할 건가?

人間壽命幾何年 造業隨生有長短
善業報生多壽福 惡業受生貧窮夭
(人命偈 和政居士)

사람 목숨은 몇 년을 사는고?
지은 업따라 수명이 길고 짧네,
착한 업보는 명도 길고 복도 많고,
나쁜 업 많이 지으면 곤궁하고 명도 짧네.

| 해설 |

속가 작은 형님, 큰 조카, 작은 조카의 죽음을 한꺼번에 보면서 인생
의 무상함을 뼈저리게 느낀 감회의 선시입니다.

4장

자연을 보며
깨닫기

심양연길소회(沈陽延吉所懷)

沈陽飛雲二時刻 在中母語聞處處
延吉飛空一時頃 面貌用語同一族
(沈陽延吉所懷 和政)

심양에서 두 시간 구름을 나니
중국 땅인데 우리말을 가는 곳마다 듣네
연길에서 한 시간 허공을 나니
얼굴 모양 쓰는 말이 같은 동포일세!

중국 심양과 연길을 여행차 갔다가 느낀 소감을 읊은 시. 그곳에는 말
과 얼굴이 닮는 우리 조선족 동포가 많이 살고 있었습니다.

백두산등정소회(白頭山登頂所懷)

三代積善見天池 積惡人永不見池

天池四方東朝鮮 南北西方連中國

(白頭山登頂所懷 和政)

삼대 적선을 해야 천지를 본다네!

악한 일 하는 사람 천지를 영영 볼 수 없다 하네

천지 동쪽은 조선 우리나라

천지 남북서방은 중국이 차지했네.

백두산 천지

장백폭포소회(長白瀑布所懷)

天池四方奇巖石 火湧當時大壯觀
無名萬花別天地 太古不息長瀑布
(長白瀑布所懷 和政)

천지 사방은 기암절벽이고
화산 폭발 당시 그대로라면 정말 장관일세!
이름 모를 꽃 만발하여 별천지인데!
태고 적부터 쉬지 않고 내리꽂아 흐르네!

장백폭포

| 해설 |

천지에서 흐르는 장백폭포는 정말 장관이었습니다. 북한쪽에서 오르
는 길은 폐쇄되었다고 합니다. 원래가 우리 강역강토였는데, 너무 안타
깝고, 아쉬웠습니다.

千尺瀑布直下流 落水舂杵聳泡沫
轟音落聲滿谷谷 七色虹橋大壯觀
(長白瀑布所懷 和政)

천길 폭포가 직하로 떨어지니
떨어진 물, 방아 찧어 포말이 솟구치네
떨어진 물소리 계곡 가득 굉음이 되고
무지개 일곱 색 다리 놓아 장관을 이루네.

| 해설 |

장백폭포의 장관은 말로 다 표현할 수가 없어 직접 보고 느껴야 합니
다.

長白天池所懷漢 不見水中活怪龍

此是劫前神靈物 具眼目者皆見龍
(曉空師 賀偈)

장백 천지 보고 느낀 자여!
물속에 사는 용은 보지 못했는가?
이 괴룡은 겁전에 신령한 영물이라
안목을 갖춘 자만이 볼 수가 있네.

天池怪龍了見漢 見見之物示諸衆
劫前靈物論云云 具眼目前無一物
(和政居士答偈)

천지 괴룡을 보았다는 그대여!
보고 본 물건을 대중에게 보여보소?
겁전 영물이라 말하고 말하지만
눈을 갖춘 내 눈에는 한 물건도 안 보이네.

| 해설 |

백두산 천지 관광을 하고 왔다는 화정 거사에게 효공 화상이 弄偈를
던지니, 그에 화답하는 게송.

無一物卽是甚麼 識法者亦不而欺
熏熏南風東南來 天下萬物發生氣
(曉空師答偈)

한 물건도 없다는 것 이것이 무엇인고?
법을 아는 자는 또한 속일 수 없네.
훈훈한 남풍이 동남쪽에서 불어오니
천하 만물이 생기가 나는구나!

甚麼甚麼問何法 覺法當處無問答
老姑山頂鵲喃喃 都是八萬四千偈
(和政居士答偈)

뭣꼬? 뭣꼬? 무슨 법을 묻는가?
깨달은 법의 당처에는 묻고 답할 게 없네!
노고산 산마루엔 까치가 울어되니
도시 이것이 팔만대장경이 아닌가?

소천지와 온천 소회

長暴曲流小天池 天池縮小模天地
小天下流溫泉谷 男女老少洗塵勞
(小天池, 溫泉所懷 和政)

장백 폭포 굽이 흘러 소천지가 또 있네
천지연을 축소한 그대로 천지일세!
소천지가 흘러 아래 계곡에는 온천 계곡이 있어
남녀노소 가릴 것 없이 세진 피로를 씻네그려!

소천지를 보고 아래 계곡으로 내려오니 온천 목욕탕이 있었다. 각국
에서 온 남녀노소 여행객이 여행의 피로를 온탕에서 씻어 냈다.

효공사 답문게(答問偈)

如是如是復是何物

(曉空師答問偈)

여시여시 하는

이것이 무슨 물건인고?

問處答處旣明露 何年何日問又問

(和政和答偈)

다시 무슨 물건인고? 한 이여!

물고 답할 것 없는데 다시 무엇을 묻는가?

물고 답한 곳이 이미 다 드러났는데

몇 년 몇 날이나 묻고 또 묻는가?

| 해설 |

효공 사는 해인 강원 도반입니다. 올 곧은 수행자의 면모를 갖춘 보기 드문 구안 납승입니다. 인도에서 티베트에서 또는 중국에서 수행 정진을 한 선승이며 지금은 사천 다솔사 산내 암자인 봉일암에서 수행 정진하고 계신 스님입니다.

금강산 소회

天地造化金剛山 千態萬象別別相
奇巖怪石矗妙妙 諸佛菩薩處處現
（金剛山所懷 和政）

천지조화 금강산
천태만상 별별상이네!
기암괴석 뾰쪽뾰쪽 묘해라
제불보살이 처처에 계시네!

금강산

돌계집이 애를 낳는구나

一萬二千箇箇峰 節氣隨時千萬態
松風溪聲長廣舌 毘盧遮那常説法
(金剛山所懷 和政)

일만 이천 낱낱봉은
절기 따라 천태만상이네!
송풍 계성은 장광설로
항상 설법하는 비로자나불일세!

| 해설 |

금강산은 최고 풍광을 지닌 우리나라 명산입니다. 지금은 이북에 있
지만 옛적에는 절도 많고 수행자도 많아 일만이천 봉에 팔만구 암자라
했지 않습니까?

처처가 불상이고 처처가 법당인 것을!

하루 빨리 통일이 되어 옛날과 같이 수행도량이 되었으면 합니다.

용악스님 설화소회게(說話所懷偈)

釋王寺僧聳岳師 每年同日夜夢中
秀巖寺去應供養 了後前生重創功
(聳岳師 說話所懷偈 和政)

석왕사 스님인 용악 스님은
해마다 같은 날 꿈을 꾸는데
수암사 절에 가서 대중공양을 받고 오네!
깨닫고 보니 전생에 그 절 중창한 공이라네!

석왕사에 용악스님이 계셨는데, 매년 똑같은 날 꿈을 꾸는데 수암사 절에 가서 푸짐한 공양 대접을 받는지라, 그 까닭을 알고 보니 그날이 수암사 절 중창한 스님 제삿날이라는 것이었습니다.

그 설화를 듣고 화정거사가 읊은 게송입니다.

탄난게(綻蘭偈)

居室西窓盆秋蘭　昨夜寢後暗開花
隱隱蘭香滿家屋　雲送嗅香曉空師
(綻蘭偈 和政)

거실 서쪽 창에 秋蘭이 있는데

어제 밤 잠든 뒤에 아무도 모르게 피었네

은은한 향기 가옥에 가득하니

구름에 실어 이 향취 효공 화상에게 보낼까하네.

아는 분이 생일 선물이라고 보내온 秋蘭을 그럭저럭 물 주고 정성을
쏟았더니 매년 향기로 보답을 해서 그 향기 혼자 맡기에는 아까워서 봉
일암 효공 화상에게 보낸다는 내용의 게송.

망음만화향(望吟萬花香)

吾屋上庭無無花 凉秋黃菊滿發香
應客蜂群喧飛翔 隣宅子女如婚日
(望吟萬花香 和政)

우리 집 옥상 뜨락에는 없는 꽃이 없다네!
서늘한 가을 누런 국화 만발하여 향기가 가득하네
손님으로 오신 벌떼는 시끄럽게 잉잉거려
이웃집 아들딸 결혼일 같네.

古來黃菊陶淵明 今秋雪菊香無盡
香中眞香雪菊香 淵明雅趣一般翁
(雪菊讚偈 和政)

옛 부터 도연명은 국화를 좋아했고
오늘 아침 설국향기 너무도 짙네그려!
향기 중에 참 향기 설국향 아닌가?
도연명의 아취가 이 늙은이와 같네그려!

黃菊發香獨不然 水土緣緣又萬緣
結實黃菊遇蜂緣 世上萬法緣緣化
(觀菊因緣偈 和政)

향기 짙은 국화향 혼자 된 것 아니네!
흙도 물도 인연 되어 만 가지 연이 된 것이네.
누런 국화 씨앗도 벌이 도와 된 것이네!
세상 만법이 다 연연으로 된 것이네.

| 해설 |

노고산에 집 한 채를 지었는데, 이름은 삼보빌딩이라 하고, 도시 건물

이지만 외벽은 돌을 붙여 연꽃 네 송이가 막 피게 양각을 하고, 옥상에
는 정자를 지어 이름은 심우정이라 이름붙이고, 뜰에는 매화나무도 심
고 감나무 모과나무 철쭉 꽃등 가진 꽃 채소 심어 놓고, 밤에는 별과 대
화를 하면서 국화꽃 한 송이에서 화엄법계 연기를 읽으며 읊은 게송.

黃菊前隣平庶生 質朴疏脫親容易
雪菊後宅獨寡女 憐情悲情觀望心
（黃菊雪菊感懷偈 和政）

황국은 앞집에 사는 선비같아
질박하고 소탈해 친해지기 쉽고
설국은 뒷집 과부와 같아
연정 비정은 가지만 그저 바라다볼 뿐이네.

| 해설 |

누런 국화꽃은 색감이 소탈 질박하여 이웃에 사는 친구와 같은데, 똑
같은 국화임에도 설국은 색감이 너무 희고 고와 뒷집 과부와 같은 느낌
을 받아서 읊은 게송.

춘게(春偈)

春春年年又來春 花花歲歲新開花
萬古春光誰知否 鳥喃花笑一樣春
(和政春偈)

해마다 오는 봄은 오고 또 오는 봄이네
해마다 피는 꽃은 해마다 새롭게 피는 꽃이네
만고의 춘광을 누가 아는가?
새 울고 꽃 웃는 것이 한 춘광일세!

| 해설 |

봄빛 따스한 날 자연 풍광을 보고 노래한 게송입니다. 세월은 流水 같
다 했는데, 그 속에 사는 사람 마음도 계절 따라 느낌이 달라, 문득 읊은
게송.

추란탄게(秋蘭綻偈)

香中眞香秋蘭香 昨夜禪室綻開花
慇懃吐香滿家屋 其中居翁樂香人
(秋蘭綻偈 和政)

향기 중에 참 향기는 가을 난 향기일세
어제 밤 참선방에서 꽃망을 활짝 열었네
은근히 향기를 뿜어 온 집안이 가득하니
그 가운데 사는 늙은이 향기를 즐기는 사람이 아닌가?

난초는 기르기가 참 까다롭습니다. 그러나 정성을 다 들여 물주고 마음을 주면 그에 보답을 꼭 합니다. 秋蘭은 보통 한 15일 정도 향기를 뿜습니다. 길러본 사람만 누리는 특권 아닙니까? 여러분 난초를 한번 길러 보십시오. 그 향기 정말 좋습니다.

두견조게(杜鵑鳥偈)

夜三更寂寂 杜鵑鳥啼淚
前生云何緣 這箇作因緣
春短夜寸睡 遲遲不入眠
(杜鵑鳥偈 和政)

야삼경 적적한데 두견이 울어대야

전생의 무슨 연이 저리도 인연대야

춘 단야 짧은 잠을 더디 들게하오는지!

부산 범어사 산내 암자인 원효암에서 있었던 일입니다. 달은 삼경에 휘엉청 밝은데

두견새는 밤새도록 울어대니 도저히 잘 수가 없어 읊어본 게송입니다.)

심우정가(尋牛亭歌)

여기

老姑山頂에 尋牛亭 지어놓고

연꽃

만나는 바람처럼

매일 소(佛)를 찾는다네,

본디

소란 놈은 없는데

찾는 것이 소란다

찾아도

찾아도

본래 없는 것을

그저

할 일 없어

없는

소 찾는 것이제!

고향(故鄕)

베적삼 흠뻑 젖는

울 엄니!

젖꼭지는

동구 밖 똥 뫼밭에

김매고 오신

냄새지!

알사탕

입에 넣어주고

어매!

징그럽게

이뿐 내 새끼!

궁댕이 두들겨준 손은

장날

읍내 가서

나무 팔고오신

울

아부지 소리지!

둥개, 둥개

잠 잠 잠

도리, 도리

짝짝궁

일러주던 소리는

어릴 때 나를

엎어주던

우리

누나 소리지!

당산나무 장승길

어귀

멍멍 짖는

멍구 소리는

십년만에

친정 나들이한

우리 누님

맞는 소리지!

5장

교리 외우며
깨닫기

중론송(中論頌)

苦樂兩邊無人倫 一異雙邊論一二
斷常二見爭靈肉 自作他作唯神物
有無兩端無終謗 世尊破邪十二緣
四諦八正轉法輪 是是非非盡消滅
(中論頌 和政)

고행 쾌락 두 주장은 인륜 도덕도 없고
육과 영의 쌍변은 하나냐 둘이냐로 싸움이지
자작 타작 주장은 물질이냐 신이냐로 다투고
있다 없다로 싸우고 다투어 서로 비방이 끝없으니

세존이 십이연기로 사견을 파하시고
사제팔정도 법륜을 굴려 시시비비를 다 소멸케 했네.

| 해설 |

中道는 불교의 핵심 사상입니다. 부처님 당시 인도 종교철학을 다 타파한 것이 연기 중도사상입니다. 有神主義냐, 唯物주의냐, 고행주이냐, 쾌락주의냐 모든 사상을 총 망라하여 부처님은 연기론으로 破邪顯正하셨던 것입니다. 인도 종교 전반의 사상을 게송으로 함축하여 놓은 것이 위 게송입니다.

오온송(五蘊頌)

五蘊本是生緣起 受蘊感受受受蘊
大小方圓想想蘊 好惡取捨行行蘊
種種了別識識蘊 如是衆緣生緣起
(五蘊頌 和政)

오온은 본래 연기로 생한 것이니
수온은 느끼는 작용인데 좋다 싫다 느낌이 수온이고
크다 작다 모나다 둥글다 모양 짓는 것 상온이며
좋고 싫고 취하고 버리는 것은 의지 행온일세
가지가지로 쪼개고 나누는 것 인식하는 식온이니

이와 같은 모든 연이 조건으로 일어나네.

| 해설 |

五蘊은 우리의 몸과 마음을 말한 것입니다. 색온은 물질을 말한 것이고, 수, 상, 행, 식은 정신 마음작용을 말한 것입니다.

부처님은 일체 모든 존재가 오온이라고 말씀하셨습니다. 이 오온도 연기법으로 생한 것입니다. 오온의 작용을 쉽게 외울 수 없을까 해서 뜻을 함축하여 게송으로 읊어보았습니다.

五蘊四大十一色 受蘊苦樂捨三受
想蘊想念大小事 行蘊取捨美醜志
識蘊了別一切境 如是分生名五蘊
(五蘊分頌 和政)

오온 중에 색온은 사대 십일색이고
수온은 괴로움 즐거움 괴롭지도 즐겁지도 않는 세 가지 느낌이고
상온은 크다 작다 나누는 상념이고
행온은 밉다 곱다 취하고 버리는 의지이고
식온은 일체 경계를 분별하여 아는 마음작용일세
이와 같이 따로따로 나눠 작용하는 것이 우리 오온일세.

오온이 무엇인가를 다섯 가지로 나누어서 한 게송 속에 넣어서 일목
요연하게 했습니다. 이 게송만 암기하면 오온을 누구에게나 설명할 수
가 있습니다.

불교 교리는 팔만사천 대장경이 다 그물코마냥 연결고리로 되어있습
니다. 그것이 法數입니다. 법수를 많이 암기하고 있으면 책 없이도 부처
님 법을 설할 수가 있습니다. 수행하는 중에 틈틈이 외우기 쉽게 게송
을 만들어 보았습니다. 후학들의 길잡이가 되었으면 합니다.

삼시전송(三示轉頌)

佛陀度生三示轉 見道示轉蘊界緣
修道勸轉四八三 證轉無學三法印
(三示轉頌 和政)

중생을 제도하신 부처님 세번 법륜을 굴리셨네,
견도문에서는 오온 十八界 十二緣起法을 보이셨고
수도문에서는 사념처 팔정도 37조도로 수행을 권하셨고
증전법문 무학위에서는 삼법인을 설하셨네.

부처님께서 세 단계 수행을 가르쳤습니다. 이것을 示轉 勸轉 證轉의 三轉 法輪이라고 합니다. 진리의 수레바퀴를 세 번 돌리셨다는 말입니다.

시전법륜은 진리를 이해시키는 교리로 십이입처, 십팔계, 오온, 십이연기 등입니다.

권전법륜은 진리를 실천하도록 설해진 교리로서 사념처, 팔정도, 37조도품입니다.

증전법륜은 깨달음의 내용을 설한 것입니다. 삼법인과 열반, 무아가 증전법문의 내용입니다.

삼시전송만 외우게 되면 부처님의 가르침이 무엇이며, 수행은 어떻게 하고, 수행의 결과는 무엇인가를 알 수가 있도록 송을 만들었습니다.

초전법륜송(初轉法輪頌)

初轉法輪四聖諦 鹿野度衆五比丘
最初三寶佛法僧 佛陀世尊人天師
(初轉法輪頌 和政)

처음으로 법륜을 굴려 사제법문을 설하시고
녹야원에서 다섯 비구를 처음으로 제도하셨네
불법승 삼보가 최초로 이루어졌으니
부처님은 세존으로 인천의 스승이시네.

초전법륜

불교에서 처음으로 불법승 삼보가 이루어지게 되는 때입니다. 부처님이 불보가 되고, 부처님 가르침인 사제법륜이 법보가 되고, 다섯 비구가 승보가 되어 최초 삼보가 이루어져 초기 불교 교단이 성립되는 순간입니다. 최초 삼보를 알기 쉽고 외우기 쉽게 게송으로 만들어 보았습니다.

불교의 교리는 사제 팔정도로부터 다 연결 고리로 이루어져 있습니다. 그만큼 중요한 것이 사성제 팔정도 법문입니다.

12연기송(十二緣起頌)

三世兩重因果説　無明緣行第一世
識下七支第二世　生緣老死第三世
無明下六第一重　愛下四支第二重
無明行支一重因　識下四支一重果
愛下二支二重因　生緣老死二重果
如是三世因果説　十二緣起佛陀説
(十二緣起頌 和政)

삼세 양중 인과설
무명이 행을 연한 것이 第一世이고

識 밑으로 일곱 번째가 第二世가 되네

生이 老死를 緣한 것이 第三世가 된다

무명 밑으로 여섯 번째가 第一重이 되고

愛 밑으로 네 번째가 第二重이 되네

무명과 행은 一重의 因이고

식 밑으로 네 번째가 一重의 果가 되네

愛 밑으로 이지는 二重의 因이고

생과 노사는 二重의 果가 되네

이것이 삼세 양중 인과설이고

십이 연기설을 부처님이 설하셨네.

| 해설 |

삼세 兩重 因果說을 十二緣起와 함께 게송으로 만들어 보았습니다.

三世는 과거 현재 미래를 말한 것이고, 兩重은 거듭 因果 因果란 말입니다.

無明과 行이 一世가 되고, 識부터 일곱 번째인 有까지가 二世가 되고, 生과 老死까지가 三世가 됩니다.

無明부터 여섯 번 밑으로 受까지가 一重이 되고, 愛부터 밑으로 네 번째 老死까지가 二重이 됩니다.

무명 행이 이지가 一重因이고 식, 명색, 육입, 촉, 수까지가 一重果입니다.

애, 취, 유가 二重因이고 生과 老死가 二重果입니다.

이것이 삼세 양중 인과설이고 십이연기 설입니다. 이 頌만 외우면 삼세 양중 인과설과 십이 연기설은 명료하게 설할 수가 있습니다.

삼성송(三性頌)

遍計執性蛇幻相　依他起性繩緣生
圓成實性麻自性　衆生識界世尊說
(三性頌 和政)

두루 집착하는 성품은 없는 뱀을 보았다고 하고,
인연으로 인해 생긴 새끼 토막은 뱀이 인이 되어 생겨났네,
뱀도 아니고 새끼토막도 아닌 것을 아는 것은
새끼토막이 원래 삼인 것을 아는 것이네
중생의 알음알이 세계가 이렇다고 부처님이 말씀하셨네.

| 해설 |

三性은 우리 인식세계를 말해놓은 것입니다.

첫 번째, 변계소집성은 잘못 본 견해입니다. 어떤 사람이 밤에 길을 가다가 길에 뱀이 길게 있는 것을 보고 깜짝 놀랐습니다. 날이 어두워서 잘못 본 것입니다. 그것은 뱀이 아니고 새끼 토막이었습니다.

새끼 토막을 뱀으로 본 것이 변계소집성이고, 뱀 인줄 알고 놀라서 몇 걸음 물러섰다가 확인하여 보니 새끼 토막인 것을 아는 것이 의타기성입니다.

그러나 새끼 토막이 뱀도 아니고 새끼 토막도 아닙니다. 왜, 그러는가? 새끼는 원래가 삼(麻)으로 꼬았기 때문에 새끼 토막은 삼이라야 맞는 인식입니다.

우리 인식의 세계가 이렇게 세 가지 성질을 가지고 있습니다. 그래서 게송으로 쉽게 외울 수 있도록 했다.

삼전법륜송(三轉法輪頌)

三轉法輪度衆生 見道示轉明緣起
修道勸轉實踐行 無學證轉證三印
(三轉法輪頌 和政)

법륜을 세 번 굴려 중생을 제도하시었네
도를 보는 분에서는 12연기를 설해서 보이셨고,
도를 닦는 분에서는 팔정도를 닦는 것으로 실천하라 하셨고
배울 것 없는 무학위에서는 삼법인을 증득한 것으로 도장을 찍으셨
네.

앞에 三示轉頌과 三轉法輪頌은 같은 뜻입니다. 앞의 송보다는 내용면
에서 좀 쉽고 자세한 것 같아서 또 한 송을 만들어 보았습니다. 이렇게
도 설하고 저렇게도 설하는 것이 법입니다.

사성제송(四聖諦頌)

四苦八苦苦聖諦 緣起順觀集聖諦
逆觀緣起滅聖諦 四念八正道聖諦
(四聖諦頌 和政)

생로병사 여덟 가지 고통은 고성제이고
십이연기 순관은 집성제라네
십이연기 역관은 멸성제이고
사념처관 팔정도는 도성제라오.

부처님이 처음 설하신 법문이 사성제 법문입니다. 사성제 속에는 불교 교리가 다 함축되어 있습니다.

태어나고 늙고 병들고 죽은 것이 네 가지 고통입니다. 사랑하는 사람과 헤어지는 것도 고통입니다. 원수와 만나는 것도 고통 중에 고통입니다. 구해도 얻어지지 않는 것도 고통입니다. 오온 작용이 끊임없이 먹자 입자 눕자 자자하는 것도 고통입니다. 이것이 인생 팔고라고 합니다. 인생살이는 四苦八苦입니다. 그러니 인생 그 자체가 괴로운 것이라 해서 부처님이 고성제라고 한 겁니다.

그러니 무명에서 행으로 흘러가는 것이 고통의 원인인 집성제가 됩니다. 자꾸 어리석어 가니까 윤회의 씨앗이 모여 있다 해서 '모일 집'자 집성제입니다.

부처님은 그래서 윤회에서 벗어나라는 뜻으로 십이연기를 역관해서 멸하게 한 것이 멸성제입니다. 고통을 멸하는 방법으로 말씀하신 것이 팔정도의 도 닦음, 도성제입니다.

바로 보아야 바른 견해가 생기는 것 아닙니까. 팔정도 첫 번째가 정견입니다. 바로 보아라는 겁니다. 그래야만 중생이 부처가 된다는 겁니다. 사성제 송도 외우기 쉽고 많은 뜻이 함축되어 있습니다. 수행에 도움이 될 것입니다.

3법인 4제송(三法印四諦頌)

苦諦皆苦無常印 集諦逆觀無我印
滅諦逆觀涅槃印 道諦四八寂靜印
(三法印四諦頌 和政)

고성제는 일체가 고통이라 무상하다 도장을 찍었고
고통의 원인 집성제는 십이연기를 역관하니
자아가 없음을 도장 찍었네
고통을 멸하는 멸성제는 십이연기 역관이라
열반의 도장 찍었고
도 닦음 도성제는 사념처 팔정도로 실천 수행하니

열반적정이라 도장을 찍었네.

| 해설 |

사성제와 삼법인의 연관 도리를 밝힌 겁니다.

고통의 괴로움은 무상을 절감하기 때문에 온 겁니다. 고통의 원인은 갈애 탐욕이 원인입니다. 갈애, 탐욕으로 뭉친 집성제는 십이연기를 역관함으로써 무아의 도리를 깨닫게 합니다.

멸성제도 십이연기를 역관함으로써 열반을 얻게 됩니다.

도 닦음 도성제는 팔정도를 실천 수행함으로써 적정 열반에 이르게 됩니다.

삼법인과 사성제의 연관 도리를 한눈에 볼 수 있게 게송을 만들었습니다.

사제인과송(四諦因果頌)

迷果苦諦所知法 迷因集諦所斷法

悟果滅諦所證法 悟因道諦所修法

(四諦因果頌 和政)

고성제는 무명의 결과이니 고통을 내가 알아야 果요

집성제는 무명의 씨앗이니 내가 끊어야 因이요

멸성제는 깨달음의 결과이니 내가 증득할 果요

도성제는 깨달음의 씨앗이니 내가 닦고 실천해야 因이네.

사성제를 因果관계로 보면 迷와 悟의 관계입니다. 迷와 悟의 관계는 고성제에서는 迷의 결과를 알아야할 바이고, 집성제에서는 迷의 원인을 끊어야 할 바입니다. 멸성제에서는 깨달음(悟)의 결과를 깨쳐야(證) 할 바이고, 도성제에서는 깨달음(悟)의 원인을 닦아야(修) 할 바입니다.

부처님이 깨달은 것은 연기법입니다. 연기법은 인과 법칙으로 이루어져 있습니다. 그래서 사성제에서도 인과법이 적용된 것입니다.

이 게송도 외우기 쉽고 설하기 쉽도록 했습니다. 게송만 암기하고 있으면 世俗 二諦(苦諦, 集諦)와 眞諦二諦(滅諦, 道諦)의 因果관계가 한눈에 들어오는 게송입니다.

공과중삼제송(空假中三諦頌)

空諦三空一切空 假諦三假一切假
中諦三中一切中 圓融三諦天台説
(空假中三諦頌 和政)

공제의 삼공은 일체가 다 공이고
가제의 삼가는 일체가 다 가일세
중제의 삼중은 일체가 다 삼중이네
원융 삼제는 천태대사가 말씀하신 것이네.

空諦破有空 空諦立空假
空諦絶待中 空諦三諦空
(空諦三諦頌 和政)

공제에서는 있는 것을 깨뜨림으로 공이고
공제에서는 공을 세우므로 거짓 공이요
공제에서 대가 끊어져서 중(中)이네
공제에서 삼제는 그대로 공이네.

假諦破空空 假諦立有假
假諦絶待中 假諦三諦假
(假諦三諦頌 和政)

가제에서는 공을 깨뜨림으로 공이요
가제에서는 有를 세우면 거짓 가일세
가제에서 대가 끊어지면 中일세
가제에서 삼제는 그대로 가일세.

中諦雙遮空 中諦雙照假
中諦絶待中 中諦三諦中

（中諦三諦頌 和政）

중제에서는 쌍으로 막으니 空이요

중제에서는 쌍으로 비추니 假일세

중제에서 대가 끊어지면 증일세

중제에서 삼제는 그대로 中일세

| 해설 |

三諦說은 天台大師의 설입니다.

삼제는 空, 假, 中을 말합니다. 三諦說은 諸法의 實相이 中道에 있음을 밝힌데 있습니다.

中道는 空과 有를 否定한 非有, 非空에 있는 것이 아니라 空, 假, 中, 三諦圓融에 있습니다. 만약 中道가 없으면 空諦와 假諦는 對立만 있을 뿐입니다. 그래서 천태대사는 圓融三諦說을 말했습니다. 원융삼제는 一境三諦라고 합니다. 또는 不思議 三諦라고도 합니다. 이렇게 삼제가 원융하여 一卽三 三卽一 關係로 融通無礙하기 때문입니다.

먼저 空諦에 破有와 立空과 絶待, 세 뜻을 보면,

破有라고 하는 것은 공제에서 有를 破한 뜻입니다.

立空은 공제에서 空을 세운다는 뜻입니다.

破立絶待라 함은 破有가 單으로 破有가 아니다, 立空도 單으로 立空이 아니다, 破有가 즉 立空이고, 立空이 즉 破有인 것으로서 破와 立의

待를 絶한다는 의미입니다.

中에 破有는 空義이고, 立空은 假義이고, 破立絶待는 中義입니다.

中諦의 雙遮雙照와 遮照絶待는 三義가 있습니다.

雙遮는 中諦에 雙하여 空假 二邊을 遮한다는 뜻입니다.

雙照는 中諦에 雙하여 空假二邊을 照한다는 뜻입니다.

遮照絶待는 雙遮雙照가 相互待를 絶하고 融 즉 無礙를 뜻합니다.

이렇게 위의 세 게송은 空假中 三諦圓融의 뜻을 담고 있습니다.

부처님의 가르침인 팔만사천 대장경도 이 삼제원융으로 회통을 칠 수가 있습니다. 천태대사의 삼제원융 사상은 탁견이라고 할 수가 있습니다.

삼과송(三科頌)

三科分法蘊處界　愚心迷者五蘊法
愚迷色者十二處　色心迷者十八界
(三科頌 和政)

삼과로 법을 나누면 오온 십이처 십팔계이네.

마음에 어리석은 자 위해서 오온법을 설했고

색법에 어리석은 자 위해서 십이처를 설했네

색법과 심법에 어리석은 자 위해서 십팔계를 설하셨네.

| 해설 |

三科說은 宇宙萬有의 諸法을 분류한 것입니다.

三科는 蘊, 處, 界를 말한 것입니다.

蘊은 五蘊을 말합니다.

處는 十二入處입니다.

界는 十八界입니다.

마음에 어리석은 자를 위해서 오온법을 설했다고 했습니다. 오온은 色, 受, 想, 行, 識입니다. 色은 물질을 말합니다. 수상행식 四蘊은 마음 작용입니다. 물질인 色은 간략히 하나만 말했는데, 마음은 네 가지를 말한 것은 중생이 마음에 대하여 어리석기 때문에 오온법을 설했다는 겁니다.

色法에 어리석은 자를 위해서 십이입처를 설한 것이고, 십이입처는 眼耳鼻舌身意의 六內入處와 色聲香味觸法의 六外入處를 말한 겁니다.

십팔계는 色法이나 心法에 어리석은 자를 위해서 설한 겁니다. 十八界는 根, 境, 識이 만들어 놓은 세계입니다. 六根과 六境과 六識이 이루어 놓은 세계입니다.

오온법만 듣고 깨달은 사람은 상근기입니다.

십이처를 듣고 깨달은 사람은 중근기라 합니다.

십팔계를 듣고 깨달은 사람을 하근기라고 합니다.

이렇게 불법은 하나의 법으로 만법을 다 설하는 종교입니다. 그러니 불자님들은 열심히 수행 정진하여 부처님같이 깨달아야 합니다. 좀 쉽게 불교 교리에 접할 수 있게 게송을 만들었습니다.

견자무아송(見者無我頌)

見者來時無來處　見者去時無去處

緣來緣去無蹤迹　本無見者有見業

(見者無我頌 和政)

보는 놈은 올 때에 오는 곳 없이 오고

보는 놈은 갈 때에 가는 곳 없이 간다네

인연따라 왔다가 인연따라 가니 그 자취가 없으니

본래 보는 놈은 없고 보는 업만 남았네.

잡아함경에 보면 부처님께서는 이렇게 말씀하셨습니다.

"보는 놈은 나타날 때 온 곳 없이 오고, 사라질 때 간 곳 없이 가므로" 부실하게 생겨서 자취 없이 사라지는 허망한 존재라는 의미로 業報는 있으나 作者는 없다고 했습니다.

산을 보는 業은 있으나 그 결과로 보는 놈이 나타나지만(業報) 즉 業報는 있는데 산을 보러 왔다가 산을 보고 사라지는 自我로서 보는 놈(作者)은 없다는 겁니다. 불교는 業報는 인정하지만 업을 지어서 그 結果를 받는 自我는 인정을 하지 않습니다. 이것이 佛教의 無我思想입니다.

무아와 업보를 게송으로 만들었습니다. 이 게송도 경전에 전거를 두고 만든 게송임을 밝힙니다.

聽者來時無來處 聽者去時無去處
緣來緣去無蹤迹 本無聽者有聽業
(聽者無我頌 和政)

들는 놈은 올 때에 온 곳 없이 오고
들는 놈은 갈 때에 간 곳 없이 가니
인연따라 왔다가 인연따라 가나니
그 자취가 없어 본래 들는 놈은 없고

듣는 업만 있구나.

| 해설 |

보는 놈은 眼識을 말한 것이고, 듣는 놈은 耳識을 말한 겁니다.

우리 육식 작용이 작용만 있지 그 작용의 주체인 自我가 없다는 겁니다.

그래서 보는 몸의 주인인 自我도 없고 듣는 놈의 주인인 自我도 없다는 겁니다.

듣는 놈은 聽覺 작용입니다.

우리 인식 작용을 세밀하게 분석하여 보면 모든 것이 緣起로 이루어졌다는 겁니다. 그 점을 말한 것이 위의 게송입니다.

嗅者來時無來處 嗅者去時無去處
緣來緣去無蹤迹 本無嗅者有嗅業
(嗅者無我頌 和政)

냄새 맡는 놈 올 때는 온 곳 없이 오고
냄새 맡는 놈 갈 때는 간 곳 없이 가니
인연따라 왔다가 인연따라 가나니 그 자취가 없어
본래 냄새 맡는 놈은 없고 냄새 맡는 업만 있구나

냄새 맡는 놈은 鼻識을 말합니다. 앞의 보는 놈이나 듣는 놈이나 냄새 맡는 놈이나 다 똑같습니다. 냄새 맡는 놈의 주체인 自我는 없고 냄새 맡는 업보만 있다는 겁니다. 그래서 無我라는 겁니다.

識者來時無來處 識者去處無去處
緣來緣去無蹤迹 元無識者有識業
(識者無我頌 和政)

인식하는 놈은 올 때에 온 곳 없이 오고
인식하는 놈 갈 때에 간 곳 없이 가나니
인연따라 왔다가 인연따라 가나니
본래 인식하는 놈은 없고 인식하는 식업만 있구나.

인식하는 놈은 六識을 말합니다. 인식하는 주체인 自我는 없고 인식하는 識業만 있다는 겁니다. 그러니 모든 것이 인연따라 왔다가 인연따라 가기 때문에 그렇다는 겁니다. 有業報而無作者라는 겁니다. 업보만 있지 업을 지어서 받는 주체인 자아는 없다는 겁니다. 그래서 無我입니다.

보는 놈과 듣는 놈과 냄새 맡는 놈과 맛보는 놈과 촉감으로 느끼는 놈과 인식하는 놈은 육식 작용을 말한 겁니다.

해탈송(解脫頌)

貪慾離滅心解脫 無明滅處慧解脫

正知緣起卽般若 不生不滅眞如法

(解脫頌 和政)

탐욕을 여의고 멸한 것이 마음의 해탈이고

무명이 멸한 곳이 慧해탈이니

연기법을 바르게 아는 것이 반야지혜이며

나지도 않고 멸하지도 않는 것이 진여연기법입니다.

마음에서 탐욕이 끊어져야 마음(心)이 해탈한 것이고, 마음에서 무명이 사라져야 혜해탈이라고 합니다. 연기법을 바로 아는 것이 반야지혜입니다. 반야를 성취해야 불생불멸인 진여법을 깨닫게 되는 것입니다.

열반송(涅槃頌)

生住異滅有爲法 不生不滅無爲法
造作行爲卽無明 心慧二脫是涅槃
(涅槃頌 和政)

생주이멸은 유위법이고
불생불멸은 무위법이네
조작하는 행위는 무명이고
마음도 지혜도 해탈해야 이것이 열반이네

열반상

┃ 해설 ┃

유위법은 생주이멸이 유위법이고, 무위법은 나지도 않고 멸하지도 않는 것이 무위법입니다.

유위는 행에 의해 조작된 것이고, 무위는 행이 멸하여 조작하지 않는 진실을 말합니다.

중생이 무명의 상태에서 탐욕을 일으켜 연기한 법을 存在化하는 것이 有爲法이고, 무명이 사라지고 탐욕이 사라진 것이 무위법입니다.

心解脫은 마음이 탐욕에서 벗어난 상태입니다.

慧解脫은 무명에서 벗어난 경지입니다.

이 두 해탈을 성취하는 것이 열반입니다.

오분법신송(五分法身頌)

五分法身脫五蘊 戒身定身脫色受
慧身解脫脫想行 解脫知見得脫識
(五分法身頌 和政)

오분법신은 오온을 해탈한 것이네
戒身은 色에서 벗어난 몸이고
定身은 受에서 벗어난 몸이고
慧身은 想에서 벗어난 몸이고
解脫身은 行에서 벗어난 몸이네
해탈지견신은 識에서 벗어난 몸입니다.

| 해설 |

무명과 탐욕에서 벗어난 마음이 오분법신입니다. 무명과 탐욕에 결박된 마음이 오온입니다. 오분법신은 오온으로부터 벗어난(해탈) 몸입니다.

법계는 存在의 세계가 아니고 무아의 세계이고 업보의 세계입니다. 五取蘊의 존재 방식으로

살아가면 생사의 괴로움이 있고, 오분법신의 존재 방식으로 살아가면 열반의 즐거움이 있습니다.

계신은 색에서 벗어난 몸이고, 정신은 수에서 벗어난 몸이며, 혜신은 想에서 벗어난 몸이고, 해탈신은 行에서 벗어난 몸입니다. 해탈지견신은 識에서 벗어난 몸입니다. 이렇게 오분법신은 오온을 해탈한 것입니다.

4제 12연기송(四諦十二緣起頌)

苦痛自覺苦集諦 苦痛消滅道滅諦
流轉緣起苦集諦 還滅緣起道滅諦
(四諦十二緣起頌 和政)

고통을 자각하는 것이 고제와 집제이고
고통을 소멸하는 것이 도제와 멸제이네
유전연기는 고제와 집제이고
환멸연기는 도제와 멸제이네

| 해설 |

고통을 자각하는 것은 고제와 집제이고, 고통을 소멸하는 것은 도제
와 멸제입니다.

생사 길로 유전하는 것은 고제와 집제이고, 고통을 벗어나 생사를 멸
하는 것은 도제와 멸제입니다.

무명을 무명인 줄 모르고 생사 길로 흘러가는 것이 유전연기입니다.

무명을 자각하고 생사의 길에서 벗어나 생사를 멸하는 것이 환멸연
기인 도제와 멸제입니다.

제불조사의 선시, 깨달음의 노래

돌계집이 애를 낳는구나

1판 1쇄 펴낸 날 2014년 4월 23일(관음제일)

저자 이계묵
발행인 김재경
기획 김성우
편집 이유경
디자인 김현민
마케팅 권태형
제작 보현PNP

펴낸곳 도서출판 비움과소통 서울시 영등포구 영등포동7가 29-126 포레비떼 7층 705호
전화 02-2632-8739
팩스 0505-115-2068
이메일 buddhapia5@daum.net
트위터 @kjk5555
페이스북 ID 김성우
홈페이지 http://blog.daum.net/kudoyukjjung
카페(구도역정) http://cafe.daum.net/kudoyukjung
출판등록 2010년 6월 18일 제318-2010-000092호